第四版

# 公务文书写作教程

◎ 刘春生 主编

刘春生 高红玲
禹和平 刘俊阳 撰稿

GONGWU WENSHU
XIEZUO JIAOCHENG

复旦大学 出版社

## 内 容 简 介

　　本书是最新修订的《国家行政机关公文处理办法》发布后,新编的公务文书写作教材。它分三编讲解了公务文书写作的基础知识,13种行政公文的用途和写作方法,8种常用事务文书的种类、作用、特点和写法等。内容精要,体式规范,例文丰富,并附有思考和练习题。适合于大专院校及各种文秘培训班作为实用写作教材,并可供各机关、团体、企事业单位文秘人员参考。

# 目 录

## 第一编 公务文书写作概论

**第一章 公务文书的含义、分类和作用** ⋯⋯⋯⋯⋯⋯⋯⋯ 3
  第一节 公务文书的含义和分类 ⋯⋯⋯⋯⋯⋯⋯⋯⋯ 3
  第二节 公务文书的作用 ⋯⋯⋯⋯⋯⋯⋯⋯⋯⋯⋯⋯ 8
  思考题 ⋯⋯⋯⋯⋯⋯⋯⋯⋯⋯⋯⋯⋯⋯⋯⋯⋯⋯⋯ 11
**第二章 公务文书的要素** ⋯⋯⋯⋯⋯⋯⋯⋯⋯⋯⋯⋯⋯ 12
  第一节 公务文书的主题 ⋯⋯⋯⋯⋯⋯⋯⋯⋯⋯⋯⋯ 12
  第二节 公务文书的材料 ⋯⋯⋯⋯⋯⋯⋯⋯⋯⋯⋯⋯ 16
  第三节 公务文书的结构 ⋯⋯⋯⋯⋯⋯⋯⋯⋯⋯⋯⋯ 24
  第四节 公务文书的语言 ⋯⋯⋯⋯⋯⋯⋯⋯⋯⋯⋯⋯ 30
  思考题 ⋯⋯⋯⋯⋯⋯⋯⋯⋯⋯⋯⋯⋯⋯⋯⋯⋯⋯⋯ 44

## 第二编 行政公文

**第三章 公文的分类和格式** ⋯⋯⋯⋯⋯⋯⋯⋯⋯⋯⋯⋯ 47
  第一节 公文的分类 ⋯⋯⋯⋯⋯⋯⋯⋯⋯⋯⋯⋯⋯⋯ 47
  第二节 公文的格式 ⋯⋯⋯⋯⋯⋯⋯⋯⋯⋯⋯⋯⋯⋯ 48
  思考题 ⋯⋯⋯⋯⋯⋯⋯⋯⋯⋯⋯⋯⋯⋯⋯⋯⋯⋯⋯ 59
**第四章 公文的写作** ⋯⋯⋯⋯⋯⋯⋯⋯⋯⋯⋯⋯⋯⋯⋯ 60
  第一节 命令(令) ⋯⋯⋯⋯⋯⋯⋯⋯⋯⋯⋯⋯⋯⋯⋯ 60

第二节　决定 ………………………………………… 69
　第三节　公告 ………………………………………… 84
　第四节　通告 ………………………………………… 88
　第五节　通知 ………………………………………… 94
　第六节　通报 ………………………………………… 108
　第七节　议案 ………………………………………… 121
　第八节　报告 ………………………………………… 128
　第九节　请示 ………………………………………… 137
　第十节　批复 ………………………………………… 143
　第十一节　意见 ……………………………………… 147
　第十二节　函 ………………………………………… 154
　第十三节　会议纪要 ………………………………… 160
　思考和练习题 ………………………………………… 167

# 第三编　事务文书

第五章　计划 …………………………………………… 175
　第一节　计划的含义和作用 ………………………… 175
　第二节　计划的种类和特点 ………………………… 177
　第三节　计划的写法 ………………………………… 179
　思考和练习题 ………………………………………… 184

第六章　总结 …………………………………………… 186
　第一节　总结的含义和作用 ………………………… 186
　第二节　总结的种类和特点 ………………………… 187
　第三节　总结的写法 ………………………………… 189
　第四节　总结写作的基本要求 ……………………… 200
　思考和练习题 ………………………………………… 202

## 第七章 调查报告 ········ 206
- 第一节 调查报告的含义和作用 ········ 206
- 第二节 调查报告的特点和分类 ········ 208
- 第三节 写好调查报告的前提——做好调查研究 ········ 210
- 第四节 调查报告的写法 ········ 216
- 思考和练习题 ········ 231

## 第八章 简报 ········ 232
- 第一节 简报的含义和作用 ········ 232
- 第二节 简报的特点和分类 ········ 233
- 第三节 简报的格式 ········ 235
- 第四节 简报的写法 ········ 239
- 思考和练习题 ········ 248

## 第九章 规章制度 ········ 251
- 第一节 规章制度的含义和作用 ········ 251
- 第二节 规章制度的种类和写作要求 ········ 253
- 第三节 规章制度的写法 ········ 258
- 思考和练习题 ········ 270

## 第十章 合同 ········ 271
- 第一节 合同的含义和作用 ········ 271
- 第二节 合同的种类和特点 ········ 273
- 第三节 合同的条款 ········ 276
- 第四节 合同的写法和写作要求 ········ 280
- 第五节 常见的合同争议 ········ 288
- 思考和练习题 ········ 289

## 第十一章 诉状 ········ 291
- 第一节 诉状概述 ········ 291
- 第二节 起诉状 ········ 292
- 第三节 上诉状 ········ 299

  第四节 答辩状……………………………………… 306
  第五节 申诉状……………………………………… 314
  思考和练习题…………………………………………… 321
第十二章 说明书……………………………………………… 323
  第一节 说明书的含义和特点……………………… 323
  第二节 说明书的写作要求………………………… 327
  第三节 说明的方法………………………………… 332
  第四节 说明书的写法……………………………… 343
  第五节 说明书写作的注意事项…………………… 349
  思考和练习题…………………………………………… 351

附  录

国家行政机关公文处理办法…………………………………… 355
国家行政机关公文格式………………………………………… 365
国务院办公厅关于实施《国家行政机关公文处理办法》
  涉及的几个具体问题的处理意见………………………… 380
国务院公文主题词表…………………………………………… 383
行政法规制定程序条例………………………………………… 395
中华人民共和国保守国家秘密法……………………………… 402
国家秘密保密期限的规定……………………………………… 408
标点符号用法…………………………………………………… 411
出版物上数字用法的规定……………………………………… 421
校对符号及其用法……………………………………………… 430

第四版说明……………………………………………………… 437
再版说明………………………………………………………… 438
编撰说明………………………………………………………… 439

第一编

# 公务文书写作概论

# 第一章 公务文书的含义、分类和作用

## 第一节 公务文书的含义和分类

### 一、公务文书的含义

公务文书是古往今来人们在公务活动中经常使用的文书。

在古代,公务文书主要是指官府文书,所以称"官书"或"官文书"。如《周礼·天官》说:"六曰史,掌官书以赞治。"赞治是帮助治理的意思。《唐律疏议·职制》说:"官文书稽程者,一日笞十。"即延误官文书行程者,按延误一日打十杖处罚。

到了近代,特别是现代,国家机构和各种社会集团日益增多,公务文书的使用范围也随之扩大。在我国,党、政、军等机关,工、青、妇等群众团体,教、科、文等事业单位,工、农、商等企业单位,都在各自的活动中形成和使用公务文书。因此我们把现代公务文书的定义表述为:各机关、团体、企事业单位在行使职权和日常公务活动中形成和使用的文字材料。也有的称公务文书为"机关应用文"或"机关实用文"。

### 二、公务文书的分类

公务文书内容广泛,形式多样,是文章中的一个大家族。为了了解它们的全貌,掌握它们不同的用处、格式和写作要求,有必要对林林总总的公务文书进行分类。这种分类同其他事物的分类一样,由于标准不同,分出的类别也不一样。以下介绍公务文书的两种分类。

第一种主要是按效力划分,可以分成两大类。

(一)公文。指机关、团体、企事业单位根据各自的职权范围、隶属关系制发的具有法定效力和规范体式的文书。

这类公务文书的主要特点是具有法定效力。所谓法定效力,就是由法律、行政法规或章程明文规定的效力。具体说来,公文具有以下几个特点:

1. 体现制发机关意志。公文的制发者(或称作者)是机关,而不是个人。它发出的指令、提出的意见、反映的情况等,不是代表个人,而是机关集体意志的体现。正因为如此,它才具有法定效力。也正因为如此,它的成文必须履行规定的程序,即起草公文应当完整、准确地体现领导意图,重要的公文应当由领导人亲自动手或主持、指导,进行调查研究和充分论证,征求有关部门意见;公文稿应当由本机关办公部门进行校核;最后由本机关领导人审批签发,并加盖机关印章或由机关领导人署名。这样的程序规定,保证了公文能体现制发机关而不是任何个人的意志,从而使公文具有了发文机关行使法律、法规或章程所赋予职权的效力。

2. 需要行文。凡公文成文后,都不只是用来存档备查的,而是要根据各自的隶属关系和职权范围行文,或发表、张贴出去,使有关单位或公众办理执行。只有行文才能使特定的单位或广大公众知晓,才能实现其法定的效力。因而公文又有下行、上行和平行的区分。

3. 需要办理。收文机关对所收公文要按规定程序进行办理。收文办理的程序有签收、登记、审核、拟办、批办、承办和催办等,最后要立卷、归档。收文机关如不按规定办理公文,或推诿,或阳奉阴违,要受到法纪处分。

4. 有规范体式。由于公文是公务机关行使有关法律、法规或章程赋予的职权,需要行文、办理,所以应当具有规范的体式,包括规定的种类和格式,以保证每份公文的权威性、完整性和有效性。

各机关、团体和企事业单位必须按规范的体式制发公文。

从以上特点可以看出,公文是国家机关和各种社会集团行使职权、处理公务的最为正规、有效的工具,是公务文书的主体部分。因此为了保证其规范化、制度化、科学化,我国党、政、军等各重要机关都制定了各自的公文规章。现行的党的公文规章是《中国共产党机关公文处理条例》(中共中央办公厅1996年5月3日印发),行政公文的规章是《国家行政机关公文处理办法》(国务院2000年8月24日发布),军事公文的规章是《中国人民解放军机关公文处理条例》(中央军委2005年10月7日发布)。这些公文规章对有关公文的作用、种类、格式、行文规则、发文和收文办理等都作了明文规定。

(二)事务文书。指机关、团体、企事业单位在日常公务活动中形成和使用的文书。

这类公务文书包括各种公文规章规定的公文种类之外的一切公务文书。它们也各有各的作用,如记录、大事记具有记载作用,简报、调查报告具有参考作用,证书、介绍信具有凭证作用,等等。但它们一般都不是用来行使职权的具有法定效力的文书。有的事务文书,如计划、规章制度等也可以成为具有约束力的文书,但这些文书则须履行公文成文的程序,并用相应的公文印发。

正由于事务文书不是用来行使职权的文书,所以它们一般不行文,大多只用来参考、存照或证明等。有的也需要发送,如简报,但不需要办理。事务文书的体式也无明文规定,只有惯用的种类和格式,具有较大的灵活性。如计划、总结、调查报告等,都是按一般文章的常规写法由标题、正文和署名构成,前无公文眉首部分的种种标识,后不加盖印章,更无公文版记部分的各个项目,它们与公文的格式大不相同。再如项目比较完备的简报,其种类和格式也多种多样,并无明文规定,只是约定俗成而已。

由此看来,把公务文书分成公文和事务文书两类是很有必要的,因为两者不仅在效力上而且在体式上都有显著区别。当然也有人把公务文书统称为公文,即把公文视为公务文书的简称。这作为公文的一种广义的、惯常的理解未为不可,但用作科学界定,就会在理论和实践上产生种种问题。如讲到公文的作用、种类、格式和行文、办理的种种规定,实际上并不适用于计划、总结、记录、简报等事务文书。在实践上由于分不清事务文书与公文的区别,有的单位把本属公文的通知、通报等不用公文行文,而用简报印发,或把属于事务文书的规章制度不履行公文制发程序、不加公文的通知便下发施行,这都是不妥当的。

公文一词古已有之。最早见于西晋陈寿所著《三国志》,其中《魏书·赵俨传》说:"公文下郡,绵绢悉以还民,上下欢喜,郡内遂安。"其后南朝宋范晔所著《后汉书·刘陶传》说:"州郡忌讳,不欲闻之;但更相告语,莫肯公文(不肯用公文上报实情)。"这两段文字所说的"公文",都是指官府具有法定效力的文书。历朝历代所制定的公文规章,其公文种类的规定也总限于具有权威性的公文,而不含种类繁多的事务文书。如为整个封建时代沿袭的西汉初年制定的公文法则,其下行文主要有四种:"一曰策书,二曰制书,三曰诏书,四曰戒书。"其上行文也主要有四种:"一曰章,二曰奏,三曰表,四曰驳议。"(东汉蔡邕《独断》)。南朝梁刘勰所著《文心雕龙》也把事务文书与公文的诏策、章表等区分开来,而专辟《书记》篇,其中列举了谱、籍、簿、录、方、术、占、式、律、令、法、制、符、契、券、疏、关、刺、解、牒、状、列、辞、谚等24种文书。辛亥革命推翻帝制,孙中山领导的南京临时政府1912年颁发的公文程式条例,只规定使用五种公文:令、咨、呈、示、状。中国共产党成立以来和根据地、解放区政府所制定的公文规章,其公文种类也只有十几种。新中国建立后,1951年9月29日颁布的第一个公文规章《公文处理暂行办法》,规定行政公文有7类12种,后几经修订,成为现行的13种。综上所述,历代公文规章所规定的公文种类都不包括事务文书，可见公文与事务文书确实不能等同。

第二种公务文书类别是按使用范围划分，也分为两大类。

(一)通用文书。指各机关、团体、企事业单位普遍使用的文书，包括普遍使用的公文和事务文书。

普遍使用的公文有决定、通告、通知、通报、报告、请示、批复、函等。各机关、团体和企事业单位都可以对自己职权范围内的重大事项和问题作出决定；对下级机关和有关群众有所告知、要求或部署，都可以发通知、通报、通告等；对上级机关有所汇报或请求，都使用报告、请示；不相隶属机关之间有所商洽和询问等，都使用函，等等。总之，有许多公文种类是普遍使用的，可称为通用公文。由于行政机关使用的13种公文几乎包括了通用公文的所有种类，所以一般认为行政公文即通用公文。

在事务文书中，也有许多是通用的。如无论什么单位在一年之始或一项工作之初，都要订计划，而在年底或工作告一段落之后，又要做总结。在进行各项工作时，还常常要做记录、搞调查、发简报、制定规章制度等。计划、总结、记录、调查报告、简报、守则、规定、请柬、介绍信等都是通用事务文书。

(二)专用文书。指各专门机构在各自的专职工作中形成和使用的文书。

国家和社会上的专职机构极多。可以说任何机构都是专职的，因为一个机构管得再宽，也是有分工的，有职权范围的。这样看来，专用文书会数不胜数。而实际上并没有那么复杂。因为大多数机构都是使用通用文书种类，只是内容和作用有所不同罢了。如党、政、军机关使用的文书种类几乎相同，而且国家权力机关，工、青、妇等社会团体使用的文书种类与党、政、军机关使用的文书种类也大体一样。这样，真正专用的文书也就有限了，主要有以下几类：

1. 外交文书。外事机关在外交中形成和使用的文书，如国书、护照、签证、条约、议定书、照会、备忘录、最后通牒等。

2. 司法文书。司法机关（公、检、法）在执法活动中形成和使用的文书，如起诉书、判决书、裁定书、调解书、笔录等。诉状不是司法文书，而是法律文书的一种。

3. 经济文书。经济管理部门和各种经济实体在经济活动中形成和使用的文书，如广告、合同和各种账簿等。其中的合同虽然一般以经济为内容，但已为各机关、团体和企事业单位普遍使用。

4. 科技文书。理、工、农、医等科技机关、院校、企事业单位在科学、技术活动中形成和使用的文书，如实验报告、技术鉴定书、专利申请书、诊断书等。

讲述公务文书写作的书，很难把各种公务文书都讲到。本书为突出重点，避免繁杂，并希望取得举一反三的效果，在公文中，将讲述13种行政公文的写作；在事务文书中，将讲述8种文书的写作。

## 第二节 公务文书的作用

公务文书在办理公事中具有极为重要的作用。固然，并非办理任何公事都要形成和使用文字材料，当面交谈、电话联系有时也能解决问题。但多数公务活动都离不开文字工具，因为口头表达不仅有时欠严密，而且口说无凭，需要立字为据。有了文字凭据，才能准确记载，广泛传达，永久保存，查有实据。因此，公务文书是办理公事最重要、最正规、最可靠的工具。对公务文书的这种极为重要的作用古人早有认识。《周易·系辞（下）》说："上古结绳而治，后世圣人易之以书契，百官以治，万民以察，盖取诸夬。"书契即文字，夬是明确决断的意思。这段话是说文字可以用来明确决断百官万民之事。

公务文书种类繁多，各有各的用处。总括起来，主要有以下作用。

一、实施领导

党、政、军领导机关和各群众团体、企事业单位的领导机构的首要任务是对所属部门及群众实施领导,即率领和引导大家朝正确的方向前进,以达到预期的目标。而这种领导又主要靠制定行之有效的方针、政策和措施,并贯彻落实。要把这些大政方针准确而严密地传达下去,成为人们行动的指南、工作的依据,就要形成文字,写成公文。

中国共产党是我国社会主义事业的领导核心。党实施领导,传达贯彻其路线、方针、政策的重要工具是党的机关的公文,如决议、决定、指示等。在党的领导下,国家各级行政机关在行政管理工作中发挥各自的领导作用,形成决定、通知等行政公文,传达贯彻党和国家的方针、政策。各人民团体和企事业单位,为落实党和国家的方针、政策,为搞好本组织、本单位的工作,也要对重大问题、重要工作做出决策,同样用决定、通知等公文传达实施。

二、规范行为

国有国法,党有党规,各单位、各部门也要有规章制度。没有规矩准绳,什么工作也难以做好。所以制定并不断完善法律、法规和规章是各领导机关的重要职责。这些规范人们行为的法律、法规和规章制度更需要有明文规定,即形成各种规范性文书。

法律、法规和规章制度以及发布实施它们的命令(令)、通知,是公务文书的一个重要组成部分。这些明文规定,使人们有法可依,有章可循,起着规范人们行为的巨大作用。

三、办理公务

各种机构和组织除了实施领导、规范行为之外,还有许多公务要办理。如制订计划、布置工作、表彰先进、批评错误、任免人员、签订合同、请求上级机关指示和批准、答复下级机关的请示事项、与不相隶属机关商洽工作等等。

办理上述公务形成和使用的文书是大量的。通知、通报、请示、批复、计划、合同和各种信函等都是在办理公务中经常使用的。

### 四、交流信息

毛泽东同志在《党委会的工作方法》中曾经指出，党委各委员之间要"互通情报"，即要把彼此知道的情况互相交流，而不能像老子说的那样"鸡犬之声相闻，老死不相往来"。在跨入信息时代的今天，这种信息交流，对上下左右机关和单位之间来说，更具有普遍的重要意义。它能为各行各业搞好工作提供必要的信息和经验。

许多公务文书发挥着信息交流的作用。如某些通报、通知、通告向下级机关传达重要精神、情况和需要周知的事项；报告向上级机关汇报工作，反映情况；各种简报等于内部新闻，既可进行纵向的也可进行横向的信息交流。

### 五、记载活动和事项

有些个人、家庭和家族都有记事的习惯和传统。各机关、团体和企业单位对自己开展的重要活动和其他重要事项更应有所记载。这种记载对查证事实、总结工作、了解其历史和沿革等都是十分必要的资料。我国自古重视史官记事，早在夏、商、周三代已设有大史、小史、内史、外史、左史、右史等记事官，因而左丘明、司马迁和班固等才有可能写成《左传》、《史记》、《汉书》等那样记事记言都颇为翔实的史书。

各种公务文书都具有记载作用，它们载明了党和国家及一切社会组织的方针、政策和活动等。其中有一部分是专门或主要起记载作用的，如记录、笔录、日志、大事记等。

### 六、进行宣传和教育

公务文书还是进行宣传教育的重要工具。许多公务文书向广大干部和群众宣传党和国家的方针政策，宣传典型经验和先进事迹，起着统一思想、提高认识、鼓舞信心的作用。而且重要公文，还是报纸、广播、电视等传媒进行宣传教育的依据。

从以上六个方面的作用可以看出,公务文书是各机关、团体和企事业单位办理公务不可缺少的工具,各级领导和广大文秘工作者都应当熟练自如地掌握和运用它。

## 思 考 题

一、什么是公务文书?
二、公文和事务文书有什么区别?
三、公务文书有哪些作用?

# 第二章 公务文书的要素

## 第一节 公务文书的主题

**一、主题的重要性**

公务文书的主题,就是通过它的全部内容所表达出来的主要意图。包括主要观点、意见、要求、办法等。

起草公务文书,选择和确立正确而明确的主题是十分重要的。其重要性表现在以下两个方面:

(一)主题是决定公务文书价值的首要因素。任何文章都力求有较高的价值。公务文书的价值主要在其实用性,即它对实际工作的有用性。而判断公务文书价值高低即实用性大小的主要根据,便是它所表现的主题,也就是它所提出的意见、主张是否合理,办法、措施是否可行,是否对人们做好工作、办好事情、解决好问题真有启发和效用。当然,正确的主题还要用恰当的文辞表达出来;但如果事先没有在主题的选择和提炼上下工夫,所定主题不妥当,"大质已亏",那么文辞再讲究,写出来的东西也是"花架子",没有多少实用价值,甚至是有害的。北宋改革家王安石曾批评过这种偏向:"以雕绘语句为精新,譬之撷奇花之英,积而玩之,虽光华馨香,鲜缛可爱,求其根柢济用,则蔑如也。"(《上邵学士书》)正由于主题是决定文章包括公务文书价值的首要因素,所以人们把它比做文章的"灵魂"。人,有形体,有灵魂,灵魂是指人的思想和品德。评价一个人主要不是看其形体如何,而是看其灵魂美丑,文章也是这样。

（二）主题是指挥公务文书写作的统帅。公务文书是人写的，但作者一旦确立了主题，它就成了公务文书写作的统帅，文章其他要素的处理，如材料的取舍、结构的安排、表达方式和语言的运用，都要服从主题的需要，为表现主题服务。如果作者在动笔之前头脑里没有明确所要表达的主题，或者在写作中信马由缰，脱离了主题的统领，那么写出来的东西就会成为材料的堆积、东拉西扯的"杂烩"，使人弄不清作者的意图，起不到应起的作用。主题对文章写作的统帅作用，古代文章家早已领悟，明清之际的思想家兼作家王夫之便说过："无论诗歌与长行文字，俱以意为主。意犹帅也，无帅之兵，谓之乌合。"（《夕堂永日绪论·内篇》）古人所说的"意"，大致相当今人所说的主题。

## 二、主题的要求

如上所述，主题是公务文书的灵魂和统帅，因此在撰写每一篇公务文书时，不能不在主题的选择和提炼上狠下工夫，努力确定一个最有价值、最值得表现的主题。这样的主题应符合以下要求。

（一）正确。正确的主题，就是能反映事物本质和规律，因而能在实践中取得预期效果的观点、主张、措施和办法等。公务文书的主题必须正确，这似乎是不言而喻和不难做到的，但实际上并非如此，要正确地认识客观事物并提出行之有效的指导思想和解决办法，并不是容易的事情。特别是在改革开放的新形势下，新事物层出不穷，新问题不断产生，各级领导同志和公务文书的撰写者，如果没有较高的理论、政策和法律水平，或对实际情况了解得不全面、不深入，就可能对新事物、新问题作出片面的、错误的判断和处置。因此要保证公务文书主题的正确性，有关人员应认真学习马克思列宁主义、毛泽东思想，学习邓小平建设有中国特色的社会主义理论和党的路线、方针、政策，学习国家的法律、法规及有关规定，并深入进行调查研究，收集掌握本单位、本系统乃至社会上的有关情况。

（二）新颖。新颖的主题，就是能根据情况的发展变化和工作中出现的新矛盾提出适应新的形势、解决新的问题的新思路、新经验、新做法。特别是在社会主义现代化建设的新时期，更应该解放思想，敢于创新。邓小平同志说："改革开放胆子要大一些，敢于试验，不能像小脚女人一样。看准了的，就大胆地试，大胆地闯。"（《在武昌、深圳、珠海、上海等地的谈话要点》）要能写出有新意的公务文书，同样应深入实际，调查研究，掌握新情况，了解新问题，总结新经验，并深刻领会和牢牢把握毛泽东同志倡导的实事求是的原则，这样才能写出主题新颖而又正确的公务文书。

（三）鲜明。主题鲜明，是要求观点明确、态度明朗，而不能模棱两可、莫衷一是。旗帜鲜明，是毛泽东同志一贯提倡的共产党人的风格，他说："我们必须坚持真理，而真理必须旗帜鲜明。我们共产党人从来认为隐瞒自己的观点是可耻的。我们党所办的报纸，我们党所进行的一切宣传工作，都应当是生动的，鲜明的，尖锐的，毫不吞吞吐吐。这是我们革命无产阶级应有的战斗风格。"（《对晋绥日报编辑人员的谈话》）一篇公务文书，如果主张什么，反对什么，赞扬什么，批评什么，提得不是泾渭分明，阅者将何以适从？

（四）集中。主题集中，就是一篇公务文书只能表明或阐明一个主题，而不能贪多求大。俗话说："贪多嚼不烂。"公务文书一般篇幅不长，如果既想表现这个，又想表现那个，结果哪个也说不清楚；而且"文主于意，而意多乱文"（清人魏际瑞《伯子论文》），即意思分散了，指挥不统一，必然造成文章内容的杂乱，使阅者抓不住要领，难以领会和办理。即使内容较多、篇幅较长的公务文书，如调查报告、工作总结等，也应围绕一个主题展开述说，而不能漫无边际地东拉西扯。正如清人刘熙载在《艺概·经义概》中说的："凡作一篇文，其用意俱要可以一言蔽之。扩之则为千万言，约之则为一言，所谓主脑者是也。"他的这段话不仅强调了文章的主题要高度集中,而且提供了一种检验主题是否做到了集中的方法:全文主题能否用一句话概括无遗。

### 三、主题的表现

公务文书表现主题的方法有三种:一是摆事实,二是讲道理,三是直截了当地发指令、提要求、做规定等。不同种类的公务文书表现主题的方法有所不同,有的以摆事实为主,如简报和反映情况的报告;有的以说理为主,如阐明路线、方针、政策的决定、决议;有的以发指令、提要求、作规定等为主,如命令和某些通知、通告;还有的兼用上述三种方法,如某些指示、通报。

无论哪种公务文书,表现主题都有一个共同的要求,这就是明言直道,即把观点、主张、要求、目的、结论等明白、直接地说出来,而不能曲折隐晦、闪烁其词,令人捉摸不定。指令性文书的主题表达固然直截了当,叙事性的文书和论说性的文书同样应该在醒目的位置用极简洁、明白的话语概括其主题,如晋代文学家陆机在《文赋》中所说的那样:"立片言而居要,乃一篇之警策;虽众辞之有条,必待兹而效绩。"这样明白无误、确切无疑表现出的主题,才便于阅者理解和执行,才符合实用性的要求。

明言直说,是公务文书主题表现的要求,也是它不同于文学作品主题表现的特点。文学作品的主题即作家的思想倾向不宜直说,而应让读者从作品所描绘的生活和塑造的形象中去领悟,这样才能给读者以赏析和联想的余地,乃至仁者见仁,智者见智,回味无穷。恩格斯在给两位作家的信中都曾指出这一点:"我认为倾向应当从场面和情节中自然而然地流露出来,而不应当特别把它指点出来"(《致敏·考茨基》);"作者的见解愈隐蔽,对艺术作品来说就愈好"。(《致玛·哈克奈斯》)如果不明了公务文书和文学作品表现主题的不同点,把公务文书的主题也隐蔽起来,让读者去猜想、争论,那就与公务文书的用途背道而驰了。

## 第二节　公务文书的材料

材料是文章的又一个重要因素。在文艺作品中,作者从社会生活中摄取的原始材料称为素材,经过作者选择、集中、提炼、加工而写进作品中的人物和故事等称为题材。而公务文书则把形成和表现主题的客观事实和从实践中产生并为实践所证实的理论、政策、法律、法规等统称为材料。

**一、材料的重要性**

材料对于公务文书写作,就像水对于鱼儿游泳、空气对于鸟儿飞翔一样重要。它的重要性也体现在两个方面:

(一)材料是形成主题的依据。公务文书的主题固然重要,但正确的主题即正确的意见、办法、计划、结论等是从哪里来的呢?它不是凭空产生的,也不是人的头脑里所固有的,而是从通过社会实践和调查研究所获得的感性材料(情况、事例、统计数字等)和通过学习所获得的理性材料(理论、政策、法律、法规等)中引导出来的。不了解实际情况,不掌握确实的材料,也就形不成正确的主题,正如工厂没有原材料便生产不出产品一样。有些公务文书本身很少含有材料,或完全见不到材料,但它们所提出的要求、办法和作出的规定等,也不是主观想象出来的,而是依据客观情况和有关的方针、政策、法律、法规提出来的。

(二)材料是表现主题的支柱。公务文书的主题从材料中产生,要把它表现出来,传达给阅者,并使阅者信服,靠的是什么?仍然是材料。事实是最有说服力的;马克思列宁主义理论和党的路线、方针、政策等是源于实践、为实践所验证的,也是令人信服的。因此在撰写公务文书时,就要靠这些过硬的材料表现主题,才能使阅者心悦诚服地接受其观点、主张和意见,并自觉地付诸行动。当然有些指令性、规约性文书,为了易记易行,或因为所根据的事实、道理是显而易见的,也可以省略主题赖以产生的材料,直接提出要求,作出规定。

## 二、材料的收集

材料对公务文书写作如此重要,因此收集和占有材料便成为公务文书写作的前提和基础了。

收集材料的途径有三条:

(一)日常积累。作为公务文书的撰写者,应当在日常工作中随时随地地注意收集和积累材料。参加会议或听取汇报时,应不放过会议参加者及汇报者反映的任何一点重要的、有用的情况,把它们记在心里,写在本上,以备不时之需。还要经常深入群众,深入工作第一线,直接听取群众反映,直接观察工作情况,掌握第一手材料。总之,公务文书撰写者要做个材料的"有心人",注意日常的材料积累。"宜未雨而绸缪,毋临渴而掘井",古人的这个忠告,对于材料收集同样适用。

(二)专题调查。起草决策性或内容翔实的公务文书,光靠平时积累的零散的材料是不够的,还要进行深入、细致的专题调查,以掌握有关问题全面而准确的材料。调查的方法除直接到现场查看外,还有抽样、问卷、开会和个别访问等多种,要根据具体情况和实际需要选择一种或几种方法,达到了解实情的目的。

(三)广泛阅读。公务文书的材料不限于本单位和本专题所需要的实际情况,还要了解有关的理论、方针、政策和法律、法规,并需要借鉴外单位以至外国的经验。公务文书的撰写者要掌握这些材料,就要勤于阅读,刻苦学习。阅读和学习范围包括书、报、刊、文件和各种资料。一个不读书、不看报、不认真领会文件精神的人,是不可能写出既正确而又有新意的公务文书的,因为他思想枯竭,孤陋寡闻,材料贫乏。

收集材料的要求是尽可能全面、详细、深入,多多益善。这是因为:第一,只有对有关事项、专题的材料掌握得全面、详细和深入,才能得出正确而深刻的认识,否则公务文书提出的观点看法就可能以偏概全、以现象代替本质;所订措施、办法就可能不合情理、不切实际。第二,只有手中的材料多了,撰写公务文书时才能分析、比较,从中找出表现主题最恰当、最有力的材料,而不会在材料运用上"饥不择食",将就凑合。

　　写作离不开材料,收集材料不厌其多,这是古今中外文学、文章名家普遍强调的原则和成功的经验。茅盾先生说:"采集(材料)之时,贪多务得……不厌其多。"老舍先生也说:"先搜集材料,越多越好。"法国作家福楼拜更曾经极言之:"要写就应该知道一切!"毛泽东写《湖南农民运动考察报告》,曾亲自到湖南的湘潭、湘乡、衡山、醴陵、长沙等县进行32天的调查工作。他在《改造我们的学习》中曾对全面而详细地占有材料作过阐明:"我们要从国内外、省内外、县内外、区内外的实际情况出发,从中引出其固有的而不是臆造的规律性,即找出周围世界的内部联系,作为我们行动的向导。而要这样,就需不凭主观想象,不凭一时的热情,不凭死的书本,而凭客观存在的事实,详细地占有材料,在马克思列宁主义一般原理的指导下,从这些材料中引出正确的结论。"

　　**三、材料的选用**

　　收集材料既为了从中得出正确的结论,也为了写作时表述或阐明主题时选择、运用。

　　收集材料应多多益善,撰写公务文书时挑选材料却与此相反,应当严格筛选,贯彻少而精的原则。公务文书挑选材料有以下几个要求:

　　(一)确实。写进公务文书中的一切材料都应当是真实可靠的。情况要真实,不能道听途说、偏听偏信,更不能弄虚作假、报喜不报忧。引文引语要符合原意,防止误解、曲解和断章取义。公务文书反映情况不确实危害极大。1987年,浙江省青田县平山村干部为解决拉电灯经费问题,在乡干部的指点和默许下,把原本牢固的小学校舍卖掉,让学生们到濒临倒塌的危房上课。而在同年11月省、地两级教育"双验收"的汇报材料中却写道:"乡党委发动群众干部自力更生、集资建校舍,在上级没有拨款的情况下,一个穷乡三个村建校。平山村建教室2个,建筑面积166平方米……"7个月后,这个被汇报为新建教室的破旧危房在大雨中倒塌,造成6个小学生死亡、16人受伤的惨剧(见《中国青年报》1988年9月2日发表的通讯《危房呵,下边可都是孩子们》)。人们从古往今来的公务文书写作和应用的实践中总结出这样一段话:"笔下有财产万千,笔下有人命关天,笔下有是非曲直,笔下有毁誉忠奸。"

(二)典型。公务文书使用材料所要求的典型性,是指具有代表性的事例。正由于它具有代表性,所以才能说明和证明它所代表的一般情况和普遍规律,并能以一当十。如果不用典型材料,而以少数个别情况来证实一般,那就不仅没有说服力,而且会违背真实,犯"以点代面"的错误。因此列宁早就指出:"在社会现象方面,没有比胡乱抽出一些个别事实和玩弄实例更普遍更站不住脚的方法了。罗列一般例子是毫不费劲的,但这是没有任何意义的或者完全起相反的作用,因为在具体的历史情况下,一切事实都有它个别的情况。"(《统计学和社会学》)

(三)切题。公务文书选用材料应当切合其主题。主题是公务文书写作的统帅。用什么材料,不用什么材料,详用什么材料,略用什么材料,都要看它能否表现主题,对表现主题的作用是大是小。一切脱离主题、转移阅者对主题注意力的材料都不能写进公务文书。毛泽东在《工作方法六十条(草案)》中曾强调"材料和观点的统一":"把材料和观点割断,讲材料的时候没有观点,讲观点的时候没有材料,材料和观点互不联系,这是很坏的方法。""必须要有材料,但是一定要有明确的观点去统帅这些材料。"

选定的材料在运用时还要讲究方法,方法得当,表达的效果才好。下面介绍几种运用材料行之有效的方法。

1. 概括法。概括介绍情况，不举具体事例。一些以指导性、指令性为主的公务文书往往采取这种方法运用材料。如以下例子：

近几年来，特别是去年以来，不少地区民办教师工资拖欠有增无减，公办教师工资拖欠也大面积出现，问题相当严重。
（《国务院办公厅关于采取有力措施迅速解决拖欠教师工资问题的通知》）

当前，我国国民经济形势继续向好的方向发展。但由于多年来积累的深层次矛盾的影响，企业亏损严重状况还没有得到根本的扭转。1991年，全国预算内国营工业企业亏损面达29.7%，亏损额达310亿元。今年一季度，亏损面和亏损额继续扩大，加上大量潜亏，问题更为突出。
（《国务院关于深入开展企业扭亏增盈工作的通知》）

去年12月，江泽民、李鹏同志分别在六省农业和农村工作座谈会、全国农业工作电视电话会上发表重要讲话以后，减轻农民负担问题引起了各级党政领导机关的重视，受到广大人民群众的热诚欢迎。广大干部和群众直接了解到党中央、国务院是反对增加农民负担的，政策觉悟得到了很大提高。有一些省（区）和部门行动迅速，采取了有效措施，在一定程度上遏制了农民负担不断增长的势头。但是，总的情况很不理想，相当多的地方和部门行动迟缓，至今甚至对中央的指示置若罔闻，按兵不动；有的甚至采取暗中干预的做法进行抵制；有些已明令禁止或多次被批评的不合理负担，仍在推行。对此农民意见很大。
（《中共中央办公厅、国务院办公厅关于切实减轻农民负担的紧急通知》）

以上三例,正好体现了公务文书概括地运用材料的三种情况:一是简略说明,如第一例;二是数字统计,如第二例;三是总括与分类列举相结合,但所列举的情况仍是概括性的,即用"有一些"或"有的"来泛指,未用"指名道姓"的具体事例。

2. 展开法。把事情的具体情况展开来说。有些以记载、汇报或通报工作和情况为主的公务文书,就不能只是概括事实,而要围绕主题简明扼要地展开具体事实。如下例:

5月28日16时5分,由济南开往佳木斯的193次旅客快车,行驶至沈山线锦州铁路局管内的兴隆店车站(距沈阳43公里)时,发生颠覆重大事故,造成3名旅客死亡,143名旅客和4名列车乘务人员受伤,报废机车1台、客车4辆、货车1辆,损坏机车1台、客车5辆、货车1辆和部分线路、道岔等设备,沈山下行正线中断运输近20小时,直接经济损失达170余万元。

．．．．．．．．．．．．

经调查分析,造成这次事故的直接原因,是锦州铁路局大虎山工务段兴隆店养路工区工人在该处做无缝线路补修作业时,违反劳动纪律和操作规程,将起道机立放在钢轨内侧,擅离岗位,到附近道口守房去吃冰棍,当193次快车通过时,撞上起道机,引起列车脱轨颠覆事故。

(《铁道部关于193次旅客快车发生重大颠覆事故的报告》)

由此例可以看出,展开运用材料,就是把时间、地点、人物、经过、结果和原因准确而简要地交代清楚。

3. 点面结合法。把全面情况与典型事例相结合。有些公务文书所要记载、报告或通报的情况,分布面广,延续时间长,不是一时一地发生的一个事件,反映这样的情况,采用点面结合的方法比较适当。例如:

近几年来,我国城乡火灾损失每年以20%的速度递增。1992年火灾直接经济损失近7亿元,接近发生大兴安岭大火的1987年的历史最高水平。今年火灾形势更为严峻。截至10月底,全国共发生火灾28 193起,死亡1 480人,受伤3 847人,直接经济损失8.4亿元,是建国以来火灾最为集中、损失最为严重的时期。其中特大火灾155起,烧毁大中型商场35个、物资仓库22座、工厂42个以及歌舞厅、宾馆、饭店19家,直接经济损失5亿多元。2月14日,唐山市东矿区林西百货大楼发生火灾,死亡81人,受伤53人,直接经济损失400多万元;5月13日,南昌市万寿宫商城发生火灾,包括两层商场和100多户居民住宅的八层综合性大楼全部烧毁坍塌……

(公安部《关于当前火灾情况和进一步加强消防工作意见的报告》)

这份报告中汇报近年火灾情况,便是先讲全国火灾情况,然后列举了唐山市林西百货大楼、南昌市万寿宫商城等火灾的事例,把这两者结合起来,使阅者对情况的了解既全面又具体。概括面上的情况,最好有统计数字,如上例;有些难以作出统计的,也可以用简略说明。列举事例,应只取与面上情况有关之点,三言两语,不必展开。一例能说明问题不举二例;连举几例,每例所反映情况应具有不同的代表性。

4. 纵横比较法。把要说明的情况同它的过去相比较,叫纵向比较,即新旧对比;把要说明的情况同其他情况比较,叫横向比较。孤立地说明情况,有时很难使人看出其发展速度、变化程度和所达到的规模,运用纵横比较的方法就很能说明问题。

下例是使用纵向比较的方法:

建立农村经济补偿制度,可以为社会分忧解难。1985年7、8

月间,武胜县连续发生3次大面积暴风雨灾害侵袭,参加保险的3 093户农民,获得财产保险赔款27.4万元,占该县参加保险农民所交保险费的212.4%,使受灾农民及时重建了家园。1986年5月12日至17日,该县长安、农旺、真静、万隆、秀观、华封等6个乡参加保险的163户农民又遭风雨灾害袭击,获得保险赔款14 258元,占这几个乡全部参加保险农民交纳保险费的182%。党政领导部门的同志说:要是过去遭这样大的灾,就得白天黑夜搞募捐、东奔西跑去求援,忙得团团转,问题还难以解决。而现在通过举办保险,把过去灾后要救济、搞募捐,变为灾前办保险,防患于未然,争得了抗灾、救灾主动权。这对于解除社会的后顾之忧,保证农民不致因受灾影响生产积极性,是有重要意义的。

(《农民参加保险好——对四川南充
地区保险公司的调查》)

在上例中,先讲投保农民如今灾后受益情况,后又回顾以前无保险时救灾抗灾之难,两相比较,就把农民参加保险的好处突出表现出来。下例则采用横向比较(我国与发达国家和发展中国家相比)的方法来说明问题:

……第三产业传统行业不断扩大,金融保险业、交通通信业、商业物资业的比重占整个第三产业的2/3;信息咨询业、旅游业等新兴行业也有较快发展。第三产业已经成为国民经济的一个重要产业。但从总体上看,我国第三产业发展水平仍然比较落后,在国民生产总值中所占的比重不仅大大低于经济发达国家,而且还低于发展中国家的平均水平。

(国家计委《全国第三产业发展规划基本思路》)

## 第三节　公务文书的结构

撰写公务文书,掌握了材料,确立了主题,还不能提笔便写,还应预先设计好全文的组织构造,即谋划好结构。选用材料、明确主题,是为了"言之有物";谋篇布局,安排结构,是为了"言之有序"。结构是公务文书和一切文章的又一构成要素。

**一、结构的重要性**

安排好结构,对文章写作、特别是公务文书写作来说十分重要。其重要性主要表现在以下两个方面:

(一)结构是文章写作的"蓝图"。建造房屋,要事先做好设计,绘制出蓝图。撰写文章,也要预先进行组织安排,设计好结构。结构就是文章写作的"蓝图",有了它,作者对于先写什么,后写什么;如何开头,如何结尾;怎样衔接,怎样照应等等,便胸有成竹,写起来才会从容顺利,有条不紊。清人李渔在《闲情偶寄》中便认为戏曲创作必须在动笔之前解决结构问题,他打比方说:"工师之建宅亦然,基址初平,间架未立,先筹何处建厅,何方开户,栋需何木,梁用何材,必俟成局了然,始可挥斤运斧。倘造成一架,而后再筹一架,则便于前者不便于后,势必改而就之,未成先毁……故作传奇(明清长篇戏曲称传奇)者,不宜卒急拈毫,袖手于前,始能疾书于后。"他这里讲的预先设计好结构的重要性,对于一切文章写作来说都是适用的。

(二)结构是文章阅读的"向导"。作者写文章都希望读者能把握其文章的组织脉络,领会它的内容层次和要点,而不希望读起来如坠五里雾中,辨不清方向,摸不着头脑。结构井井有条的文章,层次清楚,段落分明,言之有序,就等于为读者提供了理解文章层次和要点的"向导",使读者能省时省力地领会文章的内容。这一点对公务文书来说尤其重要。公务文书是人们办理公务的文字依据,其内容的条理和要领,更需要分清标明,这才便于阅者领会和办理执行。

## 二、公务文书结构的特点

文章的结构安排有共同的规律和方法,而不同体裁的文章,由于内容和用处的不同,在结构安排上又各有特点。公务文书极强的实用性,决定它在结构上主要有以下特点。

(一) 通体开门见山。

开门见山,是比喻文章一开头便直奔本题,不绕弯子。通观文章的开头,开门见山只是诸多开头方法中的一种,不是普遍要求,如多数文学作品的开头都不是开门见山,而是好戏在后头。再者,开头只是文章结构的一部分,其他各部分内容的表达,对于众多文章体裁来说,不能一律要求开门见山。而公务文书则不同,一切公务文书都要求开门见山,不仅开头如此,全篇结构都应如此,这就叫"通体开门见山"。具体表现为以下三点。

1. 标题准确简要地概括全文的主要内容,使人一看标题便知本文是办什么事或解决什么问题,如以下标题便是这样:

中共中央关于建立
社会主义市场经济体制若干问题的决定

国务院关于加强税收管理和严格控制
减免税收的通知

北京市公共场所禁止吸烟的规定

山东省潍坊市招聘引进人才启事

这些标题都点明了各自正文的主要内容,就像商店门上的牌匾,告诉顾客本店卖的是什么货物一样。有人写公务文书的标题不是这样,几百字、上千字的正文,只用"通知"、"通告"、"启事"、"广告"之类的文书种类作标题,使阅者不知所言何事,就像商家只用"商店"、"公司"、"中心"做牌匾一样,会给人们造成多大不便!商家不会这样做,公务文书也不应这样写标题。当然,极简短的文书,如只有三言五语的通知、通告、启事等,其标题也可以无内容概括,因为这种文书的内容,如同摆摊的买卖,一览无余,不一定写个长标题。

2. 开头直截了当地说明全文的目的或结论,使人看了开头便知全文的意图或要点,以下开头便做到了这一点:

为贯彻党的十一届四中全会精神,加强对国家限制进口物品的管理,制止滥派人员、团组出国,积极推进廉政建设,国务院决定对因公出国人员有关规定进行调整⋯⋯

(《国务院关于调整因公出国人员有关规定的通知》)

乡镇企业是我国经济建设中正在崛起的、影响巨大的新兴力量,在国民经济中占有相当的比重。为了振兴我县经济,使我县工业起飞,我们从调查研究历史与现状入手,广泛征集了有关人员的意见和科技、市场等情报信息,经过反复的分析论证,制定了到本世纪末全县乡镇企业总产值达到3.2亿元,在1985年的基础上翻4.9番的发展规划。

(××县1986—2000年乡镇企业发展规划)

第一例开头说明了所发通知的目的,第二例开头不仅说明了目的,而且交代了规划的重点内容——发展目标。

3. 较长的公务文书分成若干部分和段落时,每个部分和段落也应开门见山,即先用极简要文句概括本部分和本段落的重点内容,然后再加以解释和补充,而不要把重要之点和结论留到最后说。这样的部分和段落结构称作"倒悬式";标明每部分内容的文句是小标题,标明每段内容的文句称作"标首"。如《永昌县机构改革的调查》,在介绍改革的基本做法时,共有五段,每段都采用这种"倒悬式"结构:

(1) 撤并机构,压缩编制。机构改革前,永昌县共有行政机构58个,其中县委机构8个,政府机构38个,依法设置机构7个,群众团体组织5个。实有在职职工581人,超编116人。该县经济发展还比较落后,县财政十分困难。为了尽快实现扭亏增盈,县委、县政府把机构改革作为促进经济发展的主要措施来抓,对职能交叉、业务相近、互相扯皮、工作量长期不足的党政序列内机构,撤并13个,精简22.4%。共压缩和削减行政编制156名,精简25.4%。

(2) 转变职能,兴办实体。(解释和补充从略,下同)

(3) 把富余人员引向经济建设的主战场。

(4) 在改革行政机构的同时,不失时机地改革事业单位管理体制。

(5) 改革财政管理体制。

上文中的楷体字句就是各段的标首,有了它们,使阅者一眼就看出各段讲的是什么内容。

这样通体开门见山的结构,才便于阅者领会和掌握公务文书的内容,才切合公务文书实用性的要求。这一要求早在1951年发出的《中共中央关于纠正电报、报告、指示、决定等文字缺点的指示》中便已明确提出来:"纠正眉目不清的现象。除简短者外,一切较长的文电,均应开门见山,首先提出要点,即于开端处,先用极简要文句说明全文的目的或结论(现在新闻学上称为'导语',亦即中国古人所谓'立片言以居要,乃一篇之警策'),唤起阅者注意,使阅者脑子里先得一个总概念,不得不继续看下去。然后再作必要的解释。长的电文分为几段时,每段亦应采用此法。"(这段话是毛泽东同志修改文稿时增写的)

(二)条理清晰明显。

条理清楚,这是文章写作的普遍要求。但是不同体裁的文章,在条理性的要求上有所不同。这正像自然物的纹理,如树木的年轮,有的清晰易辨,有的依稀难分。文学性文章的结构,不能要求条分缕析,而实用性的文章结构则应条理分明。实用性最强的公务文书,更应当条理清晰,并应当显而易见,这样才便于人们理解、记忆、办理和检查。

比如公务文书反映情况,当情况比较复杂时,便应分成几个侧面或阶段,分别加以说明,而不要"一锅煮"。如国务院贫困地区经济开发领导小组写的《关于1988年国家机关扶贫工作情况的报告》,在汇报一年来各单位扶贫工作进展情况时,就分析归纳为四个方面:1.定点联系帮助的规模进一步扩大;2.扶贫工作更加深入、扎实;3.工作范围逐步拓宽,形式更加灵活;4.各部门所属系统扶贫工作进一步加强。在分别介绍这四个方面的具体情况时,有的还分为几点,如谈到扶贫工作更加深入、扎实的情况,便分成三点:一是各单位普遍加强了对扶贫工作的领导;二是国家机关直接参加了所联系的贫困地区的经济开发工作;三是更注意办实事,求实效。这样分门别类地进行介绍,就把多单位、大范围的复杂情况简明化、条理化了,使阅者对情况的了解全面而系统。

再如公务文书提出需要办理执行的要求,如不止一项时,更应当分条分点。如毛泽东同志为我军制定的纪律,就分成"三大纪律八项注意"(见《中国人民解放军总政治部关于重新颁布三大纪律八项注意的训令》),这就使广大官兵易记易行,成为人人皆知的纪律规定。

由此也可以看出,要使公务文书的条理清晰明显,在写作中应当做到:

第一,在动笔之前,要对公务文书所要表达的内容进行合理的分析、归纳,如反映情况有几个方面?提出要求有几条内容?对这些问题都要像梳辫子一样分清理顺,各方各条分工明确,不交叉,不矛盾。作者心中有数,是表达有条不紊的前提和保证。

第二,动笔表达时,要注意使用序数和标首文句,篇幅长的公务文书还应使用小标题。这样就把结构层次标识出来了,阅者就可以一目了然了。

由于公务文书较多地使用结构层次序数,所以《国家行政机关公文处理办法》特别规定了公文中这种序数的用法:"第一层为'一、',第二层为'(一)',第三层为'1.',第四层为'(1)'。"这一规定也适用于所有公务文书。

(三)大多有惯用模式。

如前所述,文章的结构安排随文体不同而有所不同。文学作品的结构千姿百态,不厌其新,提倡独创性而反对模式化,这才能满足读者艺术欣赏的需要。实用性文章、特别是公务文书则不同,它们的结构安排虽然也因表达内容和写作目的不同而不同,但同类内容和同一目的的公务文书,则有大体相同的结构模式。这种结构模式是人们在公务文书写作和应用中逐渐形成的,长期以来公务活动的实践已证明它适合于应用。因此我们要熟悉各种公务文书的惯用结构模式,在写作时选择运用,而不应翻新花样,另辟蹊径。这样写者顺手,阅者习惯而适用。

比如通报这种公文,如果用来表彰先进,都要先摆先进事迹,再对事迹作出评价,然后写给何种奖励,最后提出向所表彰的先进集体或个人学习的希望和要求。这就形成了表彰通报的结构模式:先进事迹+事迹评价+表彰决定+学习号召。批评通报的结构与此类似:错误事实+错误性质+处分决定+警戒希望。

再如计划的构成,一般应有以下几个部分:根据(为什么做)+目标(做什么)+步骤(何时做)+措施(怎样做)。当然由于计划事项和计划成熟程度的不同,上述四个部分的详略以及取舍也会有所不同。

又如总结的结构,其惯用模式为:基本情况+主要经验(即做法或体会)+存在问题+今后打算。同计划一样,可根据总结的内容、目的,灵活处理上述构成部分的详略与取舍。

总之,公务文书结构的模式化,不是缺点,而是便于写作和应用的特点。

## 第四节　公务文书的语言

列宁指出,"语言是人类最重要的交际工具"(《论民族自决权》)。人们要把自己的见闻、感受和思想记录下来,传达给别人,主要靠语言这种工具。写文章,就是用语言表达作者的所见所闻所感所想,离开语言这个工具,作者所要表现的一切都无从谈起。写文章固然要有材料,要确定主题,还要安排好结构等,但这些要素无一不是靠语言来实现,来定型。一个阅历丰富、感慨万千的人,为什么不一定能写出好作品、好文章呢?原因就在于他缺乏应有的语言表达能力。因此,高尔基称"文学的第一个要素是语言","语言是一切事实和思想的外衣"(《和青年作家谈话》)。文学是如此,一切文章都无例外。所以,学习和从事文章写作,包括公务文书写作,一定要努力学好和用好语言。

### 一、学习语言的途径

毛泽东同志在《反对党八股》中曾指出我们应该向三个方面学习语言:第一,要向人民群众学习语言;第二,要从外国语言中吸收我们所需要的成分;第三,要学习古人语言中有生命的东西。学习这些语言,不外乎两个途径:一是深入生活,向人民群众学习语言;二是博览群书,从阅读中学习语言。学习外国和古人语言主要是靠阅读。

人民群众的语言,词汇丰富,生动活泼,随社会生活的发展而发展,是文章语言取之不尽、用之不竭的源泉。而要学好人民群众的语言,就得深入群众,多听多交谈,在生活中做学习语言的有心人。耳濡目染,长期积累,自己的语言也就丰富、生动、新鲜起来。一个深居简出、闭目塞听的人,语言也难免单调、枯燥和僵化。当然,群众语言中也有粗俗的成分和不规范的地方,需要经过加工和提炼才能作为文章语言。特别是公务文书的语言,更需要书面化、庄重化和规范化,不像文学作品那样口语化。

古今中外文章中的语言,特别是语言大师的名文名著的语言,是经过筛选和精炼的语言,是我们学习语言的又一个重要途径。杜甫的名句"读书破万卷,下笔如有神"(《奉赠韦左丞丈二十二韵》),鼓舞历代学子博览群书。从来没有一个文学家、文章家不是勤于阅读的人。据李卜克内西回忆,马克思"差不多每天都读歌德、莱辛、莎士比亚、但丁与塞万提斯的作品,认为他们是他的语言教师"(《忆马克思》)。我国古代优秀诗文的语言都是经过字斟句酌,许多妙语警句至今脍炙人口。所以冰心曾建议今天的干部在"手边和枕边,常常放几本古典的散文或诗词。为什么说古典的呢?因为今人的一些好的词汇有不少还是从古典书里来的"(转引自王凯符、吴继路主编《写作》)。至于平时坚持阅读书籍、报纸、刊物和文件,学习它们语言上的长处,特别是新鲜的语言、规范的提法等,对于文章写作,尤其是公务文书写作来说,更是必不可少的。

**二、公务文书语言的要求**

文章的语言运用有共同的要求,如用词要恰当,用句要合乎语法,把事实、观点或道理明白、准确地表达出来,并力求鲜明、生动等等。而不同体裁的文章,在语言运用上又有不同的要求,因此文体有时又称为语体,有文学语体、科技语体、政论语体、应用语体等区分。公务文书在语言运用上主要有以下要求。

(一) 准确。

准确是文章语言的普遍要求,然而文体不同,准确性的含义却有所不同。夸张性的语言在文学作品中有时不仅是允许的,而且是必要的。如《诗经》中说山高于天,河窄于刀,子孙千亿,民无孑遗等,"辞虽已甚,其义无害也"(《文心雕龙·夸饰》)。但是在公务文书中若使用这种夸张的说法就成了夸大其词,使人不能准确无误地了解情况、领会精神。公务文书语言的准确性,是要求它完完全全地切合事实、事理和对收文者的期求。公务文书的语言要达到这样准确的标准,应当在遣词造句上进行认真的推敲,具体要求如下:

1. 选词恰当。词是语言可以独立运用的最小的结构单位。写文章表达意思,首先涌到嘴边的是头脑里储备的词,正如刘勰所说:"夫人之立言,因字而生句,积句而成章,积章而成篇。"(《文心雕龙·章句》)这里的"字",就是指的词。所以要表达准确,首先要在用词上精挑细选,务求恰当。

用词完全错误,固然应当避免,但尚属少见。比较多见的是用词不当,即在分寸或感情上失当。语言中有许多同义词,但它们的意思并不都是完全相等,往往有分寸上的差别。如"最"、"极"、"很"、"较"等这几个副词,就表现不同的分寸,用它们来修饰形容词"多"、"少"、"好"、"坏"等,就要认真权衡,使之恰如其分地反映实际情况,因为"最多"、"极多"、"很多"、"较多"虽然都是说多,但多的程度不同。而有人写文章却好用高级副词,动不动就说"最好成绩"、"极其重要"等等,造成夸大其词。周恩来同志便曾批评过某些文章轻率使用"质量普遍提高"、"到处欣欣向荣"之类的说法,我们应当引以为训。词还有褒义、贬义和中性的区别,表现不同的感情色彩,在运用时也要仔细掂量,做到褒贬恰当。如

"调动"含有褒义,"发动"属中性,"煽动"则含有贬义;"效果"、"结果"、"后果","大力"、"大举"、"大肆",也是这样。

总之在用词上一定要一丝不苟,力求精当。古语说:"一字入公文,九牛拉不动。"为什么拉不动? 就是因为它分寸恰当,严丝合缝。西晋文学家陆机这样要求作者精选文词:"在有无而黾勉,当浅深而不让","考殿最于锱铢,定去留于毫芒"。法国作家莫泊桑认为:"不论一个作家所要描写的东西是什么,只有一个词可供他使用,用一个动词要使对象生动,一个形容词使对象的性质鲜明。因此就得去找,直到找到这个词,这个动词和形容词,而决不要满足于'差不多',决不要利用蒙混的手法,即使是高明的蒙混手法,不要利用语言上的诙谐来避免上述的困难。"(《"小说"》)他的"一词说"虽然讲的是文学语言,但同样而且更适用于要求高度准确的公务文书语言。

2. 造句严密。句子是表达相对完整意思的最小单位。一个词只能表示一个概念,由若干词按语法规则组成的句子才能表达一个意思。要把公务文书的语言用准确,首先要选词恰当,接着便要在造句上下工夫,把意思严密地表达出来,做到无漏洞、无歧义,使阅者在理解和办理执行中肯定无疑。

为此,我们在起草公务文书时,每写一句话都应考虑:这句话的意思会不会有不同的理解? 不同的、特殊的情况是否照顾到了? 这种说法在理解和执行中会不会产生问题? 深思熟虑,防患于未然,把每句话、每段话都说得滴水不漏,即使个别人想钻空子也无从下手。

把语句的意思表达严密的方法,是根据可能产生的问题恰当地使用限制语、加括号语和补充语句。

(1) 用限制语排除例外或可能产生的问题。例如:

我们已命令人民解放军奋勇前进,消灭一切敢于抵抗的国民党反动军队,逮捕一切怙恶不悛的战争罪犯……

没收官僚资本……其中,如有民族工商农牧业家私人股份经调查属实者,当承认其所有权。

以上两段话均引自毛泽东同志1949年起草的《中国人民解放军布告》,其中加着重号的便是限制语。第一段话中,若省略限制语,说成"消灭一切国民党反动军队,逮捕一切战争罪犯",显然就成了一概而论,违背政策了。第二段话中,省略"经调查属实者"这一限制词未为不可,但考虑到当时这种事情容易发生弄虚作假行为,所以特别指出需要查实,这对于防止工作漏洞很有必要。

(2) 用加括号语防止歧义或做必要的解释、补充。例如:

国家按照各类艰苦边远地区1993年9月30日机关、事业单位编制内在册正式职工人数(包括中央单位在该地区人数)及离退休人数,将新增艰苦边远地区津贴总额划拨给各有关省、自治区。

技术工人按本人岗位工资、技术等级工资和奖金(按国家规定的标准)之和的百分比计发。

以上两段话均引自国务院办公厅1993年印发的《机关、事业单位艰苦边远地区津贴实施办法》。第一段话的加括号语注明国家划拨给艰苦边远地区的新增津贴总额中包括中央单位在该地区人员应增加的津贴,就使各地区在执行中不会发生遗漏。第二段话的加括号语"按国家规定的标准",使新增津贴的发放有了统一标准,从而防止因各机关、事业单位工资和奖金不同而津贴各异。

(3) 用补充语句照顾不同或特殊情况。例如:

文字从左至右横写、横排。在民族自治地方，可以并用汉字和通用的少数民族文字(按其习惯书写、排版)。

公文用纸一般采用国际标准 A4 型(210 mm × 297 mm)，左侧装订。张贴的公文用纸大小，根据实际需要确定。

以上两段话均引自《国家行政机关公文处理办法》，加着重号的补充语句考虑到了特殊情况，避免因照顾不周而在执行中发生问题。

3. 多用精确词语，少用模糊词语。无论是词还是句子，在意思表达上都有精确与模糊之分。精确词语是把意思表达得确切不移的词语，模糊词语是大体上、笼统地表达意思的词语。任何文章都使用这两种词语，但比较而言，公务文书应多用精确词语，少用模糊词语，这也是公务文书语言准确的要求之一。

公务文书的语言虽然要求高度准确，但也免不掉使用模糊词语，它使用模糊词语是在以下三种情况下：一是客观事实本身处于模糊状态。例如《国务院关于加强安全生产工作的通知》开头说："近几年来，我国的安全生产形势十分严峻。"其中"近几年来"这个表示时间的词语就是模糊性的，但它正好反映了严峻的安全生产形势的形成本来就没有准确的日子。二是提出的意见或要求具有一定的灵活性。例如国家教委《关于加快改革和积极发展普通高等教育的意见》中说："学生上大学原则上均应缴费，缴费标准要考虑到人民群众的承受能力，由学校报主管部门或省、自治区、直辖市人民政府确定。""随着社会主义市场经济体制的建立和劳动人事制度的改革，在国家政策指导下，实行高等学校多数毕业生自主择业的就业制度。"这两段话中对上大学的缴费标准和毕业生自主择业的人数都没有作出"一刀切"的精确规定，就是因为考虑到各院校具体情况不同，在执行中可以有一定的灵活性。三是不必或不宜做精确表达。所谓不必做精确表达，是指在非重点的地方为图省力省字,采用模糊说法,如在《国务院关于加快发展中西部地区乡镇企业的决定》中,说到应把加快发展乡镇企业作为中西部地区经济工作的一个战略重点的原因时,指出"我国中西部地区幅员广大","绝大多数农民温饱问题已基本解决",这里就没有精确表明中西部地区幅员有多大,解决温饱问题的农民有多少(或占多大比例),而是用"广大"和"绝大多数"的模糊说法,这是因为本文的重点在于说明如何加快发展中西部地区的乡镇企业,其原因不难理解,所以没有必要做精确统计。所谓不宜做精确表达,是指需要保密或保护有关人员名誉的地方,只能用"西部某地"或"有个女青年"之类的模糊说法。

但是,由于公务文书真实性和实用性的要求,在内容表达上则应力求精确,能用精确词语表达的,尽量用精确词语;能做出数量统计的,最好用数字表达;在关键、要害之处必须精确表达,绝不能含糊其辞。

比如公务文书叙事,在时间、地点、人物、情节、结果等要素上,一般都应表达精确。如一份关于××县闹元宵发生重大伤亡事故的通报中说:

今年2月16日晚,××县城关发生小学生重大伤亡事故。该县在县文化馆举行闹元宵晚会,给城关第一小学和第二小学布置了文艺演出任务。由于组织安排不周,现场指挥不当,人群拥挤,秩序混乱,至晚8时以后,文化馆彩门被挤倒,在大门正面的石阶上,挤倒了一大片人,相互挣扎践踏,秩序更加混乱。结果踩死、压死58人(其中小学生40人,中学生2人),伤43人(其中学生8人,教师4人)。

这里叙述事故情况,把时间、地点、原因和结果都表达得很确切,不会给阅者留下疑问。

又如反映情况和问题,也应在性质、程度和数量上有精确的表达。建设部《关于进一步加强工程质量和施工安全管理工作的报告》,在汇报这方面工作的情况和存在问题时说:

改革开放以来,各地区、各有关部门认真贯彻国家有关加强工程质量与安全工作的方针政策,深化建设体制改革,加强建筑市场管理,工程质量和施工安全工作,取得了明显成效。工程质量抽查合格率1988年为48.7%,1991年达到79%。施工现场安全达标抽查合格率,1989年为69%,1991年达到79%。工程倒塌事故1988年为29起,1991年减少到7起。但一些困扰工程质量和施工安全工作、影响生产和生活的问题,还没有从根本上得到解决。特别是近年来,一些地方的工程质量急剧下降,事故不断增多。1992年工程倒塌事故上升到20起,为上年的3倍;一次死亡3人以上的重大事故31起,为上年的2.4倍。

这里所讲的情况和问题都用了数字,使阅者能准确无疑地了解工作的成效、特别是问题的严重程度,从而为下文提出的加强工程质量和施工安全管理工作的意见作了扎实的铺垫。

再如在事关办理执行的关键性地方,更必须表达精确。如《国务院关于设立武汉经济技术开发区的批复》中说:

同意设立武汉经济技术开发区,实行沿海开放城市经济技术开发区的政策。武汉经济技术开发区位于沌口、郭徐岭地区,东至长江岸边,西至318国道,南至高压走廊,北至神龙路。规划面积为10平方公里,首期开发面积为5.5平方公里。

这里把开发区的四至、面积都作了精确规定,在理解和执行中不会产生任何疑义。

由以上三例可以看出,精确的表达常常离不开数字。因此,重视统计,掌握数字,是公务文书表达精确的重要条件。但某些肩负文书草拟工作的人员,对所要表达的情况和问题,胸中无"数",所以只好用含糊笼统的语言表达一切,使阅者难以捉摸、信服和执行,毛泽东同志在《党委会的工作方法》中曾批评过这种工作作风:"我们有许多同志至今不懂得注意事物的数量方面,不懂得注意基本的统计、主要的百分比,不懂得注意决定事物质量的数量界限,一切都是胸中无'数',结果就不能不犯错误。"

(二) 简要。

公务文书的语言应当简明扼要。"简"字当头,不求繁博,力避繁冗、琐细。这是因为:第一,公务文书的写作目的是为了办理公务,只要把情况讲清楚、道理说明白、要求提明确即可,如果离开这一实用目的去搞形象描绘、旁征博引、细说详解,反而会分散阅者的注意力,无助于公务的办理。第二,表达唯有简明扼要,篇幅才能短小,这可以节省人们的大量时间和精力,提高工作效率,克服"文山会海"现象。

因此,"公文贵简"成为古今中外公务文书写作的普遍要求。刘勰在《文心雕龙·书记》中就指出,书记这类文书的语言应做到"随事立体,贵乎精要,意少一字则义阙,句长一言则辞妨。并有司之实务,而浮藻之所忽也"。他这段话的意思是要求语言精简到一字不可多、一字不可少的地步。明洪武年间,刑部主事茹太素一次上书论时务,长达万余言,太祖朱元璋命人读给他听,发现"切要可行者,才五百余言",因而训诫说:"朕所以求言者,欲其切于事情而有益于天下。彼浮词者,徒乱听耳!"(《明史·艺文志》)到了现代,公务日益繁忙,时间尤为珍贵,所以文书更须精简。《中共中央关于纠正电报、报告、指示、决定等文字缺点的指示》中指出:"凡文电必须认真压缩。各级领导同志责任重大,事务繁剧……在写请示文电或写报告时,必须注意文字的简明扼要,条理清楚,便于阅读。"我国现行的党、政、军公文处理办法或条例中都要求起草公文应做到文字精练,篇幅简短。国外文书的发展趋势也是删繁就简。美国总统发布命令原来的起句是:"我秉承合众国宪法和法律赋予合众国总统的权力,兹发布命令……"卡特任总统时则简化为:"我作为合众国总统命令……"文字大减,文意表达更加快当。

公务文书怎样才能做到语言简要、篇幅简短呢?可以从以下两个方面做出努力。

首先应精简内容。内容庞杂,既想说这,又想说那,有关的要说,无关的也要说,这必然会使语言啰唆、篇幅冗长。所以要求得语言简要,首先要对所表达的内容进行精简。

精简内容的要求是紧扣主题,不在无关宏旨的地方浪费笔墨;抓住要点,不在细枝末节上做文章。有一篇表彰某人勇擒杀人凶犯的通报,不是集中介绍这个人的英雄行为,而是用一大半篇幅写凶犯此前如何行凶,在他逃窜的路上如何受到群众和民警的围追堵截,最后才写到表彰对象与凶犯搏斗的事迹——这部分内容才占1/3。显然这篇通报的撰写者没弄清他是在表彰谁,什么应该是通报的内容重点,而把笔墨用到了脱离主角、主题的地方,不仅拉长了篇幅,而且造成喧宾夺主的后果。古人有言:"政贵有恒,辞尚体要,不惟好异。"(《尚书·毕命》)"盖作者言虽简略,理皆要害,故能疏而不遗,俭而无阙。"(刘知几《史通·叙事》)近代文学家林纾也说,文章庸言絮语的毛病就出在"不知举其简要,而弃其骈枝"。

第二是精炼语言。用语言表达主题和要点时,要力求精练,用简约的话语表达明确而丰富的意思,做到"文约而事丰"(《史通·叙事》)。这就要求公文撰写者丰富自己的语汇,提高概括能力。如原《婚姻法》规定:"夫对于其妻所抚养与前夫所生的子女或妻对于其夫所抚养与前妻所生的子女不得虐待或歧视。"现在修改为:"继父母与继子女之间,不得虐待或歧视。"后一种说法不仅比前一种说法节省了一半文字,而且增加了继子女不得虐待或歧视继父母这一层意思。又如一份调查报告的原文有这样一段话:"有的领导机关想出各种各样的花招儿,向下摊派收钱。他们欺骗中央,根本不认真执行中央政策,下级机关和群众非常气愤……"后来这段话修改为:"有的机关乱摊派、乱收费,对中央的有关规定置若罔闻,甚至弄虚作假,阳奉阴违,群众意见很大……"后一种说法,连用几个成语,文字简洁了,概括力更强了。王安石《答司马谏议书》这封公务书信,堪称语言精简、概括力强的典范。当时司马光对王安石的改革牢骚满腹,致信责难,洋洋数千言。王安石复信把来信中的批评意见仅用八个字概括无遗,即"侵官、生事、征利、拒谏"。然后逐一反驳:"某则以为受命于人主,议法度而修之于朝廷,以授之于有司,不为侵官;举先王之政,以兴利除弊,不为生事;为天下理财,不为征利;辟邪说,难壬人,不为拒谏。"复信抓住了对方的指责与实际不相符合的要害,寥寥数语,驳斥有力。

(三)庄重。

公务文书是代表公务机关发言,是为了办公事、正事,其语言风格应该庄重。这也是古人早已指出的原则。曹丕在《典论·论文》中说"奏议宜雅",陆机在《文赋》中说"奏平彻以闲雅",他们都认为奏、议之类的公务文书应当使用雅言。雅言即正言,典雅庄重而不粗俗。有人在起草公务文书时追求个人风格,说些幽默、诙谐乃至讽刺、挖苦的话语,这都是有失庄重的。

要保持公务文书语言的庄重性,主要应做到以下几点。

1. 使用书面语,一般不用口语。

书面语是在口语的基础上加工而成的书面交际语言,它不仅比口语精确、严密,而且能给人以郑重其事的感觉。口语虽然比较活泼、简短,但大多是随口、随时说出,没有经过悉心加工,不够精

确、严密,有的还不太文雅,有失庄重。仅从以下几组例子便可以看出这一点:

| 书面语 | 口　语 |
| --- | --- |
| 妻、妻子 | 老婆 |
| 外祖父 | 外公、姥爷 |
| 敏捷、迅速 | 麻利 |
| 忠厚、老实 | 老实巴交 |
| 弄虚作假 | 耍花招 |
| 粗枝大叶 | 马马虎虎 |

因此,要保证公务文书语言的庄重性,除了直接引用群众的口头语、顺口溜来说明问题,都应当使用书面语而不用口语。

2. 使用平实的语言,摒弃浮华的辞藻。文辞绚丽也是一种语言风格,用在文学作品中,只要不是故意堆砌,也无可厚非。但是用在公务文书中,就与纪实办事的目的相违背,而且也有失庄重,更不要说使用花里胡哨的俏皮话、歇后语了。这就像人的穿着打扮应当看场合一样:浓妆艳抹去跳舞、游玩,不能说不得体;但若是花枝招展地去参加会谈或劳作,就会给人以轻浮之感。因此,作为办理公务的文书,其语言应当平易、朴实,不追求文辞的华丽,摒弃一切浮华的辞藻。

(四) 规范。

公务文书语言应当规范,即符合约定俗成或明文规定的标准,这样既能保证表达的准确、严密和统一,便于撰写、理解和执行,而且有利于语言的纯洁、健康和规范化。

公务文书语言规范化的主要内容和具体要求如下。

1. 用字用词规范。用字应遵守国家语言文字工作委员会1986年重新发表的《简化字总表》的规定,不能滥用繁体字,乱造简化字,不能使用已被文化部、文字改革委员会1955发布的《第一批异体字整理表》淘汰的异体字。用词要符合权威性词典、辞海的义项解释,"不生造除自己之外,谁也不懂的形容词之类"(鲁迅《答北斗杂志社问》),要使用教育部、国家语言文字工作委员会2001年发布的《第一批异形词整理表》推荐的词形。要遵守2000年发布的《中华人民共和国国家通用语言文字法》。

2. 语句规范。正如《中共中央关于纠正电报、报告、指示、决定等文字缺点的指示》中所要求的那样:"必要的主词、述词、宾词,必须完备无误。单句、复句必须分清。代名词,必须紧跟所代的名词。形容词、副词词尾,尽可能分用'的'、'地',加以区别。"防止句子成分残缺、搭配不当、偷换主语或其他概念等现象的发生。

3. 标点符号规范。公务文书使用标点符号应遵守1995年国家技术监督局发布的《标点符号用法》的规定。标点符号是书面语言的有机组成部分,它用来表示停顿、语气及词语的性质和作用,关系语句的意思表达、内容层次和逻辑关系,写公务文书和写一切文章必须正确而规范地使用标点符号。但在实际写作中,对标点符号的运用掉以轻心的现象相当普遍。有的不能正确运用顿号、逗号和句号,有的分不清破折号(——)和连接号(—)的区别,有的不能正确而完整地使用双引号(" ")和单引号(' '),有的句子中虽有疑问词但并非疑问句也用问号,等等。还有的在起草公务文书时不把标点符号点清楚,顿号、逗号、句号"三位一体",破折号、连接号长短一样,问号、叹号模棱两可,使录入和校对人员苦心猜测,耽误时间。这些不能正确而清楚地使用标点符号的现象应当尽快纠正。

4. 提法规范。对涉及党和国家方针、政策等重要问题的提法,应以权威性文件、原著为依据,不能随意变换。如"满清"一词,早在1956年国务院就发出了在今后的行文和书报杂志里一律不再使用的通知,可是在新近出版物中仍时有所见。又如中共中央在1981年做出的关于建国以来党的若干历史问题的决议已彻底否定了"文化大革命",因此在后来的文件和文章中提到这一运动应当加上引号,或直接称为"十年内乱"。再如我国宪法原称"国营经济",后来改为"国有经济";原称私营经济是"社会主义公有制经济的补充",后来改为是"社会主义市场经济的重要组成部分",等等。这些提法的改变,反映了我国在所有制改革上的突破,因此在公务文书写作中应特别留意。撰写公务文书凡遇到这类提法而又记不准时,应当查找根据,不能随口乱说。

5. 数字规范。数字用法混乱,也是文件和出版物长期存在的一个问题,有的甚至在同一组数字中混用汉字和阿拉伯数字,如这样一种写法:"一九九七年10月31日"。为此,国家技术监督局于1995年12月13日发布了《出版物上数字用法的规定》。党、政、军公文处理条例或办法明文规定公文中的数字用法应符合这一要求。《国家行政机关公文处理办法》是这样规定的:"公文中的数字,除成文时间、部分结构层次序数和在词、词组、惯用语、缩略语、具有修辞色彩语句中作为词素的数字必须使用汉字外,应当使用阿拉伯数字。"这一规定适用于一切公务文书的数字使用。

6. 缩略语规范。公务文书中难免使用简称和其他省略语,但这些缩略语如果不规范,就会令人费解,甚至造成误解。所以在《中共中央关于纠正电报、报告、指示、决定等文字缺点的指示》中,第一条就规定"不许滥用省略"。现行的党、政、军公文处理办法或条例也都规定要使用"规范化简称"。所谓缩略语使用的规范化,一是要求约定俗成,人人明白,不会使人不知所云;二是为本文行文简便,临时使用的非规范化简称,"应当先用全称并注明简称"(《国家行政机关公文处理办法》)。

7. 计量单位规范。1984年,国务院发布了在我国统一实行法定计量单位的命令。现行的公文处理办法和条例都规定必须使用国家法定计量单位。撰写一切公务文书都应当如此。如长度的法定基本单位是米,由此得出的法定长度单位有千米(也可称公里)、米、分米、厘米、毫米、微米等,而公尺、英尺、市尺、公分等便属于非法定长度单位,不能在公务文书中使用。

8. 使用公务文书惯用语。公务文书的语言也像其他文章的语言一样,应当力求新鲜,跟上时代的发展,如同邓小平同志所指出的"有新内容、新思想、新语言"(《坚持四项基本原则》)。但是有些局部用语多年来已约定俗成,成为公务文书惯用语,也就是一种规范用语,我们在撰写公务文书时应当从众采用。诸如开头部分常用的"为了"、"根据"、"欣逢"、"值此"、"现将"、"收悉"、"兹定于"等,结尾部分常用的"此致"、"此告"、"特此通知"、"特此函达"、"当否,请指示"等,这些惯用话语写起来顺手,读起来习惯,切合公务文书实用性的要求。

## 思 考 题

一、公务文书的主题有什么重要性和要求?公务文书表现主题有什么特点?

二、公务文书的材料有什么重要性?收集材料有什么途径和要求?选用材料的要求和方法有哪些?

三、公务文书的结构有什么重要性和特点?

四、怎样学习语言?公务文书语言有什么要求?

# 第二编

## 行政公文

国务院2000年8月24日发布的《国家行政机关公文处理办法》(以下简称《公文处理办法》)指出:"行政机关的公文(包括电报,下同),是行政机关在行政管理过程中形成的具有法定效力和规范体式的文书,是依法行政和进行公务活动的重要工具。"

如上一编所述,行政公文不仅为国家行政机关即各级人民政府所使用,而且其种类和格式与党的、军队的和其他各机关、团体、企事业单位的公文大体相同,只是其作用和内容有所不同,因此称为通用公文。为行文简便,本编简称行政公文为公文。

# 第三章 公文的分类和格式

## 第一节 公文的分类

公文有多种分类方法。以下介绍几种与公文的用途、格式和写作有较大关系的分类方法。

**一、按用途划分**

有13种,即:(一)命令(令);(二)决定;(三)公告;(四)通告;(五)通知;(六)通报;(七)议案;(八)报告;(九)请示;(十)批复;(十一)意见;(十二)函;(十三)会议纪要。这是《公文处理办法》规定的公文种类,简称文种。本编第四章将分别讲述它们的用途和写法。

**二、按行文方向划分**

有三类:

(一)下行文。上级机关向下级机关或群众的行文。如命令、决定、通知、通报、通告、批复等。

(二)上行文。下级机关向上级机关的行文,即上报公文,主要有报告和请示。

(三)平行文。不相隶属机关(含平行机关)之间相互往来的公文,主要有函。

这种分类方法古已有之,清代学者刘熙载在《艺概·文概》中便说:"应用文有上行,有平行,有下行。"它对于公文写作来说有重要意义。写下行文,特别是命令(令)和带有指令性的通知、通告等,其语气应当坚定、果断,以收到令行禁止的效果。写上行文,语气应当谦虚、平和,以体现对上级机关的尊重。写平行文,由于是对兄弟单位讲话,应用商洽、委婉的语气,不能向对方发号施令。

**三、按阅知范围划分**

也有三类:

(一)秘密公文。需要限定阅知范围、保守秘密的公文。按《中华人民共和国保守国家秘密法》规定,秘密公文分成三个等级:"绝密"、"机密"和"秘密"。秘密等级简称密级。秘密公文应当标明密级。

(二)内部公文。非秘密公文,但只在内部运行、需要注意保存的公文。大部公文属于内部公文。内部公文不得随意丢弃或卖给废品收购部门。

(三)周知性公文。需要向国内外宣布或在一定范围内公布的公文,如公告、通告和某些需要众所周知的命令(令)、决定、通知、通报等。这些公文需要张贴出去或在报、刊发表,在电台、电视台播放,以便做到家喻户晓。

**四、按缓急时限划分**

有两类:

(一)紧急公文。需要紧急送达和办理的公文。紧急公文应标明紧急程度:"特急"、"急件"(紧急电报分为"特提"、"特急"、"加急"、"平急")。

(二)常规公文。按常规送达和办理的公文。大部分公文属于此类公文。

## 第二节 公文的格式

公文格式是指一份完整的公文一般应当具备的项目、各项目的标识规则和用纸、排版等的要求。

为了保证公文的完整性、权威性和规范化,并便于撰制、办理和存档备查,《公文处理办法》对公文格式作了明文规定。国家质量技术监督局还发布了《国家行政机关公文格式》,注明此格式"其他机关公文可参照执行"。本节所讲的公文格式,主要是依据这两个文件的规定。

公文的构成项目很多,公文的用纸尺寸和排版形式等也有严格规定。为了便于了解和掌握,下面分成四组加以说明。

## 一、眉首

眉首部分位于公文首页上方,约占首页的1/3,由发文机关标识、发文字号、签发人、份数序号、秘密等级和保密期限、紧急程度等项组成。其下方加一红色反线(与版心等宽),作为该部分与下面主体部分的界线。

(一)发文机关标识。

由发文机关名称(全称或规范化简称,下同)后加"文件"组成。如"国务院文件"、"国家安全部文件"。对一些特定的公文可只标识发文机关名称。

联合行文时应把主办机关名称排列在前;"文件"二字置于发文机关名称右侧,上下居中排布;如联合行文机关过多,必须保证公文首页显示正文。

发文机关标识上边缘至版心上边缘为25 mm,上报的公文则扩大为80 mm(供上级机关批示用)。发文机关标识推荐使用小标宋体字,字号自行酌定,用红色标识。

(二)发文字号。

由发文机关代字、发文年份和发文顺序号组成。如"京政办发〔1997〕10号",其中的"京政办"是北京市人民政府办公厅的代字,"〔1997〕"是发文年份,"10号"是发文顺序号。发文机关代字与发文年度之间一般加"发"字,也有的加"字"字,还有的省略此字。议案、批复和函,一般在发文机关代字之后加"函"字,如国务院这三种公文的发文字号便写作"国函〔19××〕×号"。联合行文,只标识主办机关的发文字号。

年份、序号用阿拉伯数字标识。年份应写全,用六角括号"〔 〕"括入(不用圆括号和方括号);序号不编虚位(如1不编为01),前不加"第"字。

发文字号位于发文机关标识下,两者之间空2行,用3号仿宋体字,居中排布。

在报刊上发表或翻印公文如省去眉首部分,可把发文字号移到公文标题之下居中或偏右,本书所用的公文例文都是这样。

(三)签发人。

上报的公文,应当标明签发人姓名,即在发文字号右侧标识"签发人:×××"。这时发文字号应居左空1字,签发人居右空1字。

如有多个签发人,主办单位签发人姓名排列在上,最后一个签发人姓名与发文字号处在同一行。

"签发人"用3号仿宋体字,签发人姓名用3号楷体字。两者之间标全角冒号。

所有的公文都需要由本机关领导人签发。重要的或涉及面广的,必须由正职或者主持日常工作的副职领导人签发;经授权,有的公文可由秘书长或办公厅(室)主任签发。但领导人是在发文稿纸的"签发"栏内签署意见,并写上姓名和审批时间,只有上报公文才在正式行文上标识签发人。

(四)份数序号。

同一公文稿印制若干份时每份公文的顺序编号叫份数序号。如需标识份数序号,用阿拉伯数字顶格标识于版心左上角第一行。

份数序号一般应根据该公文印刷的份数来决定编几位,但至少不应少于两位,如"1",应编为"01"。

《公文处理办法》规定"绝密"、"机密"级公文应标明份数序号。其他公文编不编份数序号,由发文机关自行掌握。

(五)秘密等级和保密期限。

如需标识秘密等级,用3号黑体字,顶格标识在版心右上角第一行,两字之间空一字;如需同时标识密级和保密期限,用3号黑体字,顶格标识在版心右上角第一行,两者之间用"★"隔开,这时密级两字间则不空一字。

密级的确定和标识应按国家有关规定如《国家秘密保密期限的规定》、《国家秘密文件、资料和其他物品标志的规定》等执行,既要防止因未标明密级而失密,又要防止随意扩大密级。

(六)紧急程度。

紧急公文应当标明紧急程度,其位置也在版心右上角第一行,用3号黑体字,两字之间空一字;如需同时标识密级与紧急程度,则应密级居上,紧急程度居下。

确定紧急程度应根据公文送达和办理时间的实际需要,严格掌握,非紧急公文不能填写这一项目,紧急公文也应恰当选用紧急程度,防止漏标和随意提高。

二、主体

主体部分是每份公文的内容部分,由公文标题、主送机关、正文、附件说明、成文日期、发文机关印章、附注等项组成。

(一)公文标题。

一切公文和其他文章一样必须有标题。公文标题位于红色反线之下,与线之间空2行,用2号小标宋体字,可分一行或多行居中排布;回行时,要做到词意完整,排列对称,间距恰当。

公文标题的写法与绝大多数文章标题的写法不同,按规定一般应标明发文机关名称、事由(正文的主要内容)和文种,用介词结构"关于……的"把这三部分连接起来。个别情况下可以省略发文机关名称或事由,但这二者不能都省略。文种在任何情况下都不能省略。这样,公文标题便有三种写法:

1. 三项式标题。由发文机关名称、事由和文种组成。这是公文的常规标题,大部分公文都采用这种标题。如《国务院关于加强水土保持工作的通知》,其中的"国务院"是发文机关名称(规范化简称),"加强水土保持工作"是事由,"通知"是文种。

2. 两项式标题。有两种:

(1) 由发文机关名称和文种组成,省略了常规标题中的事由。如《中华人民共和国国务院令》、《北京市人民政府通告》。

在什么情况下可以采用这种省略事由的两项式标题呢?应该是在正文极短的情况下。正文只有几句话或极为简短的几条,内容一目了然,虽然标题中未标明事由,仍不影响表达的开门见山。如果内容较长而在标题中却不标明事由,则显然是不妥当的。

(2) 由事由和文种组成,省略了发文机关名称。如《关于白条不得报销入账的通知》、《关于开展青年志愿者活动情况的报告》。

在什么情况可以采用这种省略发文机关名称的两项式标题呢?有两种情况:一是内容不太重要的事务性公文,二是各机关、团体、企事业单位的内部行文。凡重要公文,为体现郑重性和权威性,其标题都不应省略发文机关名称。

公文标题写作的难点在于如何概括好事由。概括事由的方法大多采用动宾结构,如《中共中央宣传部、新闻出版署关于禁止"买卖书号"的通知》,其事由中的"禁止"是动词,"买卖书号"是宾语。概括事由的要求是准确、简要,防止题文不符、意思含糊、文字过多。

(二) 主送机关。

公文的主要受理机关,称为主送机关,其位置如同书信对收信人的称呼,放在正文上方(标题下空 1 行),用 3 号仿宋体字顶格排布,回行时仍顶格。主送机关后标全角冒号。

主送机关如果只有一两个,应当用其全称或规范化简称。如果主送机关有多个,则可用同类型机关的统称,如国务院一份公文的主送机关便写作"各省、自治区、直辖市人民政府,国务院各部委、各直属机构"。

主送机关应写机关名称或统称,而不应写领导者个人。如果是周知性公文,则应省略这一项目,而不必写"全厂职工"、"全校教职工"之类的公众称呼。

(三)正文。

正文位于主送机关下一行,用来表达公文的具体内容。正文每个自然段左空2字,回行顶格。数字、年份不能回行。

如何写正文,应根据每份公文的实际需要和惯用体式来确定,有话则长,无话则短,没有适合一切公文正文的统一模式。

(四)附件说明。

有附件的公文,应在正文下空一行左空2字用3号仿宋体字标识"附件",后标全角冒号和名称。如果附件不只一份,应用阿拉伯数码标明序号并分行并列。这里标识附件说明,是为了提醒阅者注意并使主件和附件连成一体。附件名称不加书名号,其后也不加标点符号。写法如下:

附件:1.×××××××××
 2.×××××××××

附件置于主件之后,与主件一起装订,并在附件左上角第一行顶格标识"附件"二字。

应当说明的是,附件是用来说明正件的材料,处于从属地位。而发布令所发布的行政法规和规章,通知所印发、批转、转发的文件,以及议案之后的方案,都不处于从属地位,不能视为附件,因此不能在正文之后加附件说明。

(五)成文日期。

成文日期直接关系到公文的时效,因此应完整写出年、月、日。为了便于盖章,成文日期的数字应使用汉字;年份中的"零"写为

"〇"(不要写成"0")。成文日期的位置见下文(六)。

成文日期以领导人签发的日期为准,联合行文以最后签发机关领导人的签发日期为准;电报以发出日期为准;会议通过的公文以通过日期为准。

(六)发文机关印章。

加盖发文机关印章,这是发文机关对公文生效负责的凭证,也是公文区别于其他文章的显著标志。

单一机关制发的公文加盖印章,应上距正文 2 mm～4 mm,端正、居中下压成文日期;当印章下弧有文字时,盖章采用中套式,即印章中心线压在成文日期上。印章用红色(下同)。成文日期右空 4 字,其上不署发文机关名称。

联合行文需加盖两个印章时,应将成文日期拉开,左右各空 7 字;主办机关印章在前;两个印章均压成文日期。两个印章应整齐排布,互不相交或相切,相距不超过 3 mm(下同)。

联合行文需加盖 3 个以上印章时,为防止出现空白印章,应将各发文机关名称(可用简称)排在发文日期和正文之间。主办机关印章在前;每排最多排 3 个印章,两端不得超出版心;最后一排如余 1 个或 2 个印章,均居中排布;在最后一排印章之下右空 2 字标识成文日期。

大多数公文都应加盖发文机关印章。《公文处理办法》规定:"公文除'会议纪要'和以电报形式发出的以外,应当加盖印章。联合上报的公文,由主办机关加盖印章;联合下发的公文,发文机关都应当加盖印章。"

《中国共产党机关公文处理条例》对此项目有不同规定:第一,它除了要求加盖发文机关印章外,还要求有发文机关署名,即把印章盖在发文机关名称的正中位置;第二,它规定不加盖发文机关印章的公文,除会议纪要外,还有印制的有特定版头的普发性公文。

当公文排版后所剩空白容不下印章位置时,应采取调整行距、字距的措施加以解决,务使印章与正文同处一面,不得采取标识"此页无正文"的方法解决。

(七)附注。

公文如有附注,用3号仿宋体字,居左空2字加圆括号标识在成文日期下一行。

附注一般是对公文的发放范围、使用需注意的事项等加以说明,如"此件发至县团级"、"此件可见报"等,不是对行文内容作出解释或注释。对公文的解释或注释一般在正文中采取句内括号或句外括号的方式解决。

《公文处理办法》规定,请示应当在附注处注明联系人的姓名和电话。

三、版记

公文末页下方是版记部分,由主题词、抄送机关、印发机关、印发日期等项组成。

(一)主题词。

"主题词"用3号黑体字,居左顶格标识,后标全角冒号;词目用3号小标宋体字,词目之间空1字。

主题词是反映公文内容的一组标准化词语,最少2个,最多7个。主题词应根据公文内容从上级机关制发的公文主题词表中选择。标引次序应按主题词的含义由大到小、从内容到形式。

主题词是为了适应办公现代化特别是使用计算机管理而新增加的一个项目。它可以提高公文检索的速度,提高办事效率,为实现办公自动化奠定基础。

(二)抄送机关。

位于主题词之下,其上下用反线(与版心等宽)与主题词和印发机关隔开,形成一个栏。

"抄送"左空1字用3号仿宋体字标识,后标全角冒号;抄送机关间用顿号或逗号隔开,回行时与冒号后的抄送机关对齐;在最后一个抄送机关后标句号。

抄送机关是指除主送机关外需要执行或知晓公文的其他机关,包括上级、下级和不相隶属机关,简称"抄送",应当使用全称或者规范化简称、统称。过去曾分为抄报机关(上级机关)、抄送机关(不相隶属机关)和抄发机关(下级机关),现在统称为抄送机关,但在排列顺序上仍应上级机关在前,不相隶属机关和下级机关在后。按《公文处理办法》规定,向下级机关的重要行文应同时抄送直接上级机关,向上级机关的请示不得同时抄送下级机关。抄送机关应当是确实需要了解公文内容的机关,防止太多太滥,增加不相干机关的负担。

位于主体部分正文之上的主送机关,如果太多而使公文首页不能显示正文时,可移至这里,居于主题词之下、抄送机关之上,形成一个栏,标识方法与抄送机关相同。

(三)印发机关和印发日期。

位于抄送机关之下(无抄送机关在主题词之下)占1行位置,用3号仿宋体字。印发机关左空1字;印发日期右空1字,用阿拉伯数字标识。

印发机关不是发文机关,而是发文机关印制公文的主管部门,一般应是该机关的办公厅(室)或文秘部门。如果发文机关没有专门的办公厅(室)或文秘部门,也可标识发文机关。

印发日期是为了反映公文的生成时效,它一般略晚于领导签发的日期,应以公文付印的日期为准。

印发机关的名称如果字数太多,可以自行简化,以使它和印发时间只占1行的位置。印发时间应完整地标明年、月、日。这一栏之下也应加一反线,与版心等宽。

版记部分置于公文最后一页(封四),最后一项置于最后一行。

## 四、其他

《国家行政机关公文格式》还对公文的特定格式、公文用纸、排版、装订要求等作出规定,摘要分述如下。

(一)公文的特定格式。

上述公文眉首、主体和版记各项目的格式,是用于政策性和规范性公文,称为"文件格式"。此外还有与文件格式略有不同的特定格式,主要有以下两种:

1. 信函格式。在制发公文的实践中,经常使用一种"信函格式"公文,用于处理日常事务的平行文或下行文。这种"信函格式"公文与"文件格式"公文有以下不同:

(1)发文机关标识只用发文机关全称,不加"文件"二字。它的上边缘与上页边的距离为30 mm,亦推荐用红色小标宋体字,字号可自行酌定。

(2)在发文机关标识下4 mm处印一条红色武文线(上粗下细),长度为170 mm。

(3)在距下页边20 mm处印一条红色文武线(上细下粗),长度亦为170 mm。

(4)份数序号、密级、紧急程度可以放在武文线下左上角顶格(很少同时出现这三项),发文字号放在武文线下右上角顶格。首页的页码以放在文武线之上右下角为宜。

"信函格式"公文其他各项目的标识方法均同于"文件格式"。

2. 命令格式。各级国家行政机关发布行政法规和规章的命令格式规定为:

(1)发文机关标识由发文机关全称加"令"组成,用红色小标宋体字,字号自行酌定。其上边缘距版心上边缘20 mm。

(2)发文机关标识之下空2行居中标识令号(不用发文字号),即"第×号"。

(3)令号之下空2行即为正文,中间没有反线、公文标题和主送机关。

(4)正文之下空2行右空4字标识签发人签名章,签名章左空2字标识签发人职务。联合发布的命令(令)的签发人职务应标识全称。

(5)签名章之下空1行右空2字标识成文日期。

(6)不用抄送机关,而在抄送机关的位置标识分送机关。

"命令格式"其他项目与"文件格式"相同。

(二)公文用纸幅面及版面尺寸。

1. 公文用纸幅面尺寸为国际标准A4型(210 mm×297 mm),淘汰长期沿用的16开型。

过去使用的16开型纸,信息承载量较少,而且纸型规格不统一,有260 mm×184 mm、264 mm×187 mm等多种,导致文件大小不一,甚至前后页大小不一,影响公文质量,也很不严肃。

目前,我国公文用纸淘汰16开型,采用各国普遍使用的A4型的时机已经成熟。A4型纸可容纳较多的信息,而且规格统一,无论从哪里进货其误差不会超过1 mm,可保证文件的整齐划一。

2. 公文用纸天头(上白边)为37 mm±1 mm,订口(左白边)为28 mm±1 mm,版心尺寸为156 mm×225 mm(不含页码)。

(三)排版规格、页码位置和装订要求。

1. 正文用3号仿宋体字,一般每面22行,每行28个字。双面印刷。

2. 页码用4号半角白体阿拉伯数字标识,置于版心下边缘之下一行,左右各放一条4号一字线,一字线距版心下边缘7 mm。单页码居右空1字,双页码居左空1字。空白页和空白页以后的页不标识页码。

3. 公文应左侧装订,不掉页。多数公文采用骑马订;若采用平订,后背不可散页明订。

## 思 考 题

一、公文有哪些分类方法?

二、公文眉首、主体和版记部分各有哪些项目?各个项目的规范写法是怎样的?

三、公文用纸、排版和装订有什么规定?

# 第四章 公文的写作

## 第一节 命 令（令）

### 一、命令(令)的用途

撰写公文,必须弄清各种公文的用途,正确选用文种。多年来,错用文种的现象屡有所见,因此党、政、军公文处理办法或条例都把文种使用是否正确作为公文审核的重点之一。

命令和令不是两个文种,而是同一文种的两个名称。撰写时标题中使用哪个名称应根据惯例和文字顺畅的需要。

命令(令)的用途,有以下几项:

(一) 公布行政法规和规章。

宪法和有关法律规定,国务院可以制定行政法规;国务院各部、委在本部门的权限内可以制定行政规章;各省、自治区、直辖市人民政府及省、自治区人民政府所在地的市和经国务院批准的较大的市的人民政府,可以制定地方性行政规章。上述机关依照有关法律规定制定的行政法规和规章,用"令"公布。

全国人民代表大会及其常务委员会制定的法律,由中华人民共和国主席用"令"发布。

(二) 宣布施行重大强制性行政措施。

全国和各地方,处理关系重大的事项和紧急情况(如战争、动乱、自然灾害),需要采取重大强制性措施,以维护国家和群众的利益。这些措施应该由县和县以上各级人民政府用"命令"宣布施行。

(三)嘉奖有关单位及人员。

奖励有重大贡献的单位及人员用命令,又称"嘉奖令"。嘉奖令大多为国务院和中央军委使用,各省、自治区、直辖市使用不多。

国务院办公厅1987年2月18日发布的《公文处理办法》,对命令(令)的用途曾规定有任免有关人员,但多年来只有国家主席任免国务院组成人员即总理、副总理、国务委员、各部部长、各委员会主任、审计长、秘书长等使用任免令,国务院及国务院各部、委和地方各级人民政府任免干部都不使用任免令,因此1993年11月21日发布的修订后的《公文处理办法》已取消了这一用途。这一点应引起各行政机关的注意,任免各级行政干部再不能用任免令。

原由国务院办公厅发布的上述《公文处理办法》,还规定命令(令)的用途有"撤销下级机关不适当的决定",而现行的由国务院发布的《公文处理办法》则把这一用途归入决定。这也是应当注意的一点。

二、命令(令)的分类和写法

命令(令)按用途可以分成三类:公布令、行政令和嘉奖令。下面讲一讲这三种命令的写法。

(一)公布令:公布行政法规和规章的命令

〔例文1〕

**中华人民共和国国务院令**

第517号

《护士条例》已经2008年1月23日国务院第206次常务会议通过,现予公布,自2008年5月12日起施行。

总理　温家宝

二〇〇八年一月三十一日

(以下所公布条例的全文,略。下同)

〔例文2〕

## 中华人民共和国国家发展和改革委员会令

第58号

《国家发展改革委关于对部分重要商品及服务实行临时价格干预措施的实施办法》已经国务院批准,现予公布,自2008年1月15日起施行。

主任　马　凯

二〇〇八年一月十五日

〔例文3〕

## 国家环境保护总局令

第39号

现发布《环境监测管理办法》,自2007年9月1日起施行。

局长　周生贤

二〇〇七年七月二十五日

〔例文4〕

## 中国人民银行令

第1号

为进一步完善银行间债券市场管理,促进非金融企业直接债务融资发展,中国人民银行制定了《银行间债券市场非金融企业债务融资工具管理办法》,经2008年3月14日第5次行长办公会议通过,现予公布,自2008年4月15日起施行。

行长　周小川

二〇〇八年四月九日

从以上四篇例文可以看出,公布令都极为简短,其写法是:

1. 发文机关标识、签署等项应采用"命令格式"(见本书57页)。

2. 令号。采用发文机关领导人整个任期内所发命令的序号,下一任另编序号,称作"流水号"。其写法是"第×号"。序号用阿拉伯数字。

3. 正文。只有一个小段落,大多直接写法规或规章名称(加书名号)、通过会议或者批准机关名称及通过或者批准日期、施行日期,如例文1、2。极少数规章只需发令机关领导人审定,便只写所发规章的名称和施行日期,如例文3。为使公布令文字简约,绝大多数公布令的正文不写公布目的和根据,个别写上的也不过只言片语,如例文4。

4. 公布令后边的法规或规章,不能视为附件,因此正文之后不加附件说明。

(二)行政令:宣布施行重大强制性行政措施的命令。

〔例文〕

## 西藏自治区人民政府
## 关于2007年冬季—2008年春季森林防火的命令(摘要)

### 第80号

根据《中华人民共和国森林法》、《森林防火条例》和《西藏自治区森林防火实施办法》的有关规定,为切实做好今冬明春我区森林防火工作,特发布森林防火命令如下:

**一、森林防火期和紧要期。**自2007年11月15日至2008年5月31日,为冬、春森林防火期。自2007年12月15日至2008年4月30日,为森林防火紧要期。在此基础上,各地(市)根据气象(旱情)可提前进入防火期或延长防火期。

**二、加大森林防火宣传力度,增强森林防火意识。**随着全球气候变暖和各种不利森林防火因素增多,我区森林防火工作面临的形势日益严峻。因此要坚决克服松懈麻痹思想,必须坚持往年森林防火宣传工作中行之有效的方法和措施,继续加大宣传教育力度,切实增强全民对森林火灾的法规意识和防范意识,做到家喻户晓,人人皆知。

**三、坚持预防为主,强化火源管理**。森林防火要坚持"预防为主,积极消灭"的方针和"以人为本,科学扑救"的思想。要特别强化野外火源管理工作,重点地段、入山路口要重点防范,安排专人看守;必须严格执行各种用火审批制度,逐一落实防范措施。森林防火紧要期内,严禁无证人员进山从事一切作业。

**四、加强组织领导,全面落实各项工作**。各级政府主要领导和林业主管部门主要负责人,必须认真履行森林防火第一责任人和主要责任人的职责,层层签订森林防火目标责任书。实行各级领导分级、分片包干负责制。森林防火要纳入乡规民约。一旦发生林火,各级政府、森林防火指挥部和有关部门领导,必须立即赶赴现场组织扑救。对违反规定引起森林火灾的,不但要追究肇事者的责任,而且还要视情追究有关领导的行政责任以及法律责任。

**五、严格执行森林火灾报告制度,加强森林火灾案件的查处工作**。各级政府和森林防火指挥部,对本辖区发生的森林火情,必须严格按照有关规定及时、准确、逐级上报自治区森林防火办公室,不得封锁消息、虚报、瞒报、迟报和拒报。对森林火灾案件要依法从严从快查处,并及时向社会公布,做到处理一个、警示一个、教育一方。

自治区主席　向巴平措<br>二〇〇七年十一月十五日

行政令的写法如下:

1. 标题。由于此种命令的正文大多较长,所以标题一般采用三项式,即由发令机关全称或规范化简称、事由和"命令"组成,如上例。如果正文很短,也可以采用两项式标题,即由发令机关全称和"令"组成。

2. 发文字号。可以采用常规发文字号;也可以像发布令那样采用令号(如上例);如果准备为同一事项发布若干命令时,还可以单独依次编为"第 1 号"、"第 2 号"等。

3. 主送机关。面向各机关和广大公众的命令,不写主送机关。主要面向有关机关的,可写主送机关。

4. 正文。除少数简短的"篇段合一"的行政令外,大多数行政令的正文由以下三部分构成:

(1) 开头。简要说明发令的根据或目的。上例只用几十个字便说明了这两点。

(2) 主体。分条开列强制性行政措施。制定这些措施应考虑周密,没有欠缺和漏洞;切实可行,不超越现实条件和可能。表达这些措施,应准确、果断,没有歧义和打折扣的余地;条理清楚,语句简短,使人易记易行。

(3) 结尾。对有关单位和公众提出执行此命令的要求或号召,对违反或破坏此命令的人发出警告。结尾部分可作为主体部分的最后一条,或单另成段,无必要时则省略。

5. 签署。行政令一般由发文机关领导人签署,较少用发令机关印章。

6. 签署日期。

(三) 嘉奖令:奖励有重大贡献单位及人员的命令。

〔例文〕

**国务院、中央军委关于授予福建省
公安边防总队宁德市支队三都边防派出所
"爱民固边模范边防派出所"荣誉称号的命令**

国函〔2007〕47 号

公安部:

福建省公安边防总队宁德市支队三都边防派出所全体官兵牢

记全心全意为人民服务的宗旨,坚持立警为公、执法为民、爱民固边、强边富民,忠实履行职责使命,出色地完成了各项公安边防保卫任务,为辖区经济发展和社会稳定做出了突出贡献。

三都边防派出所始终把维护边境地区安宁和促进辖区经济社会发展放在首位,努力做到"经济发展到哪里,保障工作就跟进到哪里;治安热点在哪里,管理工作就跟进到哪里;人民需要在哪里,服务工作就跟进到哪里",创造性地开展公安边防工作,创建了全国第一个海上"110"、第一个海上"120"、第一个海上法律服务中心、第一个海上希望工程基金。1998年以来,该派出所共破获刑事案件152起、治安案件624起,抓获各类重大案犯236名;为群众办实事、做好事3740余件,抢救遇险船只1520余艘、遇险群众6400余人次,挽回经济损失1.2亿多元。该派出所的突出事迹赢得了社会广泛赞誉,1998年以来,该派出所先后87次受到表彰,荣立集体一等功1次、三等功2次;2001年被公安部评为"人民满意公安基层单位",党支部2003年被福建省委评为"全省先进基层党组织",2003年至2005年连续3年被公安部评为"一级公安派出所",2003年至2006年连续4年被共青团中央、公安部授予"全国青年文明号"荣誉称号,2005年被中央宣传部、中央文明办、民政部、解放军总政治部评为"全国军民共建社会主义精神文明先进集体",2006年被公安部评为"全国公安机关基层基础建设示范单位"。为表彰先进,弘扬正气,国务院、中央军委决定,授予福建省公安边防总队宁德市支队三都边防派出所"爱民固边模范边防派出所"荣誉称号。

国务院、中央军委号召全体公安民警、武警官兵和全军指战员向三都边防派出所学习。学习他们忠于党、忠于祖国、忠于人民的政治本色,学习他们牢记宗旨、一心为民、爱民固边、强边富民的高尚情操,学习他们乐于奉献、不计得失、视国家和人民利益高于一切的优秀品质,学习他们恪尽职守、奋发有为、开拓创新、勇攀高峰的进取精神。全体公安民警、武警官兵和全军指战员要以他们为榜样,在以胡锦涛同志为总书记的党中央坚强领导下,认真学习邓小平理论和"三个代表"重要思想,牢固树立和落实科学发展观,继承和发扬我党我军优良传统,不断提高队伍的整体素质和战斗力,圆满完成党和人民赋予的各项任务,为全面建设小康社会、构建社会主义和谐社会做出新的更大的贡献。

国务院总理　温家宝<br>中央军委主席　胡锦涛<br>二〇〇七年五月十五日

嘉奖令的写法:

1. 标题。都采用三项式。具体写法有两种:

(1) 由发令机关名称、事由和"嘉奖令"组成,如《国务院对胜利粉碎劫机事件的民航杨继海机组的嘉奖令》。与一般三项式标题不同的是,事由前不用"关于"而用"对",这样才顺当。

(2) 由发令机关名称、事由和"命令"组成,如上例。这种标题用于授予荣誉称号的嘉奖命令。

2. 发文字号。用常规发文字号。上例是两个机关联合行文,只用主办机关国务院的发文字号。

3. 公开发表的嘉奖令不写主送机关。

4. 正文。应依次写好以下内容:

(1) 介绍事迹并作出评价。对事迹的介绍应突出重点,准确简要。评价其思想、精神和品德时,应高度概括,恰如其分。可以把事迹和评价结合起来写,即夹叙夹议;也可以分开写,大多是先写事迹,后做评价。上例是先做评价,后介绍事迹。第一段评价概括而全面,语句铿锵有力;第二段事迹介绍得简要而准确,桩桩件件,确确实实,令人肃然起敬。

(2) 写明嘉奖决定。包括授予荣誉称号和给予记功、晋升、奖金等奖励。这部分内容可以单立一段,也可像上例那样并入上段。

(3) 发出学习号召。向广大群众和有关人员发出向受到嘉奖的人员学习的号召。这部分内容可多可少。事迹特别突出的,应当把学习号召写得充分些。上例首先用四个"学习他们"的排比句指出学习内容,写得条理清楚而有气势。接着又结合当前和长远的形势任务,发出鼓舞人心的号召。这篇嘉奖令的正文写得比较典范,值得认真阅读。

5. 签署和签署日期。

### 三、使用和撰写命令(令)的要求

命令(令)是一种最具权威性、强制施行的指挥性公文,使用和撰写这种公文主要有以下要求。

(一) 慎重使用。为保持命令(令)的高度权威性和收到令行禁止的效用,使用这种公文应当特别慎重,尽量少用,能用别的文种(如有的决定、通告、通知等也可以发出某种指令)便不用命令(令)。如果各单位都轻易使用它,用多了,用滥了,就会降低它的权威性和严肃性。这一点古人已有认识,《尚书》中记载周成王的一段话:"慎乃出令,令出惟行。"意思是说:发布命令要慎重,一旦发出就必须执行。我国宪法对有权使用命令(令)的行政机关作了如下限定:国务院及其各部、各委,县级以上地方各级人民政府。党的机关,其他行政机关和各人民团体、企事业单位不使用命令(令)。军队机关和其他需要高度统一指挥的司法、航空、铁道等部门不受此限。《公文处理办法》对命令(令)的适用范围也限定在发布行政法规和规章、宣布重大强制性行政措施等极其严肃、庄重的事项上。这样严格限制使用机关和事由,对于保证命令(令)高度的权威性和约束力是很有必要的。

(二) 语句果断。正由于命令(令)是由权威机关发出,要求强制执行,所以在表达上应当使用果断的语句,使受令单位和个人义无反顾,无条件地执行。命令(令)主要使用果决的祈使句(又称命令句），较多地运用"必须"、"不得"、"均应"等决断性词语。这是有关法律赋予发令机关的职权，是处理重大事项或紧急情况的需要，有关单位和个人是可以理解的。

（三）篇幅简短。"唐宋八大家"之一的北宋散文家曾巩说过："号令之所布，法度之所设，其言至约，其体至备，以为治天下之具。"发号施令的要求之一是语言精要，篇幅简短，使受令者很容易了然于心，见之于行。为此撰写命令（令）时，应直截了当地提要求、作规定，而不必作详细解释和说明。

## 第二节 决 定

### 一、决定的用途

（一）对重大行动做出安排。各机关、团体和企事业单位，为贯彻执行党的路线、方针、政策和上级机关的指示，实现本机关的目标和解决本机关存在的问题，决定采取重大行动，对行动的方针、任务、政策、措施等作出规定和安排，用决定传达。如《国务院关于加快发展中西部地区乡镇企业的决定》、《武汉市人民政府关于发动群众整治江滩消灭钉螺的决定》。

（二）对重要事项做出安排。各机关、团体和企事业单位，对于自己权限范围的重要事项做出决断和安排，包括修改法规、增减重要机构等，用决定宣布。如《国务院关于修改〈住房公积金管理案例〉的决定》、《国务院关于成立国家科技教育领导小组的决定》、《国务院关于出版〈中华人民共和国国务院公报〉的决定》。

（三）奖励有关单位及人员。奖励有突出事迹和重大贡献的有关单位及人员，用决定，如《国务院关于表彰计划生育工作先进单位的决定》、《中共中央国务院中央军委关于授予杨利伟同志"航天英雄"荣誉称号并颁发"航天功勋奖章"的决定》。

命令（令）也有奖励的功用，但仅限于高层军、政机关使用，市、县及以下行政机关和其他机关、团体、企事业单位都不能用嘉奖令。而奖励决定则可以普遍使用。一般说来，奖励有关单位及人员，行政机关大多使用决定，高层军事机关则用命令，军、政机关联合行文可以用决定，也可以用命令，党、政、军机关联合行文用决定。

（四）惩戒有关单位及人员。惩戒有严重过失和违纪行为的有关单位及人员，用决定，如《国务院关于处理"渤海二号"事故的决定》、《国务院关于大兴安岭特大森林火灾事故的处理决定》。

原来的《公文处理办法》曾规定命令（令）有惩戒的功用，现行的《公文处理办法》已把这一功用划归决定。这样修改更切合实际应用情况，因为多年来都是用决定处分犯有严重过失和违纪行为的单位及人员的，而未见发布惩戒令。

（五）变动或者撤销下级机关不适当的决定事项。这一功用原来也规定由命令（令）承担，现划归决定。此种决定极少使用。

党的机关使用的公文种类中，也有决定，它是发布、传达贯彻党的方针、政策的重要公文之一，也是对其他重要行动和事项做出安排和处理的公文。党的重要机关的变动也用决定。

国家权力机关即人民代表大会或者人民代表大会常务委员会更是常用决定。凡是政府议案中提请审议的事项，都要作出相应的决定。制定和修改基本法律和其他法律，也用决定。

**二、决定的分类和写法**

常用的决定按内容划分有四种：

行动性决定：安排重大行动的决定。

事项性决定：安排重要事项的决定。

奖励性决定：奖励有关单位及人员的决定。

惩戒性决定：惩戒有关单位及人员的决定。

它们的写法分别介绍如下。

（一）行动性决定。

〔例文〕

## 国务院关于加快发展中西部地区乡镇企业的决定

(1993年2月14日)

国发〔1993〕10号

党的十一届三中全会以来,我国乡镇企业异军突起,为农村发展和国民经济增长作出了重大贡献,成为我国社会主义市场经济中生机勃勃的力量。但是,由于多种原因,乡镇企业发展的区域分布很不平衡,占全国人口约三分之二的广大中西部地区只拥有全国乡镇企业产值的三分之一,已成为我国中西部与东部地区经济发展差距的重要原因。党的十四大指出:"继续大力发展乡镇企业,特别要扶持和加快中西部地区和少数民族地区乡镇企业的发展"。这对于逐步缩小东西部地区差距,振兴少数民族地区经济,改变贫穷落后面貌,巩固和发展团结稳定的大局,实现共同富裕,具有十分重要的经济意义和政治意义。为此,特决定如下:

一、提高认识,加强领导,把加快发展乡镇企业作为中西部地区经济工作的一个战略重点

我国中西部地区幅员广大,资源丰富,是少数民族主要聚居区。经过十多年的改革,中西部地区经济发展取得了重大成就,绝大多数农民温饱问题已基本解决,有条件集中精力大力发展乡镇企业。通过加快发展乡镇企业,促进中西部地区经济腾飞,较快地增加农民收入,实现农村小康和国民经济翻两番的战略目标;更有力地支持和建设农业,推动农业向高产、优质、高效发展,逐步实现农业现代化;大批转移农村剩余劳动力,加快农村工业化和城镇化进程;为进一步促进我国工业和整个经济的改革与发展,做出更大的贡献。

为此,必须把加快发展乡镇企业作为中西部地区整个经济工

作的一个战略重点,提到各级政府重要工作日程上来。改变过去抓工业就是抓国有工业,抓农村经济就是抓农业的传统观念,正确认识乡镇企业与国有企业和农业相互促进、协调发展的关系。要求省、自治区在坚持以农业为基础的前提下,一手抓国有大中型企业,一手抓乡镇企业;地、县要一手抓农业,一手抓乡镇企业。今后,中西部地区县域二、三产业的发展,除国家统一规划开发的工程和项目外,要逐步转到以发展乡镇企业为主的轨道上来;从中央到地方的综合部门和有关业务部门,在为国有大中型企业服务的同时,要积极为发展乡镇企业服务。各级政府主要负责同志要加强领导,一年抓几次,及时解决乡镇企业发展中的重要问题。要选派和配备得力干部充实和加强各级乡镇企业管理机构。

二、实行适应中西部地区经济发展要求的产业政策

兴办乡镇企业要立足于开发利用当地资源。把资源优势转化为经济优势,是实现中西部地区经济迅速增长的重要途径。中央和各级地方政府的综合经济部门、有关业务部门,都要从中西部地区实际情况和加快经济发展的要求出发,因地制宜地执行国家的产业政策,创造有利于开发资源的条件和环境,促进乡镇企业发展。

中西部地区发展乡镇企业,要面向国内外市场需要,立足当地资源优势,除国家明文规定的外,适合发展什么就发展什么,不受限制;只要产品质量高,销路好,又有治理污染和保护资源、环境的可靠措施,项目规模大小不受限制,并免征固定资产投资方向调节税;在保证效益的前提下,发展速度能多快就多快,不受限制。但是,也不能不顾条件,层层硬性规定指标、摊派任务。

中西部大多数地区,应当在农林牧副渔全面发展的基础上,把积极兴办农副产品加工、储藏、保鲜、运销等企业放在重要地位。在有条件的地方,要发展附加值较高的外向型农产品加工企业。暂时没有条件办加工业的地方,要把运销业作为突破口来抓。

要充分利用山上山下、地上地下的丰富资源,在各级政府统一规划下,进行合理开发,发展矿业、建材、小水电和旅游等资源型产业。各有关部门要帮助进行技术论证,提出可行性方案,提供必要的服务。除国务院明文规定外,任何部门、单位增加收费种类和提高收费标准,都必须经省、自治区、直辖市人民政府批准。

要利用中西部地区劳动力多的优势,发展商业、服务业、手工业、建筑业、运输业、旅游业及其他劳动密集型产业,组织劳务输出,繁荣城乡经济。

三、提倡不同组织形式的乡镇企业共同发展(具体内容从略,下同)

四、鼓励和支持各类人才走上开发乡镇经济的主战场

五、走因地制宜、合理布局、集中连片发展的路子

六、积极在中西部地区培育和发展市场体系

七、多渠道增加中西部地区乡镇企业的资金投入

八、抓住机遇,推进东西部横向经济联合和城乡联合

九、各有关部门通力合作,为促进中西部地区乡镇企业上新台阶作出贡献

各有关部门都要根据以上原则要求,制订支持乡镇企业发展的政策措施,作为国务院决定的配套文件下达;同时,清理废除过去一切不利于乡镇企业发展的条例、文件和规定,并公诸于众。各级政府要定期检查各有关部门的工作,组织交流经验,表彰为发展乡镇企业作出重要贡献的单位。

本文件的基本精神,也适用于东部经济欠发达的地区。


1. 眉首部分各个项目,都采用文件格式,如发文机关标识用发文机关名称和"文件"二字,发文字号由发文机关代字、发文年度和发文顺序号组成。以下决定和其他文种凡遇这种情况不再说明。

2. 标题。由于行动性决定事关重大,而且篇幅较长,所以应采用三项式标题,以显示郑重和求得明确,如上面例文的标题便是这样。

3. 题注。题注是在公文标题下居中加圆括号标注成文日期或者会议通过日期及会议名称。党、政机关的行动性决定,一般把成文日期作为题注写在标题之下,如上例;权力机关的决定其题注则标明会议通过日期及会议名称,写作"×××年×月×日×××会议通过"。

4. 主送机关。由于行动性决定大多是普发的,有的还登报、广播,所以一般不写主送机关,如上例。有些内部行文标明主送机关,这时便不能用题注。其他决定与此相同,不再说明。

5. 正文。此种决定由于都是关于重大行动的,所以其正文应对采取这种行动的理由和方针、政策、措施、办法等作比较充分而明确的阐述和规定,一般由以下三部分构成:

(1) 开头。简要说明作出决定的原因、意义和根据等,以使受文者充分认识其必要性。上文便在开头部分说明了我国乡镇企业已经作出的贡献和所起的作用,但中西部地区乡镇企业发展相对滞后,党的十四大特别指出应加快这些地区乡镇企业的发展,这具有十分重要的经济意义和政治意义。这个开头部分用简明扼要的语言,把加快发展中西部地区乡镇企业的原因、根据和意义讲得很清楚。

有的开头部分,为体现开门见山的原则,除了说明上述内容外,还概括决定的核心内容,如《国务院关于实行分税制财政管理体制的决定》,开头便是这样写的:"根据党的十四届三中全会的决定,为了进一步理顺中央与地方的财政分配关系,更好地发挥国家财政的职能作用,增强中央的宏观调控能力,促进社会主义市场经济体制的建立和国民经济持续、快速、健康的发展,国务院决定,从一九九四年一月一日起改革现行地方财政包干体制,对各省、自治区、直辖市以及计划单列市实行分税制财政管理体制。"

(2) 主体。分条阐明将要采取的重大行动的指导方针、基本任务、政策措施等。分条分项是为了条理清晰;阐明则不只是提要求、做规定,重要的地方还应作简要的分析说明,以使受文者知其所以然。如上述例文主体的第一条是要求"把加快发展乡镇企业作为中西部地区整个经济工作的一个战略重点"。为什么提出这一要求?决定在这一条的第一段作了简要阐述:中西部地区幅员广大,资源丰富,目前绝大多数农民温饱问题已基本解决,这就具备了大力发展乡镇企业的条件;而通过发展乡镇企业可以促进中西部地区经济腾飞,增加农民收入,实现农村小康等等,这就阐明了要求"把加快发展乡镇企业作为中西部地区整个经济工作的一个战略重点,提到各级政府重要工作日程上来"的主要原因。

(3)结尾。主体部分把有关内容讲完全了,可以不加结尾部分;有的则需要加个结束语,用来提出对贯彻执行本决定的要求和作必要的补充说明。如上例便有结尾,要求各有关部门制定支持乡镇企业发展的政策措施,清除过去不利于乡镇企业发展的条例、文件和规定;要求各级政府要定期检查工作,交流经验,表彰先进。并补充说明:"本文件的基本精神,也适用于东部经济欠发达的地区。"这样正文的内容就很周全了。

6. 发文机关印章和成文日期。有题注的决定,正文之后不再署成文日期,也不盖章。标明主送机关的决定(无题注),需要署成文日期,并加盖印章。其他决定与此相同,不再说明。

(二)事项性决定。

〔例文〕

**国务院关于成立国务院西部地区开发领导小组的决定**

国发〔2000〕3号

各省、自治区、直辖市人民政府,国务院各部委、各直属机构:

为实施西部大开发战略,加快中西部地区发展,决定成立国务院西部地区开发领导小组。

国务院西部地区开发领导小组的主要任务是：组织贯彻落实中共中央、国务院关于西部地区开发的方针、政策和指示；审议西部地区的开发战略、发展规划、重大问题和有关法规；研究审议西部地区开发的重大政策建议，协调西部地区经济开发和科教文化事业的全面发展，推进两个文明建设。

国务院西部地区开发领导小组组成人员如下：

组　　长：朱镕基　国务院总理

副组长：温家宝　国务院副总理

成　　员：（略）

国务院西部地区开发领导小组下设办公室，在国家发展计划委员会单设机构，具体承担国务院西部地区开发领导小组的日常工作。曾培炎同志兼任办公室主任，王春正、段应碧同志兼任办公室副主任。

国务院西部地区开发领导小组办公室的主要职责是：研究提出地区开发战略、发展规划、重大问题和有关政策、法规的建议，推进西部地区经济持续快速健康发展；研究提出西部地区农村经济发展、重点基础设施建设、生态环境保护和建设、结构调整、资源开发以及重大项目布局的建议，组织和协调退耕还林（草）规划的实施和落实；研究提出西部地区深化改革、扩大开放和引进国内外资金、技术、人才的政策建议，协调经济开发和科教文化事业的全面发展；承办领导小组交办的其他事项。

国　务　院

二〇〇〇年一月十六日

1. 标题。应采用三项式标题，以示郑重。
2. 正文。应有两项内容。

（1）决定缘由。简要说明作出此项决定的目的、原因和根据。以"为"、"为了"开始说明目的的最为多见，上文便是如此。有的事项性决定还说明原因和法律、法规根据。如果缘由是显而易见的,也可以不讲,如《国务院关于修改〈住房基金管理条例〉的决定》便以"国务院决定对《住房基金管理条例》作如下修改"为开头,引出决定事项。

(2)决定事项。如果决定事项内容单一,一两句话就能说清楚,便可以采用篇段合一的写法,即紧接缘由说明决定事项。如果决定事项内容较多,则应分段或分条说明。如上面例文的决定事项便分成四段,分别说明国务院西部地区开发领导小组的主要任务、组成人员,下设办公室的负责人、主要职责。

(三)奖励性决定。

〔例文〕

## 国务院关于表彰国家测绘局
## 第一大地测量队的决定

国发〔1991〕19号

各省、自治区、直辖市人民政府,国务院各部委、各直属机构:

国家测绘局第一大地测量队是全国测绘战线上一支思想作风好、技术业务精、功绩卓著的英雄群体。他们在平凡的工作岗位上,几十年如一日艰苦奋斗、无私奉献,为全国人民作出了榜样。自一九五四年建队以来,他们一直担负着国家重要的基础测绘任务,走遍了全国除台湾以外的三十个省、自治区、直辖市,长年累月坚持在高山荒原、僻壤沙漠等人迹罕至、条件异常艰苦的地区工作,以高度认真负责的态度提供各种精确的测绘数据五千二百多万组,在边界联测、国际重力联测、南极科学考察、珠穆朗玛峰和托木尔峰高程测定等许多国家重点测绘项目中圆满完成了他们承担的任务,为我国社会主义经济建设、国防建设和科学研究做出了突出的贡献。在长期的测绘工作中,他们不计较个人的名利得失,怀着对祖国和人民的无限忠诚,凭着高度的主人翁责任感和强烈的事业心,奔波跋涉、吃苦耐劳、不畏艰险,默默无闻地开拓进取,克服了种种难以想象的困难,多次经受住高山缺氧、沙漠干渴、冰雪严寒、高温酷暑、洪水猛兽和断水断粮等生与死的严峻考验。他们当中,有的遇到雷击、雪崩、坠崖等险情,光荣殉职;有的在沙漠作业中因断水、迷路让同志们撤离,自己留下看守仪器、资料,终因干渴而壮烈牺牲;有的奋不顾身抢救战友,英勇献身;有的宁死不屈,惨遭匪徒杀害;也有的长年在艰苦条件下工作,积劳成疾,为我国的测绘事业贡献了毕生的精力。三十多年来,他们先后有三十六名同志英勇地献出了宝贵的生命。

  为了表彰这支英雄的队伍,国务院决定,给予国家测绘局第一大地测量队通令嘉奖,授予"功绩卓著、无私奉献的英雄测绘大队"荣誉称号。

  国务院号召全国各条战线的广大职工向国家测绘局第一大地测量队学习,学习他们热爱祖国、热爱社会主义事业、全心全意为人民服务的崇高思想;学习他们艰苦奋斗、不怕牺牲、顽强拼搏的英雄气概;学习他们不计个人名利、忘我工作、舍己为公的奉献精神;学习他们重视党的建设、重视思想政治工作、坚持干部以身作则的优良传统和忠于职守、纪律严明、团结互助的崇高品质。

  国务院希望国家测绘局第一大地测量队再接再厉,在新的历史时期为祖国的社会主义事业再立新功;希望全国工人、农民、知识分子和各级干部以国家测绘局第一大地测量队为榜样,发扬艰苦奋斗、无私奉献的爱国主义、革命英雄主义和集体主义精神,紧密团结在党中央周围,认真贯彻执行党的十三届七中全会和七届全国人大四次会议精神,胸怀全局,立足本职,万众一心,埋头苦干,为实现我国国民经济和社会发展十年规划和"八五"计划确定的宏伟目标而努力奋斗。

国 务 院<br>一九九一年四月十七日

（国家测绘局第一大地测量队事迹材料，由国家测绘局等部门另行印发）

1. 标题。一般用三项式。
2. 正文。正文的写法类似嘉奖令，由先进事迹和评价、奖励决定和学习号召这几部分内容构成。

以上面这篇奖励性决定为例来说明正文的应有内容和写作要求。

第一段是介绍和评价国家测绘局第一大地测量队的英雄业绩和思想品德。它首先用一段话做了总的评述，用"思想作风好、技术业务精、功绩卓著"概括了这个群体的特点，用"艰苦奋斗、无私奉献"概括他们的思想品德。接着从建队说起，先讲他们担负的艰巨任务和巨大贡献，后讲他们在完成任务过程中所经受的严峻考验和所体现出来的伟大精神，最后还分类列举了五种可歌可泣的英雄事迹。有总有分，有叙有议，概括力强，表达准确，言之有序、有力、有节奏，堪称评价先进事迹的典范。可以想见，不掌握这个英雄群体三十多年的全面业绩，是写不出这样精彩的文章的。

第二段写奖励决定，惯用写法是"为表彰"何人何事，"×××（作决定机关名称）决定"，"给予"什么奖励或"授予"什么称号。

第三段和第四段是发文机关发出号召和提出希望。第三段是向全国职工发出号召，第四段主要是向全国人民提出希望。这部分内容有三种写法：一是排比写出学习什么，二是分条写出学习什么，三是概括写出学习什么。上文是采用排比写法，连续用四个"学习他们"写出学习内容，写得清楚、简洁而有条理。

（四）惩戒性决定。

〔例文〕

## 国务院关于大兴安岭
## 特大森林火灾事故的处理决定

（一九八七年六月六日）

1987年5月6日至6月2日，在林业部直属的大兴安岭森工企业，发生了特大森林火灾。这场森林大火，给国家和人民的生命财产造成了重大损失，是建国以来最严重的一次。

这起特大火灾事故的发生，主要是由于企业管理混乱、纪律松弛、违反规章制度、违章作业和领导上严重官僚主义所造成的。这次火灾充分暴露了这个地区护林防火制度和措施很不落实，防火力量严重不足，消防设备、工具和手段准备很差，以致火灾发生后不能及时彻底扑灭，小火酿成大火，造成了建国以来损失最为惨重的特大火灾事故。这次大火不仅烧掉了许多森林资源，而且烧毁了城镇、民房、贮木场、仓库和火车站，造成职工、居民死亡193人，伤226人，使许多人丧失了家园。这次火灾造成的直接和间接的经济损失目前还难以完全计算清楚。要将这样大面积火烧后的森林恢复起来，没有相当长的时间是难以办到的。这场大火给这一地区生态环境造成的危害也是严重的。

森林防火工作是林业部的主要职责之一。大兴安岭特大森林火灾事故的发生，充分暴露了林业部领导对这项重要工作没有给予应有重视，也没有吸取近年来频频发生森林火灾的教训，对国家的森林资源和人民的生命财产不负责任。这是严重的官僚主义和重大的失职行为。林业部主要负责同志对此负有不可推诿的重大责任。但是，从这场大火燃烧起，一直到彻底扑灭的25天内，林业部主要负责同志没有作任何自我批评和检讨，只是在中央和国务院领导同志多次批评后，才作了表态性的检查。

为了严肃认真地处理这次火灾事故，国务院全体会议决定：

一、撤销杨钟的林业部部长职务,提请全国人大常委会审议批准。

二、责成林业部和大兴安岭扑火前线总指挥部对这次特大森林火灾进行认真调查,总结经验教训,提出改进措施,并对其他负有直接责任的人员进行严肃处理,并将处理情况报国务院。

三、国务院对在这次特大火灾事故中死亡的人员表示沉痛的哀悼,对受伤人员和死亡人员的家属致以深切的慰问。并将采取措施组织灾区人民重建家园,恢复生产。

四、国务院高度赞扬在这次灭火抢险斗争中作出了重要贡献的人民解放军指战员、森林警察、公安消防人员和职工群众以及有关部门,并责成有关各级人民政府对军队和地方的先进集体和个人,给予表彰和奖励。

五、责成林业部和各级人民政府对所属林业企业的防火制度、防火组织进行认真整顿,建立严格的岗位责任制,并落实到人。要加强职工队伍的思想建设、组织建设和法制教育,提高职工对防火重要性的认识。对防火队伍、设备、工具和手段要进行充实和加强,彻底改变目前极其薄弱的状况。

国务院认为,多年来,林业系统的全体职工,包括大兴安岭林业管理局的职工,在艰苦的条件下,为我国林业资源的开发作出了重大贡献。这是应该充分肯定的。但是必须看到目前林业部领导工作中存在的严重失误,他们特别应当从南方森林乱伐、北方森林大火的事实中认真吸取应有的教训。国务院严肃处理这次事故,既是维护人民和国家利益所必需,也是进一步加强和改善林业工作所必需。希望林业部及其所属单位各级领导同志振奋精神,切实总结教训,制定切实改进工作作风、坚决克服官僚主义的具体措施;希望林业系统的广大职工团结一致,在自己的工作岗位上为我国林业资源的保护和开发继续努力奋斗;大兴安岭林业管理局及其所属企业事业单位,更要认真吸取教训,改善领导,健全制度,严格纪律,加强管理,组织好重建家园和恢复生产的工作。

大兴安岭林区特大火灾事故,也是对全国其他部门和各企业事业单位的一个严重警告。安全生产是全国一切经济部门特别是生产企业的头等大事。各企业及其主管机关的行政领导,都要十分重视安全生产,万万不可掉以轻心。要采取一切可能的措施,保障国家和职工群众生命财产的安全,严防事故发生。在生产劳动中,发生某些确实不能预料和不能抵抗的不幸事故是难于完全避免的,但是这决不能成为我们对国家和人民的生命财产不负责任的借口。要坚决反对严重不负责任和做官当老爷的官僚主义的恶劣作风,坚决纠正玩忽职守、违章作业、粗心大意、漫不经心的恶劣行为。我们的社会主义国家和社会主义制度,要求我们尽一切努力,在组织生产劳动和其他活动中避免和消除一切伤亡事故,否则就是违背了我们工人阶级的立场和社会主义的革命人道主义精神。对于一切重大的责任事故,都必须严肃处理,追究有关人员的行政的和法律的责任,对任何人都不得姑息宽容。

各企业及其主管部门要重视发挥职工代表大会、工会、保卫机构和科技人员对安全生产的监督作用。对工人、技术人员和专家关于安全情况、安全措施的批评和建议,必须认真对待。对于揭发控告忽视安全生产现象的职工和技术人员,决不允许打击报复;如有打击报复者必须严肃处理。一切重大事故均应及时如实上报,不得隐瞒和歪曲。

国务院相信,在党中央领导下,只要各级政府依靠广大人民群众认真贯彻执行各项制度和措施,我国整个生产安全和劳动保护状况就一定会得到改善,重大事故将会大大减少,亿万劳动人民勤俭建国、奋发向上的积极性一定会大大提高,从而为实现社会主义现代化的伟大事业作出更大的贡献。

1. 标题。一般用三项式,个别的有省略发文机关名称的,如海关总署《关于给王××撤职处分的决定》。

2. 正文。一般应有以下内容：(1)错误事实或事故情况；(2)原因和后果的分析评说；(3)错误的性质和认错的态度；(4)处理决定；(5)提出引以为戒的希望和要求。这些内容的详略要根据具体情况确定。

上文第一段极为简要地概括了大兴安岭火灾事故的情况。所以不多作介绍，是因为此前传媒已作过翔实报道，这里就从简了。但特别指出这场大火所造成的生命财产损失"是建国以来最严重的一次"，以引起阅者的高度注意。第二段指出火灾事故的原因和严重后果。对原因的分析从下到上，从平时到火灾发生，概括而有说服力。对后果的评说从财产到生命，从直接到间接，全面而准确，令阅者惊心扼腕。第三段指出林业部领导特别是主要负责人对这次火灾负有不可推诿的重大责任，其性质是"严重的官僚主义和重大的失职行为"。还指出其主要负责人拖延检讨，不作自我批评。以上这三段内容为下文做出严肃处理打下了基础。以下五段开列国务院做出的五条处理决定。这五条决定重点突出，考虑全面，有情有理，有惩有奖，有教育和鼓舞作用。处理决定之后的四段文字，是对林业系统和全国其他各部门各单位的领导和群众的希望和要求。与同类决定相比，本决定这部分内容写得比较充实，既对林业系统的领导和群众讲话，又对全国各行各业的领导和群众讲话；既讲道理，又作规定，目的是希望全国人民引以为戒，严防此类事故的发生，保障国家和人民生命财产安全。纵观全文，结构严谨，详略得当。

**三、决定和命令、决议的区别**

决定和命令(令)都是具有很高权威性和约束力的文种，二者有相似之处，但并不相同。其区别是：

第一，使用者有所不同：命令(令)只限于县以上各级人民政府使用，而决定则无此限制，各机关、团体、企事业单位都可以使用。

第二,执行要求有所不同:行政令要求无条件强制执行,而行动性决定虽然也必须执行,但其安排往往有一定灵活性和变通余地。

第三,内容繁简有所不同:命令(令)主要是发出必须做什么和不准做什么的指令,不作或很少作阐述和说明,因此篇幅都比较简短。而决定,除简单的事项性决定外,则不仅提出做什么的要求,而且还阐明指导思想和方针、政策,提出措施和方法,因此篇幅比较长,几千字的决定颇为常见,这是命令(令)不可能出现的情况。

决议是党的机关和国家权力机关的重要公文,也是工会、共青团等群众团体和职工代表大会等群众参加民主管理的组织使用的公文。决定与决议的不同之处是:

第一,决定可以由会议作出,也可以由领导集体作出,而决议必须由会议讨论通过,所以在其标题下应标明会议名称和通过日期。

第二,决定和决议都是决策性公文,但决策性决定偏重务实,决策性决议侧重务虚,决议比决定的理论性更强。中共中央关于经济体制改革作出的是决定,而关于精神文明建设作出的是决议。

## 第三节 公　　告

### 一、公告的用途

(一)向国内外宣布重要事项。如宋庆龄病情,我国向太平洋公海发射运载火箭,江泽民、荣毅仁分别当选为中华人民共和国主席、副主席,这些国内外普遍关注的重要事项,都是用公告宣布的。

(二)向国内外宣布法定事项。如中国人民银行对国家货币出入境限额作出规定,外交部对进入澳门特区人员签证问题作出规定,海关总署对进出口货品中废钢铁作出界定,这些都是法定事项,中国公民出入境和外国人入出境都必须遵守,也是用公告宣布的。

从上述两项用途可以看出,使用公告这种行政公文,有两点注意事项:第一,公告是面向国内外,与外国人无关系的事项不用公告宣布。有些单位由于不明了这一点,把与外国人毫无关系的事项也用公告宣布,这是不对的。第二,公告是周知性公文,即要通过大众传媒向海内外宣布,以发挥其应有的作用。由此可见,公告虽然是一种重要公文,但基层单位极少使用。

司法机关的专用公文也有公告这一文种,但它的用途不同,它是司法机关按照法定程序将某些事项告知公众,包括开庭公告、应诉公告、送达公告、寻找失踪人公告、认定财产无主公告、强制执行公告等。它是各级司法机关的常用文种之一。

**二、公告的分类和写法**

公告按用途可以分成两类:

告知性公告:向国内外宣布重要事项的公告。其重点在于告诉国内外知晓,不在于提出要求。

规定性公告:向国内外宣布法定事项的公告。其重点在于宣布法定事项,要求中国公民和入出中国国境、在中国居留、旅行等的外国人遵守。此种公告只能由国家行政机关发布。

这两类公告的写法是有不同的。

(一)告知性公告。

〔例文1〕

## 中华人民共和国国务院公告

(2008年5月18日)

为表达全国各族人民对四川汶川大地震遇难同胞的深切哀悼,国务院决定,2008年5月19日至21日为全国哀悼日。在此期间,全国和各驻外机构下半旗志哀,停止公共娱乐活动,外交部和我国驻外使领馆设立吊唁簿。5月19日14时28分起,全国人民默哀3分钟,届时汽车、火车、舰船鸣笛,防空警报鸣响。

〔例文 2〕

# 中华人民共和国全国人民代表大会公告

## 第二号

第十一届全国人民代表大会第一次会议于 2008 年 3 月 15 日选举：

胡锦涛为中华人民共和国主席

习近平为中华人民共和国副主席

现予公告。

中华人民共和国第十一届全国人民代表大会
第一次会议主席团
2008 年 3 月 15 日于北京


告知性公告的写法：

1. 因公开宣布，不用眉首部分。所有公告、通告一律如此，以下不重复。

2. 标题。告知性公告一般都很简短，标题可以不写事由，由发文机关全称加"公告"二字组成，如上两例。但也有用三项式标题的，如《中共中央、全国人大常委会、国务院关于宋庆龄名誉主席病情的公告》。规定性公告的标题也有这两种写法。

3. 编号。公告一般用年度编号。如果准备为同一事项发出若干公告，则应单独编号，如例文 2。个别公告也有不编号的，如例文 1。

4. 不写主送机关。所有公告、通告都不写主送机关，以下不重复。

5. 正文。大多是直接、明确、简要地告知有关事项。也有极为简要地说明原因或目的的，如例文 1。如果事项内容有几点，应分段或分条开列,做到眉目清楚,条理明显。最后另起一行写"现予公告"或"特此公告"作为结尾,如例文2;也可以不用这种结尾,如例文1。

6. 发文机关署名和成文日期。有的公告在正文之后有署名和日期,如例文2;有的公告则无署名(因标题中已有发文机关全称),而把成文日期作为题注置于标题之下,如例文1。

(二)规定性公告。

〔例文〕

### 中国人民银行公告

第18号

按照《中华人民共和国人民币管理条例》和《中华人民共和国国家货币出入境管理办法》的有关规定,根据我国经济发展和对外往来实际需要,中国人民银行决定调整国家货币出入境限额。中国公民出入境、外国人入出境每人每次携带的人民币限额由原来的6 000元调整为20 000元。

本规定自2005年1月1日施行。1993年2月5日发布的《中国人民银行关于国家货币出入境限额的公告》同时废止。

中国人民银行<br>二〇〇四年十一月二十九日

1. 正文。由开头、主体和结尾三部分构成。

(1)开头。写出公告规定的法律、法规依据和所规定的事项,如上例开头两个短语写的是法规和现实根据,"调整国家货币出入境限额"是事项。有的还说明目的,如《中国人民银行关于进一步改革外汇管理体制的公告》的开头:"为促进社会主义市场经济体制的建立和进一步对外开放,推动我国国民经济的持续、快速、健康发展,根据国务院决定,从1994年1月1日起,进一步改革我国的外汇管理体制。现公告如下"。

（2）主体。分条开列应当遵守和施行的规定。规定要写得明确、严谨，以便于遵从。如上例称中国公民为"出入境"，外国人为"入出境"，携带人民币限额调整为 20 000 元是指"每人每次"，这些语句都是经过仔细斟酌的，表达的意思十分准确，在执行中不会产生歧义。

（3）结尾。一般用"特此公告"作结尾。也可以省略此语。

2. 发文机关领导签署和签署日期。有的也可以用发文机关署名和成文日期，如上例。

## 第四节　通　　告

**一、通告的用途**

（一）公布社会各有关方面应当遵守的事项。如国务院为保障民用航空安全而发布的通告，北京市工商行政管理局为维护首都市容和市场秩序而发布的通告，某大学为维护礼堂集体活动的安全和秩序而发布的通告，都是公布社会各有关方面应当遵守的事项。

（二）公布社会各有关方面应当周知的事项。如中国人民银行为发行新版人民币 50 元券和 5 角券而发出的通告，中国邮票总公司为出售乙丑年特种邮票而发出的通告，某大学为更换"文化大革命"期间颁发的毕业证书而发出的通告，都是公布社会各有关方面应当周知的事项。

通告和公告一样，也是周知性公文，即必须公布出去。公布的方法根据实际需要确定，可以张贴，也可以在报纸、刊物、互联网刊登，或在电台、电视台播放，使社会各有关方面众所周知。通告与公告的不同之处在于：公告面向国内外，无须外国人知晓和遵守的事项不能用公告宣布；通告面向国内，要求有关单位和人员知晓和遵守，因此使用率较高。

关于公告与通告，国务院发布的现行的《公文处理办法》对原来的《公文处理办法》有两点修改：第一点是原办法把它们归作一类，新办法分开立项，这样更为妥当。原来划归一类，是表明它们有共同点：都是周知性公文；现在分作两项，突出了它们的不同之处：适用范围不一样。这对于防止错用这两个文种有提示作用。两者分开，还保持了体例的统一，13种公文各居其一，易记易行。第二点修改是原办法对通告用途的表述为"在一定范围内公布应当遵守或者周知的事项"，新办法表述为"公布社会各有关方面应当遵守或者周知的事项"，这样也更为恰当了。原办法限制为"一定范围内"，无非是表明适用范围较小，其实早在1987年发布的关于打击盗掘和走私文物活动的通告，其适用范围已经是全国，所以新办法表述为"社会各有关方面"，就更恰当和切合实际了。

公告和通告这类周知性公文古已有之，古代称之为榜、榜文、告示等。在1951年发布的《公文处理暂行办法》、1981年国务院办公厅发布的《国家行政机关公文处理暂行办法》和1987年修订后发布的《公文处理办法》中，其周知性文种还有布告，其用途最后修订为"公布应当普遍遵守或周知的事项"，与通告用途的不同只在于前者为"普遍"适用，后者为"在一定范围内"适用，而适用范围的大小又很难界定，所以在1993年修订《公文处理办法》时便取消了布告这一周知性文种，其用途归入通告。所以一般机关、团体和企业事业单位再不能使用布告，而应使用通告。

党的机关的周知性公文无公告、通告，只有公报，用于公开发布重要决定或者重大事件。

**二、通告的分类和写法**

通告也可以按用途分成两类：

告知性通告：公布社会各有关方面应当周知事项的通告。和告知性公告一样,其重点也在于告诉有关单位和公众知晓,不在于提出具有约束力的要求,因而使用较多。

规定性通告:公布社会各有关方面应当遵守事项的通告。其重点在于依法向有关单位和公众公布必须遵守的规定。此种通告应当由具有相应职权的机关制发。

这两种通告的写法分别介绍如下。

(一)告知性通告。

〔例文〕

## 国家税务总局关于个人所得税代扣代缴软件技术支持服务有关问题的通告

第1号

为做好纳税人服务工作,确保个人所得税管理系统的推行与应用,国家税务总局就个人所得税代扣代缴软件的技术支持服务事宜通告如下:

一、个人所得税代扣代缴软件由税务总局开发,免费提供给代扣代缴义务人使用,税务总局负责该软件的升级维护工作。

二、税务总局百望呼叫中心已开通个人所得税代扣代缴软件的远程服务热线。

电话号码:010-62466669

服务内容:软件操作咨询,问题解答,软件存在问题建议的收集与整理,服务质量投诉受理等。

服务对象:全国范围使用税务总局个人所得税代扣代缴软件的代扣代缴义务人,税务总局不收取代扣代缴义务人任何服务费用。

服务时间:人工电话为周一至周五8时至12时、13时至17时(法定节假日除外),其他时间自动语音服务。

三、个人所得税代扣代缴软件、补丁及相关资料可从各地主管税务机关获取,也可登录百望呼叫技术支持网站下载。

特此通告。

国家税务总局<br>二〇〇八年三月十四日

1. 标题。可以用三项式标题,如上例;也可以用两项式标题(省略发文机关或事由)。

2. 正文。一般有两部分内容:

(1) 目的或根据。上例写了目的;《中国人民银行关于发行新版人民币50元券和5角券的通告》写了根据:"根据中华人民共和国国务院的命令,我行将分次发行新版人民币,现将首次发行的新版人民币通告如下。"如果目的或根据是不言而喻的,可不写此部分内容,直言需要周知事项。

(2) 需要周知的事项。事项单一,可与上部分内容接连写下来,成"篇段合一"式。事项内容不止一点时,应分条开列,如上例。

3. 发文机关署名和成文日期。公布重要事项的通告,应加盖发文机关印章或由发文机关领导人签署。

(二) 规定性通告。

〔例文〕

## 中华人民共和国国务院
## 关于打击盗掘和走私文物活动的通告

近几年来,全国各地文物走私和盗掘古墓葬、古遗址的犯罪活动屡有发生,不少文物被盗运出境,不仅使我国文化遗产遭受严重破坏,而且败坏社会风气,有损于社会主义物质文明和精神文明的建设。为切实保护我国文物,严惩犯罪分子,特通告如下:

一、我国地下、内水和领海中遗存的一切文物,统属国家所有,非经国家文化行政管理部门批准,任何单位和个人,不得以任何借口私自掘取。在工程建设和农田水利基本建设中发现地下文物,应立即报告当地文化行政管理部门处理。私自挖掘古遗址、古墓葬的,依照《刑法》《文物保护法》的有关规定予以惩处。

二、文物购销统由文物部门经营,国内外人士不得私自买卖文物。未经省级和省级以上文化主管部门委托并经工商行政管理部门许可,任何单位和个人不得经营文物。违法经营的,由工商行政管理部门依照《文物保护法》的有关规定处罚;进行文物走私或者进行文物投机倒把活动情节严重的,依法追究其刑事责任。

三、对盗掘、走私文物知情不举的,要追究其责任;窝藏、包庇盗掘、走私文物犯罪分子的,依法追究其刑事责任。

文物部门职工利用职权盗窃文物或者内外勾结走私文物的,依法从重处罚。国家工作人员玩忽职守,致使文物被盗掘、流失遭受重大损失的,依照《刑法》的有关规定,予以惩处。

四、各级人民政府要坚决贯彻《文物保护法》。要把宣传工作纳入当前普法教育工作计划,作为社会主义精神文明建设的重要内容。在文物比较集中的地区,要建立和健全群众性的文物保护组织,依靠群众与违法犯罪活动作斗争,保护所辖地区内的文物。

五、公安、司法、工商、海关和文化行政管理等有关部门要相互配合,密切协作,坚决打击盗掘和走私文物的违法活动。

六、对揭发检举盗掘和走私文物犯罪分子以及破案有功的人员和单位,由文物主管部门报请同级人民政府批准后,给予表彰或奖励。

七、凡盗窃、私掘、投机倒把和走私文物的违法犯罪分子,在本通告发布之日起两个月内,向当地公安部门自首,彻底坦白,交出非法所得和现存文物的,可予以宽大处理;拒不坦白或继续违法犯罪的,要从严从重惩处。

此告。

中华人民共和国国务院<br>一九八七年五月二十六日

1. 标题。一般应用三项式,如上例;篇幅简短的,也可以省略事由,如《北京市人民政府通告》;单位内部通告,也可以省略发文机关,如《关于保护校园草坪的通告》。

2. 编号。规定性通告不用发文字号。如果准备为同一事项发布若干规定性通告时,采用"第一号"、"第二号"等编号。

3. 正文。类似规定性公告的正文,由开头、主体和结尾三部分构成。

(1)开头。简要说明原因、目的和法律依据等。上例正文的开头,说明了原因和目的。《上海市地方税务局关于对本市单位和个人使用的车辆进行纳税检查的通告》,其正文开头重点说明了进行此项工作的法规依据:"根据上海市人民政府发布的《上海市车船使用税实施细则》的有关规定,我局将对本市各单位和个人使用的车辆纳税情况进行检查,现将有关事项通告如下"。

(2)主体。分条开列需要有关单位和群众遵守的规定。针对通告所要解决的问题,究竟需要提什么要求,做出哪些规定,是应当仔细考虑、反复斟酌的。上面的例文,对我们写这种通告来说,很值得参考。它所要达到的目的是打击盗掘和走私文物,为此需要提些什么要求、做些什么规定呢?主体第一条是讲打击盗掘文物,开宗明义地指出"我国地下、内水和领海中遗存的一切文物,统属国家所有,非经国家文化行政管理部门批准,任何单位和个人,不得以任何借口私自掘取","私自挖掘古遗址、古墓葬的,依照《刑法》、《文物保护法》的有关规定予以惩处"。规定严明,毫无疑义。同时考虑到:如果不是故意挖掘文物,而是在施工中偶然发现文物该怎么办呢?通告规定:"应立即报告当地文化行政管理部门处理。"这就堵住了文物流失的一个漏洞。主体第二条是讲打击文物走私,也首先明确指出"文物购销统由文物部门经营,国内外人士不得私自买卖文物","违法经营的,由工商行政管理部门依照《文物保护法》的有关规定处罚;进行文物走私或者进行文物投机倒把活动情节严重的,依法追究其刑事责任"。规定不仅明确,而且处罚区别了情节轻重,体现了依法办事而不是感情用事的原则。至此,对打击盗掘和走私文物活动的规定似乎已经明确了。但是,通告制发者很熟悉有关情况,像盗掘和走私文物这样的活动,往往要有人伙同甚至内外勾结才能得逞,因此第三条便对知情不举、窝藏包庇、监守自盗、玩忽职守的发出警告,作出惩处规定。这就考虑到了盗掘和走私文物、造成文物流失的方方面面,不使漏网。不仅如此,通告的第四、五条分别对各级人民政府和公安、司法、工商、海关和文化行政管理部门提出了要求,等于布下了打击盗掘和走私文物活动的天罗地网。第六条又规定对揭发检举和破案有功人员和单位要给予表彰和奖励,这无疑是一项有效措施。最后一条是对盗掘和走私文物的犯罪分子讲话,重申"坦白从宽,抗拒从严"的精神,并给他们坦白自首以两个月的时限,可谓仁至义尽。这篇通告的主体写作充分体现了考虑周密、表达准确而有条理的要求。

(3)结尾。可以用"特此通告"或"此告"等通告惯用语作结尾,也可以不用。

4. 发文机关印章和成文日期。规定性通告必须加盖印章,以示庄重、有效。

## 第五节 通 知

### 一、通知的用途

通知是使用单位最多、用途最广的一种公文。据统计,在机关往来的公文中,通知占70%以上。其用途有六个方面。

(一)传达需要有关单位周知的事项。

通知,顾名思义,就是把事项告诉人知道,这是通知这一文种从诞生延续至今的用途。新中国第一个公文规章《公文处理暂行办法》对通知的用途便是这样规定的:"对于使特定机关或人员知道的事项用'通知'。"通知的其他用途是后来不断扩大的。此种用途的通知如《国务院关于成立中国纺织总会的通知》、《国务院办公厅关于调整全国绿化委员会组成人员的通知》、《国务院办公厅关于部分已撤销的国务院非常设机构其原工作移交有关部门承担问题的通知》。

传达需要周知事项的对象,主要是下级机关。有时也可以是不相隶属机关,通知只有作这种用途使用时,才是平行文。以下各种用途的通知,都是下行文。

要注意这种用途的通知与告知性通告的区别。通知的告知对象是"有关单位",一般都是内部公文或秘密公文;通告的告知对象是有关单位和公众,是周知性公文。

(二)传达要求下级机关共同办理执行的事项。

要求下级机关执行的事项,可以用命令(令),但那是宣布强制执行的重大行政措施,县以上各级人民政府才能使用;可以用决定,但那是对重大行动作出安排。各机关、团体、企事业单位传达要求下级机关共同办理执行的一般性事项则用通知,如《国务院关于加强安全生产工作的通知》、《中共中央办公厅、国务院办公厅关于严禁用公费变相出国(境)旅游的通知》、《××大学关于严禁用公款吃喝送礼铺张浪费的通知》。

(三)转发上级机关和不相隶属机关的公文。

对上级机关和不相隶属的机关的来文,收文机关认为其下级机关应当执行或参考,使用通知转发下去,如《北京市人民政府转发国务院〈关于开展和保护社会主义竞争暂行规定〉的通知》,是转发上级机关的来文;《北京市国家税务局转发财政部关于部分进口商品退税会计处理规定通知的通知》,是转发不相隶属机关的公文。来文如属于日常办公事项,也可由收文机关的办公厅(室)用通知转发,如《北京市人民政府办公厅、北京卫戍区政治部转发国家教委、总政治部关于加强学生军训中思想政治工作通知的通知》。

（四）批转下级机关的公文。

下级机关的来文，收文机关认为其他有关下级机关应当执行或参考，使用通知批转下去，如《国务院批转国家语言文字工作委员会关于废止〈第二次汉字简化方案（草案）〉和纠正社会用字混乱现象请示的通知》、《国务院批转南水北调办等部门关于南水北调东线工程治污规划实施意见的通知》。

如果下级机关的来文属于日常办公事项，也可以由收文机关的办公厅（室）经收文机关批准后用通知转发，这种转发通知虽然是平行机关之间（如国务院办公厅向各省、自治区、直辖市等转发卫生部的公文），但由于是根据收文机关（如国务院）的授权，所以实质上是下行文，受文机关应贯彻执行，如《北京市人民政府办公厅转发市政管委会关于修改新建住宅区绿化建设费标准请示的通知》。

（五）印发本机关制定的工作制度等文件。

全国人民代表大会及其常委会制定法律，由国家主席用令公布施行；国务院及其各部门和地方人民政府制定行政法规和规章，由国务院总理、部门首长或者省长、自治区主席、市长用令公布施行；而各机关、团体和企事业单位制定的工作制度等文件，则用通知印发施行，如国土资源部《关于印发〈矿产督察工作制度〉的通知》、××大学《关于印发〈××大学学生守则〉的通知》。

（六）任免人员。

国家主席任免国务院组成人员用任免令；各机关、团体和企事业单位任免人员用通知，如《北京市人民政府关于陈忠、庞文弟职务任免的通知》。军队机关任免人员不用通知，用命令。

二、通知的分类和写法

通知按用途可划分为六类：

知照性通知：传达需要有关单位周知事项的通知。

指示性通知:传达要求下级机关办理执行事项的通知。
转发性通知:转发上级机关和不相隶属机关公文的通知。
批转性通知:批转下级机关公文的通知。
印发性通知:印发本机关制定的工作制度等文件的通知。
任免性通知:任免人员的通知。
由于用途和内容不同,它们的写法也不同。

(一)知照性通知。

〔例文〕

## 国务院办公厅关于成立
## 全国服务业发展领导小组的通知

国办发〔2007〕39号

各省、自治区、直辖市人民政府,国务院各部委、各直属机构:

为促进我国服务业加快发展,指导、协调解决服务业发展和改革中的重大问题,国务院决定成立全国服务业发展领导小组(以下简称领导小组)。现将有关事项通知如下:

**一、主要职责**

指导、协调解决服务业发展和改革中的重大问题,提出促进加快服务业发展的方针政策,部署涉及全局的重大任务,督促检查服务业发展政策的贯彻落实。

**二、组成人员**

组　　长:曾培炎　　　　国务院副总理
副组长:马　凯　　　　发展改革委主任
　　　　张　平　　　　国务院副秘书长
成　　员:(略)

**三、工作机构及其职责**

领导小组办公室设在发展改革委,承担领导小组的日常工作,研究提出促进服务业发展的政策建议,督查落实领导小组议定事项,承办领导小组交办的其他事项。欧新黔兼任办公室主任。

由于工作变动等原因,领导小组成员需要调整的,由成员单位向领导小组办公室提出,报领导小组组长审批。

国务院办公厅

二〇〇七年五月二十八日

1. 标题。一般采用三项式,如上例。单位内部行文,也可以省略发文机关名称。指示性通知的标题与此相同,不再重复。

2. 主送机关。知照性通知必须有主送机关,需要周知的单位不可能是一两个,因此都用同类型机关的统称,如上例。以下各种通知与此相同,也不重复。

3. 正文。一般由所通知事项的缘由、内容两部分构成。事项内容单一,可只用一段文字;有几点时应分段或分条开列。

(1) 缘由。写明所通知事项的根据或目的。这部分内容要写得极为简要,不必多加解释。上例只讲了目的。

(2) 决定事项及有关内容。决定事项内容单一,可与缘由合成一段。如果不止一项内容,则应分段或分条开列,上例就是这样。

4. 发文机关印章和成文日期。下同,不再列项说明。

(二) 指示性通知。

〔例文〕

**国务院关于进一步解决干部夫妻两地分居问题的通知**

国发〔1989〕81号

各省、自治区、直辖市人民政府,国务院各部委、各直属机构:

党的十一届三中全会以来,经过各级政府和有关部门的共同努力,到目前为止,全国已解决一百多万干部的夫妻两地分居问题,对解除广大干部特别是知识分子的后顾之忧,调动工作积极性起了重要作用。但是,随着情况的变化,主要是近几年大中专毕业生

分配、夫妻不一同调动等原因,又出现一定数量的夫妻两地分居干部,为进一步解决这个问题,特作如下通知:

一、对在国内外取得博士学位的人员和获得国家级奖励的专业技术干部(科技项目的主要完成者),其夫妻两地分居要及时给予解决,不受解决干部夫妻两地分居专项户口指标的限制。

二、专业技术人员实行职务聘任制后,对被聘为中级和中级以上专业技术职务干部的夫妻两地分居,要在解决夫妻两地分居专项户口指标范围内优先予以照顾。

三、根据国务院有关规定,凡是经组织、人事部门批准解决干部夫妻两地分居的调动,任何单位不得收取城市人口增容、城市建设、城市综合开发补偿等类费用。

四、为严格控制大中城市人口,解决干部夫妻两地分居问题,要坚持大城市就中小城市,一、二类地区就三类地区,内地就边疆的原则。在调配干部时,要坚持夫妻同去同留,尽可能将夫妻双方一同调动。在学生分配时,对已确定恋爱关系的毕业生,如符合上述流向的,应尽量照顾,避免造成新的夫妻两地分居。

五、解决干部夫妻两地分居问题,涉及面广,各级人民政府要做好调查研究,制定出解决这一问题的规划和措施,认真组织落实;要严格审批制度,严防弄虚作假行为,对不符合政策规定擅自办理调动的,一经查实,要严肃处理。

中华人民共和国国务院<br>一九八九年十二月八日

指示性通知的正文,一般都应有以下三部分内容。

1. 开头。按照实际需要选择说明做好通知工作的原因、目的、根据和意义。进一步做好某项工作时,还常常肯定此前已经取得的成绩,但重点仍是指出所要解决的问题。

上例开头部分首先肯定了解决夫妻两地分居这项工作已经取

得的成绩,接着指出新出现的问题——这是要求进一步做好此项工作的原因。大多数指示性通知的开头都是重点指出工作中存在的问题,即说明原因。然后引出主体部分,其惯用说法是:"为此(或为了解决这些问题),特作如下通知",或者说:"为此,×××(发文机关名称)决定开展……工作,现通知如下。"

《国务院办公厅关于扩大清产核资试点工作有关政策的通知》,其开头部分说明根据和目的:"根据国务院关于'八五'期间在全国范围内开展清产核资工作的部署,一九九三年各地区和国务院各部门将选择若干单位(重点是大中型企业)进行扩大清产核资试点工作。为了贯彻落实党的十四大精神和《全民所有制工业企业转换经营机制条例》,搞好扩大清产核资试点工作,经国务院批准,现就有关政策通知如下。"《国务院关于加强水土保持工作的通知》的开头则只说明了目的:"为了从根本上改善农业生产条件,促进国民经济的发展,发挥治理水土流失对于加快贫困山区脱贫致富、保护国土、改善生态环境等方面的作用,特就加强水土保持工作通知如下。"

2. 主体。分条开列需要下级机关办理执行的事项,这是指示性通知的主要内容所在,其写作要求主要有以下三点。

(1)虑事周密。提出什么要求,做出什么规定,采取什么措施,都要考虑周全、严密,使下级机关照此执行真正能解决问题。如上例对进一步解决夫妻两地分居问题,第一条规定"及时"解决什么人的问题;第二条规定"优先"解决什么人的问题;第三条又考虑到组织和人事部门解决这一问题会遇到的障碍,于是作出了任何单位不得收取各种费用的规定;第四条又从长远考虑,要求今后调配干部要坚持夫妻同去同留,学生分配在符合规定流向的前提下,尽量照顾已确定恋爱关系的毕业生,与开头所指出的造成夫妻两地分居的原因相呼应。如果没有第四条规定,就会使解决夫妻两地分居的工作永远处于"头疼医头,脚疼医脚"的被动局面。

(2) 切实可行。各条要求和规定,都要切合实际,行得通,办得到,防止过高、过急和不问具体情况的"一刀切"。上例对解决夫妻两地分居问题的要求和规定就做到了这一点。显然,根据实际情况,解决这一问题只能分清轻重缓急逐步解决,不可能一声令下全部团聚。因此通知规定了先后顺序,这样办起来就不会产生其他问题。

(3) 表达准确。这里提出的各条要求都是要付诸施行的,因此一定要表达得准确无疑,避免在执行中出现不同理解而无所适从。如上例说到及时解决的对象有"获得国家级奖励的专业技术干部",之后特别加了括语"科技项目的主要完成者";说到优先安排的对象为"被聘为中级和中级以上专业技术职务干部",而不说"被聘为中级以上专业技术职务干部",这些都是准确严密的表达,不会产生任何歧义。

3. 结尾。对下级机关执行本通知提出要求,以保证落实。这部分内容可以列为主体的最后一条,不另写结尾;也可以在主体结束后另起一段说明,作为结尾。提什么要求应根据实际需要,常见的有要求下级机关加强对此项工作的领导;制订落实通知要求的计划和措施;报告执行情况;对违反此通知规定的处理原则等。上例的这部分内容是作为主体的最后一条,未另加结尾。如果认为主体的内容已经圆满,也可以不写这些内容。

(三) 转发性通知。

〔例文1〕

## 济南市人民政府转发省政府关于
## 进一步整顿和规范土地市场秩序通知的通知

济政发〔2003〕7号

各县(市)、区人民政府,市政府各部门:
  现将省政府《关于进一步整顿和规范土地市场秩序的通知》

(鲁政发〔2003〕15号)转发给你们,请认真贯彻落实。

济南市人民政府<br>二〇〇三年二月十七日

〔例文2〕

## 大连市人民政府转发省政府
## 关于建立国有资本经营预算制度意见的通知

大政发〔2008〕55号

各区、市、县人民政府,市政府各委办局、各直属机构,各有关单位:

现将《辽宁省人民政府关于建立国有资本经营预算制度的意见》(辽政发〔2007〕50号)转发给你们,并结合我市实际,提出如下要求,请一并贯彻执行。

一、建立国有资本经营预算制度,是完善社会主义市场经济体制的一项重大制度建设。各地区、各部门要高度重视,加强领导,精心组织,积极稳妥地做好此项工作。

二、我市国有资本经营预算从2008年开始实施,2008年收取实施范围内企业2007年实现的国有资本收益。

三、市本级实施国有资本经营预算制度的有关具体事宜由市财政局组织办理。各区市县和先导区国有资本经营预算的实施范围、步骤等,由当地政府(管委会)确定。

四、各预算单位和有关企业要认真执行国有资本经营预算的各项制度和办法。有关部门、单位和企业要加强沟通,积极配合,确保此项工作的顺利进行。

大连市人民政府<br>二〇〇八年六月二十一日

1. 标题。一般应采用三项式标题,但局部要有所变通。如例文1的标题如果求全,应是:《济南市人民政府关于转发省政府〈关于进一步整顿和规范土地市场秩序的通知〉的通知》。但这样便在中间出现两个"关于",后面又出现两个"的"字,文字重复,读起来不顺。因此应把前一个"关于"和"的"字省掉,写成《济南市人民政府转发省政府关于进一步整顿和规范土地市场秩序通知的通知》。被转发公文的标题除法规、规章之外,一律不加书名号,这是《公文处理办法》的规定。转发性通知标题的这种写法的变通,同样适用于批转性通知,下文不再重复。应当注意的是,转发性通知标题中的动词只能用"转发",不能用"批转",因为对上级机关和不相隶属机关的公文不存在"批准"的问题,只可以"转发"。另外转发性通知的标题还可能遇到这种情况,即所转发的公文也是通知,这样在转发性通知的标题末尾便出现"通知的通知"字样,这是无法避免的,如例文1的标题就是如此。有人主张把前面的"通知"改成"文件",这样虽然避免了连用两个"通知",但被转发公文的文种是很重要的,改得含糊其辞显然不妥当。

2. 正文。有两种写法:

(1) 写明被转发公文的发文机关、标题(加书名号)和执行要求,其惯用写法是:"现将××××(发文机关名称)《……》(公文标题)转发给你们,请遵照执行。"如例文1。

(2) 除写明上一段内容外,另加一段或几段转发说明,说明做好此项工作的意义、要求和注意事项等,如例文2。

3. 不加附件说明。转发性通知之后虽然要有所转发的公文全文,但不能把它视为附件,而恰恰是转发性通知的必备要件,因此在正文之后不应加附件说明。以下批转性通知和印发性通知与此相同,不再说明。

(四) 批转性通知。

〔例文1〕

## 国务院批转国务院抗震救灾总指挥部
## 关于当前抗震救灾进展情况和
## 下一阶段工作任务的通知

国发〔2008〕16号

各省、自治区、直辖市人民政府,国务院各部委、各直属机构:

　　国务院同意国务院抗震救灾总指挥部《关于当前抗震救灾进展情况和下一阶段的工作任务》,现转发给你们,请认真贯彻执行。

国　务　院<br/>二〇〇八年五月二十八日

〔例文2〕

## 国务院批转煤电油运和抢险抗灾应急
## 指挥中心关于抢险抗灾工作及
## 灾后重建安排报告的通知

国发〔2008〕6号

各省、自治区、直辖市人民政府,国务院各部委、各直属机构:

　　国务院同意煤电油运和抢险抗灾应急指挥中心《关于抢险抗灾工作及灾后重建安排的报告》,现转发给你们,请认真贯彻执行。

　　2008年1月中旬以来,我国经历了一场历史罕见的低温雨雪冰冻灾害,持续时间长,影响范围广,危害程度深。在党中央、国务院的领导下,各地区、各部门和广大干部职工、人民解放军、武警官兵及公安民警,按照"保交通、保供电、保民生"的工作要求,奋起抗灾,顽强拼搏,取得了重大的阶段性胜利。

　　目前,救灾和灾后重建任务仍十分繁重,抗击低温雨雪冰冻灾害斗争由应急抢险抗灾转入全面恢复重建阶段。各地区、各部门要继续加强领导,精心组织,早谋划、早部署、早启动,统筹人力、物力、财力,尽快恢复重要基础设施,尽快恢复工农业生产,尽快安排好受灾群众生活,尽快恢复正常的生产生活秩序,努力把这场灾害造成的损失减少到最低程度,奋力夺取抗灾救灾斗争的全面胜利,确保国民经济平稳运行,确保社会和谐稳定,为实现全年经济社会又好又快发展创造条件。

国　务　院<br>二〇〇八年二月十五日

1. 标题。由于是批准转发下级机关的公文,所以标题中必须用"批转",而不能用"转发"。

2. 正文。其写法类似转发性通知,但要注意两者的不同之处。

第一种写法,只用一个段落写明:批转机关名称和态度、被批转公文的发文机关名称和标题(用书名号)、执行要求,其惯用写法是:"×××(批转机关名称)同意×××(来文机关名称)《……》(来文标题),现转发给你们,请认真贯彻执行。"与转发性通知不同的是,必须表明批转机关的态度,即"同意"或"原则同意"。例文1便采用这种一段式的写法。

第二种写法,除写明上一段内容外,另加一段或几段批转说明,说明内容与转发性通知基本相同,见例文2。

(五)印发性通知。

〔例文1〕

## 国资委关于印发《中央企业债券发行管理暂行办法》的通知

国资发产权〔2008〕70号

各中央企业:

为加强对中央企业的监督管理,规范中央企业债券发行行为,根据国家有关法律、行政法规,特制定《中央企业债券发行管理暂行办法》。现印发给你们,请结合实际,遵照执行,并及时反映工作中有关情况和问题。

国　资　委<br>二〇〇八年四月三日

〔例文2〕

## 中国人民银行　中国银行业监督管理委员会 关于印发《经济适用住房开发贷款管理办法》的通知

银发〔2008〕13号

中国人民银行上海总部,各分行、营业管理部,各省会(首府)城市中心支行、副省级城市中心支行;各银监局;各政策性银行、国有商业银行、股份制商业银行:

　　为贯彻落实《国务院关于解决低收入家庭住房困难的若干意见》(国发〔2007〕24号)精神,支持国家住房保障制度建设,中国人民银行、中国银行业监督管理委员会对中国人民银行1999年颁布的《经济适用住房开发贷款管理暂行规定》(银发〔1999〕129号)进行了修订,并更名为《经济适用住房开发贷款管理办法》。现印发你们,请遵照执行。

　　各银行要根据《经济适用住房开发贷款管理办法》和相关规定要求,抓紧制定或完善经济适用住房开发贷款管理操作细则,并于本通知发布之日起30日内向中国人民银行、中国银行业监督管理委员会报备。

　　请中国人民银行上海总部、各分行、营业管理部、省会(首府)城市中心支行,各省(自治区、直辖市)银监局将本通知联合转发至辖区内城市商业银行、农村商业银行、农村合作银行、城乡信用社及外资银行。

人民银行

银 监 会

二〇〇八年一月十八日

1. 标题。一般用三项式标题,也可用两项式标题(省略发文机关)。标题中的动词以用"印发"为宜,以区别于公布法律、法规和规章的公布令。所印发的规章制度的名称应加书名号。规章制度的名称中一般无"关于"二字,所以印发通知的标题仍使用"关于……的"介词结构。上两篇例文都是三项式标题。

2. 正文。也有两种写法:

(1) 用一段文字写明制定这一规章制度的目的、根据(二者可取其一),它的名称和执行要求。惯用的写法是:"为……,根据……,我们制定了《……》,现印发给你们,请遵照执行。"如例文1。

(2) 除写明上一段内容外,再加一段或几段印发说明,说明做好此项工作的意义、要求和注意事项等,如例文2。

(六) 任免性通知。

〔例文1〕

## 关于香港特别行政区政府白韫六、黎栋国职务任免的通知

国人字〔2008〕49号

香港特别行政区政府:

依照《中华人民共和国香港特别行政区基本法》的有关规定,根据香港特别行政区行政长官曾荫权的提名和建议,国务院2008年3月28日决定:任命白韫六为入境事务处处长,免去黎栋国的入境事务处处长职务。

国 务 院

二〇〇八年三月二十八日

〔例文2〕

### 北京市人民政府关于黄卫同志任职的通知

京政发〔2008〕47号

各区、县人民政府,市政府各委、办、局,各市属机构:

　　经2008年11月21日北京市第十三届人民代表大会常务委员会第七次会议决定:任命黄卫为北京市副市长。

北京市人民政府<br>二〇〇八年十二月八日

　　1. 标题。可用三项式或两项式(省略任免机关名称)。
　　如果只有"任"没有"免",应写《……任职的通知》;有"任"有"免",则写《……职务任免的通知》。如果通知中有三名以上任免人员,不必把人名都写进标题,可采用"×××等"的写法。
　　2. 正文。写明任免根据和任免名单。任免根据按照该职务的任免权限写出决定机关(或会议)名称、时间。任免名单有多人时,应分段或分条开列,不能写成一段。

## 第六节　通　报

### 一、通报的用途

(一)表彰先进。

　　高层军政机关嘉奖作出重大贡献的有关单位及人员,用命令(令);各机关、团体和企事业单位表彰先进集体和英雄模范人物、树立大家学习的楷模,用决定;各机关、团体和企事业单位表彰具有典型意义的先进事迹和好人好事,则用通报。所谓具有典型意义,就是在当前情况下特别值得强调和发扬的,不是任何好人好事都值得通报表彰。

这样,通报和命令、决定三个文种便都可以用于奖励,如何区分呢?《国务院办公厅关于实施〈国家行政机关公文处理办法〉涉及的几个具体问题的处理意见》给予原则性回答:"各级行政机关应当根据法律的规定和职权,根据奖励的性质、种类、级别、公示范围等具体情况,选择使用相应的文种。"

(二) 批评错误。

各机关、团体和企事业单位批评犯有值得普遍引以为戒错误的单位和人员,用通报。批评通报都要下发到有关单位,有的还登报或张贴。

可以用于批评惩戒的公文还有决定。下发或发表的惩处性决定,都是针对工作中出现严重失误或造成重大事故的领导人作出的。

(三) 传达重要精神或者情况。

包括会议精神和情况,工作活动进展情况和存在问题,所属单位发生的值得注意的事件和事故等。

**二、通报的分类和写法**

按用途划分,通报有三类:

表彰通报:表彰先进的通报。

批评通报:批评错误的通报。

情况通报:传达重要精神或者情况的通报。

由于上述各类通报的内容和作用不同,其写法也不一样。

(一) 表彰通报。

〔例文1〕

**关于表彰陈建良彭炳文同志勇擒窃贼的通报**

天发〔2008〕46号

各党支部,村(居)民委员会,乡属各企事业单位,乡机关各办(所):

今年10月5日上午,我乡燕联村村民陈建良(男,34岁)和彭炳文(男,36岁,村民代表)同志回家途中,在曾家坝组路段听到有人喊"抓贼",发现一男子正在偷盗一户村民家的铝合金窗,两人骑摩托车追赶窜逃的窃贼。追至龙王港桥头时与窃贼展开搏斗,窃贼突然抽出作案用的螺丝刀朝两人猛刺,陈建良颈部被螺丝刀刺伤。窃贼继续逃窜,陈建良忍着剧痛和彭炳文追出200多米,陈建良返回桥头骑上摩托车,与彭炳文一道继续追出约1公里,在麓云路南端将窃贼擒获,并交到闻讯赶到的派出所民警手中。陈建良因失血过多,昏眩倒地,被群众急送湖南航天医院救治,由于胸腔大量积血生命垂危,后转至中南大学湘雅三医院抢救,直至10月8日上午才脱离生命危险。陈建良、彭炳文同志见义勇为的事迹在《长沙晚报》、《三湘都市报》、长沙电视台等媒体报道后,赢得社会广泛赞誉。

陈建良、彭炳文同志平时为人正直,热心公益。在群众财产受到窃贼偷盗时,挺身而出,勇斗歹徒,用实际行动谱写了见义勇为的动人篇章,展现了新时期我乡人民群众正气高扬的文明风貌。为表彰先进,弘扬正气,乡党委、乡人民政府决定,授予陈建良、彭炳文同志"天顶乡见义勇为之星"荣誉称号,并在全乡广泛开展向陈建良、彭炳文同志学习的活动。

乡党委、乡人民政府号召全乡广大干部群众要以陈建良、彭炳文同志为榜样,学习他们见义勇为的高尚品德,自觉维护社会治安,为推进"平安天顶"、"和谐天顶"建设作出积极贡献。

中共长沙市岳麓区天顶乡委员会<br>
长沙市岳麓区天顶乡人民政府<br>
二〇〇八年十月十一日

〔例文2〕

## 重庆市人民政府关于表彰"十五"期间
## 重庆市残疾人事业先进集体和先进个人的通报

渝府发〔2006〕146号

各区县(自治县、市)人民政府,市政府各部门,有关单位:

《重庆市国民经济和社会发展第十个五年计划残疾人事业发展规划》实施5年来,在各区县(自治县、市)人民政府的坚强领导、有关部门的积极配合和社会各界的大力支持下,经过广大残疾人和残疾人工作者的共同努力,我市残疾人事业取得显著成就,呈现出良好发展势头,各项任务指标全面完成,残疾人状况明显改善,为残疾人事业的发展奠定了坚实基础。在实施残疾人事业"十五"规划纲要过程中,涌现出了一大批锐意进取、扎实工作、为残疾人事业发展作出突出贡献的先进集体和个人。

为鼓励先进,加强基层残疾人工作,推动我市残疾人事业再上新台阶,通过层层民主推荐,经市政府常务会议审议通过,市政府决定,对涪陵区人民政府残工委等99个重庆市残疾人事业先进集体和廖振淑等83名重庆市残疾人事业先进个人予以通报表彰。

希望受到表彰的单位和个人,谦虚谨慎,戒骄戒躁,牢固树立科学发展观,紧紧抓住构建和谐社会和建设社会主义新农村的有利时机,进一步增强做好残疾人工作的责任感和使命感,采取更加有力的措施,做出更大的成绩。

各区县(自治县、市)人民政府、政府残工委、政府部门、社会各界、残疾人工作者要高举邓小平理论和"三个代表"重要思想伟大旗帜,全面贯彻落实科学发展观,认真贯彻实施《重庆市残疾人事业"十一五"发展规划》,高度重视残疾人事业,热情关爱特殊群体,自觉扶残助残,大胆实践,扎实工作,努力推动残疾人事业与经济社会协调发展,为我市残疾人事业作出新的更大的贡献。

附件:重庆市残疾人事业先进集体和先进个人名单

重庆市人民政府

二〇〇六年十一月二十七日

表彰通报的一般写法是:

1. 标题。可采用三项式或者两项式(省略发文机关名称)。表彰通报的标题和其他公文的标题一样,关键在于概括好事由,即被表彰对象的先进事迹。要把事迹概括得准确而简要,如"奋力灭火"、"勇擒盗贼"、"英勇抢救列车"等说法,就做到了文字简短而意思明确,如换成"见义勇为"、"不怕牺牲"、"临危不惧"或者"英勇事迹"、"先进事迹"之类的评价语,虽然文字也不多,但事迹却模糊了,使人看了标题弄不清是什么事。

2. 主送机关。表彰通报大多下发到有关单位,因此应当写主送机关——同类型机关的统称,如上两例便都是如此。准备张贴或在内外报刊刊登的表彰通报,可以不写主送机关。下面要讲的批评性通报与此相同,不再说明。

3. 正文。有两种写法:

(1) 表彰先进单位的通报,正文写三部分内容:

① 工作形势。先进单位都是在某项工作中涌现出来的,这项工作的成绩是各单位共同努力的结果,先进单位则是突出代表。表彰先进单位的通报常常是首先概括这项工作的形势,如从何时开始,取得了什么成绩等。例文2的开头部分便是这样写的。

② 表彰目的和被表彰单位的名称、成绩和表彰办法。这部分内容的惯用写法是:"为了……(目的),×××(做出表彰决定的机关名称)决定,对×××、×××(被表彰单位的名称)予以(或授予)……(表彰办法)。"被表彰单位如果很多,可在正文中说"××等××(数量)个县(或市、厂等)",而把先进单位的名单作为附件。表彰办法包括授予称号、给予物质奖励,通报本身也是一种

表彰办法。

③ 希望和号召。表彰机关根据被表扬对象的先进事迹和当前工作需要,向被表彰单位和各单位提出进一步做好此项工作、完成工作任务的希望和号召,参见例文2后两段。

(2) 表彰一人一事的通报,正文写四部分内容:

① 先进事迹。事迹是此种通报正文的基础和重点内容,要把时间、地点、人物(姓名、单位、职务)、主要情节和结果写得真实、准确而简要,要把笔墨集中在表彰对象的事迹上,突出事迹中的"闪光点"——能体现人物精神和品德的地方。不用描写和抒情,只用简明扼要的叙述。如例文1只用了200多字,便把表彰对象勇擒窃贼的事迹写得很清楚,而且突出了他们见贼而追、与贼搏斗、不顾伤痛、制伏强贼的英勇行为,读来令人敬佩。

② 事迹评价。简要而恰当地指出上述先进事迹体现了什么精神和品德、做出了什么贡献。参见例文1第二段前半部分。

③ 表彰决定。写明表彰机关给予表彰对象什么精神和物质奖励的决定。参见例文1第二段后半部分。

④ 学习号召。表彰机关对有关单位和群众提出向表彰对象学习的号召。向谁发号召,要符合表彰机关的身份;号召学习什么,要切合所表彰事迹的性质;号召做好什么工作,最好结合当前工作实际。见例文1末段。

4. 发文机关印章和成文日期。

(二) 批评通报。

〔例文〕

### 国务院办公厅关于内蒙古自治区人民政府
### 制止违规建设电站不力并酿成重大事故的通报

国办发〔2006〕55号

各省、自治区、直辖市人民政府,国务院各部委、各直属机构:

2004年以来,国务院多次要求各地区采取积极有效措施,坚决制止电站项目无序建设。但内蒙古自治区人民政府未能认真贯彻执行国家有关政策和规定,在制止违规建设电站方面工作不力,违规建设的丰镇市新丰电厂发生重大施工伤亡事故。为保证中央方针政策和宏观调控措施得到落实,增强宏观政策的公信力和执行力,防止类似事件再次发生,经国务院同意,现将有关情况通报如下:

一、经调查,内蒙古自治区违规建设电站情况十分严重,其规模高达860万千瓦。新丰电厂属于内蒙古自治区有关部门越权审批,有关企业违规突击抢建的项目之一。内蒙古自治区违规建设的有关电站项目被国家有关部门责令停止建设后,自治区人民政府没有按国家要求认真组织清理,有效加以制止,致使一些违规电站项目顶风抢建、边建边报、仓促施工,最终酿成2005年7月8日新丰电厂6死8伤的重大施工伤亡事故。同时,内蒙古自治区人民政府执行国家电力体制改革方案有偏差,允许专营电网的内蒙古电力(集团)有限责任公司建设新的电站项目,形成新的厂网不分。

二、新丰电厂违规建设并发生重大伤亡责任事故,是一起典型的漠视法纪、顶风违规并造成严重后果、影响极坏的事件。目前事故有关责任人和责任单位已受到党纪政纪处分,触犯法律的已由司法机关依法处理。国务院同时责成对项目违规建设负有领导责任的内蒙古自治区人民政府主席杨晶,副主席岳福洪、赵双连向国务院作出书面检查。

三、内蒙古自治区人民政府没有认真领会和严格执行国家宏观调控政策和电力体制改革规定,未从全局高度认识电站盲目布局、无序建设的危害性,对国家宏观调控的全局性、重要性和严肃性缺乏深刻认识,按程序办事的意识不强,这是内蒙古自治区违规建设电站总量较大、无序建设得不到有效制止的重要原因。为严肃政纪,现对内蒙古自治区人民政府予以通报批评,所有违规电站项目一律停止建设,认真进行整顿。内蒙古自治区人民政府要以此为鉴,提高认识,切实整改。

四、各地区、各部门都要从这起事件中吸取教训,引以为戒。要牢固树立和全面落实科学发展观,切实增强全局观念,认真贯彻中央各项宏观调控政策措施,坚决维护中央宏观调控的权威性,加强纪律,确保政令畅通。对有令不行、有禁不止并造成严重后果的行为,要依法依纪追究责任。

国务院办公厅<br>
二〇〇八年八月十八日

批评通报的正文,类似表彰通报,也由四部分构成:

1. 错误事实。按常规写法,先摆错误事实。对错误事实的陈述,也应真实、准确、简要,并抓住重点,突出错误的"要害处"。

2. 对错误事实的评说。简要而恰当地评说错误的性质、原因和危害。

3. 处理决定。写明发出批评通报的机关对犯错误单位和人员作出的处理决定。处理决定不止一项时,应分条开列。

4. 警戒要求。发出通报的机关对所属部门和单位提出引以为戒的要求。

主体这四部分内容可以按以上顺序排列,也可以因事制宜地做些调整,如把错误事实和错误评说结合起来,即夹叙夹议。

上面国务院办公厅关于内蒙古的通报,由于错误不是单一事件,涉及面较宽,所以通报正文的结构做了调整:

1. 开头。简要概括通报的事实和目的,体现公文开门见山的原则。

2. 主体。为做到条理清晰,分四条表述:(1)该自治区违规建电站情况之严重、规模之巨大、新丰电厂事故伤亡之惨重。这里讲的是错误事实的全面情况。(2)对因违规建电厂而造成重大伤亡事故的典型——新丰电厂事故做出评说:漠视法纪、顶风违规、影响极坏,对事故有关负责人和责任单位做出处分。(3)指出内蒙古自治区分人民政府在电站建设方面违规和失职的错误及其原因,并予以通报批评,责令其停建、整顿等。(4)对各地区、各部门提出吸取教训、引以为戒的要求 。总之,这份批评通报的正文,虽然没有完全按常见格式安排结构,但应有的内容都有了,而且做到了有条有理。

(三)情况通报。

〔例文1〕

## 银川市人民政府办公室
## 关于化解乡镇债务年度目标任务完成情况的通报

银政办发〔2007〕150号

各县(市)区人民政府,市政府各部门、直属机构:

化解乡镇债务是党中央、国务院提出的一项战略任务。全力做好乡镇债务化解工作,对于推进农村综合改革进程,巩固农村税费改革成果,防止农民负担反弹,促进社会主义新农村建设具有十分重要的意义。按照自治区人民政府要求,从2007年起乡镇债务争取用2年时间解决,每年化解任务不少于50%。我市辖区乡镇债务经自治区审计厅认定的共计为14 065.22万元。我市确定分年度化解任务为:2007年8 635.42万元,占总额的61.4%;2008年5 429.8万元,占38.6%。

截止12月10日,市辖三区共化解乡镇债务9 505万元,占年度目标任务8 635.42万元的110%,占债务总额的67.5%。其中:

兴庆区乡镇债务为5 335.41万元,2007年计划偿还3 440.6万元,现已偿还3 827.2万元,占年度任务的111.2%,占债务总额的71.7%。

金凤区乡镇债务为7 234.29万元,2007年计划偿还4 343.71万元,现已偿还4 744.28万元,占年度任务的109.2%,占债务总额的65.6%。

西夏区乡镇债务为1 495.52万元。2007年计划偿还851.1万元,现已偿还933.5万元,占年度任务的109.7%,占债务总额的62.4%。

当前存在的问题,一是自治区财政、教育、交通、水利部门的化解资金到位情况不平衡,辖区虽超额完成化解任务,但资金垫付比例较大。2007年自治区部门共应承担债务资金3 365.11万元,实际到位1 588.83万元,缺口1 776.28万元均由辖区垫付,加大了辖区财政支出压力。尤其是教育方面的资金缺口较大。二是化解工作的协调、跟踪落实还不够。教育、水利、交通方面的债务化解任务均为三区直接与自治区厅局签订责任书,辖区积极争取资金的工作做得不够,市直有关部门对情况的掌握及参与协调、跟踪落实不够,市化解乡镇债务领导小组办公室前期开展衔接、协调、落实工作也不够到位。三是各区及乡镇化解工作手续不完善、台账不规范,有些账目不清,也影响了自治区有关部门的资金到位。

为了进一步做好我市乡镇债务化解工作,确保全面完成自治区人民政府确定的目标任务,市人民政府要求,要进一步加强对该项工作的领导,按照"以县为主、上下联动、分类处置、以奖代补、签订责任"的办法,强化责任,加强督查,争取在2008年上半年化解全部乡镇债务,并坚决杜绝产生新的债务。

一、要加快工作进度。争取2008年上半年全市(含二县一市)完成化解任务,以避开年底各级资金安排高峰期。市财政足额安排资金,实行奖补并用,以充分调动县(市)区的积极性;各县(市)区在2008年财政预算中应足额安排化解债务资金,并会同市直有关部门大力争取自治区的资金及时到位。

二、要加大协调落实力度。市化解债务领导小组办公室要认真履行职责,加强检查指导,督促各县(市)区按进度计划落实任务。市直对口部门要主动了解掌握情况,做好上下衔接工作,确保各厅局资金及时足额到位。

三、要进一步落实责任。各县(市)区要健全台账,完善手续,市化解乡镇债务领导小组办公室要及时组织检查验收,防止乡镇债务反弹。审计部门要及早介入,加强监督,防止发生违规违纪现象。

银川市人民政府办公室<br>二〇〇七年十二月十三日

〔例文2〕

### 国务院安委会办公室
### 关于近期两起道路交通事故的通报

安委办明电〔2009〕2号

各省、自治区、直辖市及新疆生产建设兵团安全生产委员会:

2009年1月2日16点30分,内蒙古自治区赤峰市克什克腾旗一辆小型专用作业车,沿国道303线由西向东行至赤峰市克什克腾旗境内1 126 km+150 m处时,与相向行驶的一辆小客车发生碰撞,造成7人死亡、7人受伤。

1月5日6点34分,一辆贵州省铜仁全通汽车有限责任公司沿河分公司所属的大客车(核载44人、实载46人,含2名婴儿),由广东省深圳市开往贵州省沿河县,途径沿河县境内县道540线58 km+500 m处时,翻下山坡,造成15人死亡、27人受伤。

上述事故暴露出驾驶员临危处置不当、客运企业安全管理有漏洞、安全生产主体责任不落实、驾驶员安全意识淡薄等突出问题。为吸取教训,举一反三,确保春运期间的道路交通安全,提出以下要求:

一、要进一步采取有力措施,确保今冬明春客运交通安全。各地要按照中央办公厅、国务院办公厅关于做好2009年元旦、春节期间有关工作的通知和《国务院安委会办公室关于切实做好2009年元旦、春节期间安全生产工作的通知》(安委办明电〔2008〕34号)精神,把严密防范重特大交通事故的各项措施落到实处,进一步加大执法监督力度,严肃查处超速、超载等非法行为。

二、要进一步落实运输企业安全生产主体责任,有效遏制重特大交通事故的发生。各地要加大对客运企业的检查力度,督促客运企业落实安全生产主体责任,防止不符合安全条件的企业、车辆、人员进入道路运输市场。要加强驾驶员的安全教育,增强驾驶员特别是大客车驾驶员的安全意识和责任意识。对严重违章的驾驶员,有关部门要依法依规严肃处理。

三、要进一步加强道路安全隐患排查治理,及时消除安全隐患。各地要加强对危险路段的交通管理和整治,加大资金投入,做好冬季公路养护工作,特别是做好冰雪、冻雨等恶劣天气下的公路养护工作,及时除冰防滑,确保道路畅通、安全。

四、要进一步加强道路交通安全宣传教育,提高交通参与者的安全意识。各地要结合春运特点,通过多种行之有效的形式,向广大机动车驾驶员和乘客宣传交通法律法规以及超速、超员、违法载人等违法行为的危害,提高全民自觉遵章守法的交通安全意识,确保出行平安。

春节临近,各地要提前做好春运安全各项准备工作,针对冬季雾、雪、冻雨等恶劣天气和北方河面结冰、路滑、车多以及节假日人流集中等特点,制定科学周密的春运安全工作方案及事故应急预案,加强各部门、各单位的统一协调组织,确保春运安全有序。

国务院安全生产委员会办公室
二〇〇九年一月六日

情况通报的正文一般有两部分内容:

1. 通报情况。正文首先应当把要通报的情况讲清楚。

如果通报的是工作情况,第一要肯定已经取得的主要成绩,还可以表扬一些成绩突出的单位,并最好说明取得成绩的原因,以使受文单位受到鼓励和促进;第二要指出工作中存在的主要问题,也可以批评一些问题严重的单位,并最好说明问题产生的原因,以引起受文单位的重视,努力解决问题。参见例文1前半部分。

如果是通报一些突发事故或事件,第一要把事故或事件的情况(包括时间、地点、当事人、扼要经过和结果)交代清楚;第二要简要分析事故或事件发生的原因和影响,使阅者对情况有清楚的了解。参见例文2前半部分。

2. 提出要求。针对工作中存在的问题或事故、事件发生的原因,对各单位、各部门提出改进工作的要求和应当注意的事项。要求不止一点时,应分条开列,以利于执行。参见例文1、2后半部分。

### 三、通报、通知、通告的区别

这三种公文的名称都用"通"字打头,可谓"三通",是容易错用的三个文种,要注意它们的区别。

第一,这三者告知的范围不同。通知和通报主要用作内部行文,告知的是有关单位,有些还是保密的;而通告是周知性公文,应公开发布,使之众所周知。

第二,其用途有明显不同之处。通报可以用来表彰先进,批评错误,而通知和通告都没有这种用途。通知可以用来任免人员,转发、批转公文,印发工作制度,这些都是通报和通告没有的用处。

第三,这三者最容易混淆的地方在于它们都可以对受文者有所告之,但告知的内容却有不同。通告和通知告知的是"事项",如机构的建立或撤销、公章的改换或启用等,而且都是事先或事初告知,两者不同之处只在于告知的范围有大有小。而通报告知的是"情况",如工作情况,会议情况,事件、事故情况,事后才有具体情况可告知,所以通报都是在事后或事情发展到一定阶段才发出的。毛泽东同志在1945年重庆谈判之前起草了《中共中央关于同国民党进行和平谈判的通知》,而内战爆发后的1948年,他为中共中央写的向党内介绍近期政治、军事情况的文件,则用的是《关于情况的通报》。可见通知、通报的使用早有这种区分。

## 第七节 议 案

### 一、议案的用途

议案是国务院办公厅1993年修订的《公文处理办法》新增加的文种,规定其用途是:"各级人民政府按照法律程序向同级人民代表大会或人民代表大会常务委员会提请审议事项。"2000年国务院发布的现行的《公文处理办法》未作修改,只是把它从第二位移至第七位。

《宪法》规定,全国人民代表大会和地方各级人民代表大会是人民行使国家权力的机关,国家或地方各方面的重大事项须经人民代表大会及其常委会讨论、决定,才能付诸施行。因此国务院和地方各级人民政府对于应由同级人民代表大会及其常委会讨论、决定的重大事项,应写成议案提请同级人民代表大会或其常委会审议。

根据《宪法》规定,国务院和地方各级人民政府需要提请同级人民代表大会及其常委会审议的重大事项主要有:

(一)制定或修改行政法规和规章。如《国务院关于提请审议〈中华人民共和国国家安全法(草案)〉的议案》,《××省人民政府关于提请审议〈××省城市规划条例(草案)〉的议案》。

(二)重大行政举措。如《国务院关于提请审议兴建长江三峡工程的议案》,《××县人民政府关于提请审议兴建××水库的议案》。

（三）重要行政机构变动。如《国务院关于提请审议设立中华人民共和国监察部的议案》，国务院《关于提请审议修改后的国务院机构改革方案的议案》。

（四）主要行政领导人任免。如《国务院关于提请审议侯捷等二同志职务任免的议案》，《北京市人民政府关于提请审议陈忠、庞文弟同志职务任免的议案》。

（五）缔结国际条约和协定。如《国务院关于提请审议批准〈中华人民共和国和乌克兰领事条约〉的议案》，《国务院关于提请审议批准〈中华人民共和国和玻利维亚共和国领事条约〉的议案》。

二、议案的写法

议案是各级人民政府向同级人民代表大会或人民代表大会常务委员会行文，属于不相隶属机关之间的行文，因此其眉首部分应采用信函格式，即发文机关标识用发文机关全称，其后不加"文件"二字；发文字号用"函"字连接机关代字与年份，而不用"发"字。如国务院议案的发文机关标识为"中华人民共和国国务院"，发文字号为"国函〔200×〕×号"。

下面讲一讲议案主体部分的写法。

（一）标题。可采用三项式或两项式（省略发文机关名称）标题。如《国务院关于提请审议〈中华人民共和国教师法（草案）〉的议案》、《国务院关于提请审议批准〈中华人民共和国和摩尔多瓦共和国领事条约〉的议案》、《关于提请审议修改后的国务院机构改革方案的议案》。值得注意的地方是，如果事由是国内事项，其动词应用"提请审议"，属于行政法规和规章，其后应加"（草案）"；如果是国际条约和协定，其动词应用"提请审议批准"，条约和协定之后不加"（草案）"。

（四）主送机关。用同级人民代表大会或者人民代表大会常务委员会的全称或规范化简称,如"全国人民代表大会"、"全国人民代表大会常务委员会","省人大"、"省人大常委会";如在人代会或人代会常委会开会期间提出议案,应标明届次,如"第八届全国人民代表大会第一次会议"。

(五)正文。有两种写法:

1. 含案法,即把提请审议的方案写进议案的正文中。

〔例文〕

**国务院关于提请审议**
**兴建长江三峡工程的议案**

国函〔1992〕24号

全国人民代表大会:

长江是我国第一大河,流域面积占全国总面积的19%,养育着全国三分之一的人口,工农业总产值约占全国的40%,在我国国民经济发展中占有重要地位。长江中下游的洪水灾害历来频繁而严重。新中国建立以来,国家在长江流域进行了大规模的防洪建设,对保障中下游地区的经济建设和人民生命财产安全,发挥了很大作用。但由于多方面的原因,长江资源还没有很好地开发利用,水患尚未根治,上游洪水来量大与中下游河道特别是荆江河段过洪能力小的矛盾,依然十分突出,两岸地面高程又普遍低于洪水位,一旦发生特大洪水,堤防漫溃,将直接威胁荆江两岸江汉平原和洞庭湖区的1 500万人口和2 300万亩良田,人民群众的生命财产和一批重要的大中城市、工矿企业和交通设施,将会遭受巨大损失,严重影响国民经济全局。这是我们国家的心腹大患。

如何解决长江的防洪问题,更好地开发长江资源,中共中央和国务院一直很重视,社会各界也十分关注。经过几十年来的治理实践和对各种意见、方案的反复研究和论证,解决长江中下游的防洪问题,必须采取综合治理措施。兴建三峡工程是综合治理的一项关键性措施。三峡工程兴建后,可将荆江河段防洪标准由目前的十年一遇提高到百年一遇;配合其他措施,可以防止荆江河段发生毁灭性灾害;还可减轻洪水对武汉地区及下游的威胁。同时,三峡工程还有发电、航运、灌溉、供水和发展库区经济等巨大的综合经济效益和社会效益。三峡工程建成后年发电量840亿千瓦·时,占目前我国年发电总量的八分之一,可为华东、华中和川东地区的经济发展提供重要的能源;可以大大提高川江航道通过能力,万吨级船队有半年时间可直达重庆,为发展西南地区的经济和繁荣长江航运事业创造条件。三峡工程还有利于长江中下游城镇的供水,有利于南水北调。总之,三峡工程的兴建,对加快我国现代化建设进程,提高综合国力,具有重要意义。

国务院对兴建三峡工程历来采取既积极又慎重的方针。近40年来,有关部门和大批科技人员对三峡工程做了大量的勘测、科研、设计和试验工作。特别是1984年以来,社会各界提出了许多新的建议和意见。一些同志本着对国家、人民和子孙后代高度负责的精神,对库区百万移民的安置、生态与环境的保护、上游泥沙的淤积、巨额投资的筹措和回收等疑难问题,从不同角度提出各自的意见,这些意见对于开拓思路,增进论证深度,完善实施方案,起到了十分有益的作用。

经过多年的研究、论证和审查,三峡工程坝址选在湖北省宜昌县三斗坪镇。工程的拦河大坝全长1 983米,坝顶高程185米,最大坝高175米。水库正常蓄水位175米,总库容393亿立方米。水电站总装机容量1 768万千瓦。工程静态总投资570亿元(1990年价格)。主体工程建设工期预计15年。工程建设第九年,即可发电受益,预计在工程建成后不太长的时间里,即能偿还全部建设资金。国务院三峡工程审查委员会对可行性研究报告进行了认真审查,认为三峡工程建设是必要的,技术上是可行的,经济上是合理的,随着经济的发展,国力是可以负担的。

三峡工程规模空前,技术复杂,投资多,周期长,特别是移民难度很大。对于已经发现的问题要继续研究,妥善解决,对今后可能出现的各种困难和问题,要有足够的思想准备。要谨慎从事,认真对待,使工程建设更加稳妥可靠,努力把这项造福当代、荫及子孙的事情办好。

国务院常务会议经过认真讨论,同意建设三峡工程。建议将兴建三峡工程列入国民经济和社会发展十年规划,由国务院根据国民经济的实际情况和国家财力物力的可能,选择适当时机组织实施。

请审议。

         国务院总理  李  鹏
         一九九二年三月十六日

含案法的正文应有以下三部分内容:

(1)案据。提出此项议案的根据,包括原因、目的、意义等,以表明其必要性、重要性,引起审议者的重视。案据的详略,要根据实际需要。如《国务院关于提请审议兴建长江三峡工程的议案》,由于事关重大,便在案据部分用两段800余字阐明了长江在我国国民经济中的重要地位和长江中下游洪水灾害的严重威胁,兴建三峡工程对加快我国现代化建设进程、提高综合国力的重要意义,为人代会审议批准打下了基础。而有些议案的根据显而易见,其案据部分则可以简而言之。如《国务院关于提请审议设立海南省的议案》,便只用不足200字说明了根据。

(2)方案。解决有关问题的措施和方法。议案不能只提问题和希望,而要把解决问题的措施和方法提清楚、写明确。如国务院关于设立海南省的议案,便提出如下方案:"为了加快海南岛的开发建设,建议撤销海南行政区,将海南行政区所辖区域从广东省划出来,单独建立海南省。海南省人民政府驻海口市。"而国务院关于兴建长江三峡工程的议案鉴于工程浩大,举世瞩目,而且有些不同意见,所以在方案部分同样作了充分说明。在提出方案前,先介绍了国务院近40年来对兴建此项工程所采取的积极又慎重的方针,有关部门和人员所做的大量工作,并肯定社会各界提出的意见所起的十分有益的作用。随后说明具体方案,包括大坝地址、规模,水电站总装机容量,工程总投资和预计工期等等,简要而准确。在提出方案之后,还说明国务院对此项工程的复杂性和艰巨性有足够认识,会谨慎从事,认真对待,努力把这件事情办好。

（3）表态。即写明议案提出者讨论通过的日期和会次。

（4）结语。一般用"请审议"、"请予审议"、"现提请审议"、"请审议决定"作结束语。

2. 另案法,即把提请审议的方案如行政法规和规章、国际条约和协议等,置于议案之后而不入正文。这些方案不能视为附件,因此在正文之后不能加附件说明。

〔例文1〕

## 西宁市人民政府关于提请审议
## 《西宁市林业管理条例（草案）》的议案

市人大常委会：

  为了加强林业管理与保护,合理利用森林资源,充分发挥森林效益,实现人与自然和谐,按照省、市人大常委会2005年地方性法规立法计划的安排,根据国家有关法律、行政法规的规定,结合本市实际,制定了《西宁市林业管理条例（草案）》,已经2005年4月29日市政府第十九次常务会议通过,现提请审议。

市长　王小青

二〇〇五年五月九日

〔例文2〕

# 甘肃省人民政府关于提请审议
# 《甘肃省测绘管理条例(修正案草案)》的议案

甘政函〔2004〕63号

省人大常委会：

《甘肃省测绘管理条例(修正案草案)》，已经2004年7月12日省政府第48次常务会议讨论通过，现提请审议。

省长　陈　浩

二〇〇四年七月十八日

这种正文因不含具体方案，所以较为简短，大多只用一个段落，必要时才分成两三个段落。其内容一般有：

1. 案据。简要说明所提方案的原因、目的和根据。例文1便主要说明了目的和根据。如果案据是显而易见的，也可以省略，如例文2。

2. 案名。即提请审议的法律或规章的名称。

3. 表态。与含案法相同。

4. 结语。与含案法相同。如是提请审议与外国缔结条约和协议的议案，应用"现提请审议，并请作出批准的决定"。

提请审议行政法规和规章的议案，其正文都是采用上述写法。应当提醒的是，提出这种议案的机关应准备好对有关行政法规和规章的说明，由提出议案机关的领导人到会上宣读，并回答代表们提出的问题。

（六）签署。国务院和地方各级人民政府提出的议案，分别由总理和省长、市长、县长、乡长签署。

（七）签署日期。

### 三、议案、提案、建议的区别

行政公文的议案,是专指各级人民政府按照法律程序向同级人民代表大会或人民代表大会常务委员会提请审议事项的议案,它是具有法定效力的公文,收到议案的人代会或其常委会应当予以审议并作出相应的决定。它只限于国务院和地方各级人民政府使用,政府所属部门和个人、集体等都不能使用。

人民代表大会本身也使用议案。《中华人民共和国全国人民代表大会组织法》和《中华人民共和国地方各级人民代表大会和地方各级人民政府组织法》规定,全国人民代表大会需30名以上代表联合才可向大会提出议案,县级以上需10名以上代表联名,乡、民族乡、镇需5名以上代表联名。这种议案不代表机关,不一定列入大会议程,多数由大会议案审查委员会处理,它不是公文的文种。

提案是政协和各机关、团体、企事业单位的职代会、教代会、学代会等会议使用的文书,其提出者、受理者、处理办法和效用,都与议案不同,因此也不属于公文。不能说"议案又称提案"。

至于人代会、政协会和各种代表会不满规定人数提出的建议、批评和意见,则不能称为议案和提案,可按习惯称作意见或建议等。

## 第八节 报　　告

本节所讲的报告和下一节要讲的请示,与其他公文所不同的是,它们是上行文,即下级机关向上级机关的行文。

### 一、报告的用途

(一)向上级机关汇报工作。

上级机关向下级机关传达某项工作的全面进展情况,用通报;下级机关向上级机关汇报自己开展某项工作的情况,则用报告。各机关、团体和企事业单位应当及时地向上级机关汇报工作,这不仅对上级机关了解工作中的成绩、经验和问题,推动全面工作是十分重要的,而且对下级机关取得上级机关了解、支持和指导也是必不可少的。

(二)向上级机关反映情况。

报告不仅可以用来汇报工作情况,还可以用来反映本机关其他各方面的重要情况,如本机关出现的先进人物和先进事迹、违法违纪行为和不正之风、意外事故和事件、群众的意见和动态等。这些情况对上级机关决策和处理问题也是很有参考价值的信息。因此,各机关、团体和企事业单位应当及时向上级机关反映这些重要情况。

(三)答复上级机关的询问。

前两种报告是下级机关主动作出的。有时,上级机关根据工作需要或通过各种渠道获知的信息,向下级机关询问某种问题或者情况,下级机关作出答复,也用报告,这是被动性报告。

原来的《公文处理办法》规定,报告还用于向上级机关提出意见或者建议。现行的《公文处理办法》取消了这一用途,把它归于新增加的文种——意见。

二、报告的分类和写法

按用途可以把报告主要分成三类:

工作报告:汇报工作的报告。

情况报告:反映情况的报告。

答复报告:答复上级机关询问的报告。此种报告除开头需要说明报告的缘由——答复的是上级机关或者领导人询问的什么问题或情况——以外,与其他报告没有什么不同。

此外,还有一种报送报告,即向上级机关报送文件、物品、资料等的报告,如《×××市××局关于报送1992年工作总结和1993年工作要点的报告》。这种报告虽然必要(不能孤零零地送上某文件等),但写法很简单,所以不列入报告的主要类别。

以下分别介绍工作报告和情况报告的写法。

(一) 工作报告。

〔例文〕

## 中共淮南市委淮南市人民政府
## 关于党政机关干部下基层情况的报告

省委、省人民政府：

按照中发〔1990〕3 号文件精神和省委、省政府的部署,我市从去年 3 月开始,先后组织市直和县、市辖区党政机关干部分五批轮流下基层,历时 10 个月,到今年 1 月底,全市下基层的干部共 3 389 人,占应下人数的 78.2%,其中县级以上干部 477 人,除老弱病残者外,基本上都轮流下了一遍。全市共组成了 801 个工作(调研)小组,分赴 354 个基层点。一年来,干部下基层工作取得了一定成效,受到群众的普遍欢迎。

1. 宣传了党的方针政策,加强了精神文明建设。各工作(调研)小组下到基层后,大力宣传了党的六中全会精神,广泛开展形势任务教育,爱国主义和社会主义教育。据统计,共举行报告会 736 场,受教育的达 201 816 人次,召开座谈会 3 721 场次,个别交谈走访 19 679 人次,收集群众意见 2 899 条。驻淮南师专和联大的工作组,组织师生收听苏联、东欧形势变化的报告录音,开展了学史爱国周演讲活动,组织百名大学生参加社会实践,参观平圩、洛河电厂等重点工程,大大激发了师生的爱国热情。驻望峰岗镇工作组在全镇 8 个行政村 2 757 户开展了"评三户"活动,使全镇的精神文明建设提高到一个新水平。驻市第一人民医院工作组帮助医院党委举办医德医风系列讲座,建立了医德档案,开展了自我教育的演讲活动,组织了百名医生上街为群众义务看病,使医院的服务态度、服务质量和管理水平不断提高,去年被评为全省十佳医院之一。

2. 狠抓经济工作,促进了生产和建设的发展。驻凤台兴集乡工作组重点帮助加强农田水利建设,实行旱改水,扩种水稻 9 000

亩,增产粮食350万公斤。全乡粮食总产比上年增产35%以上,人均收入增加100余元。驻望峰岗镇工作组,重点抓了梨树园煤矿塌陷区的综合治理,新建精养鱼塘1 100亩,投放各类鱼苗大片120万尾,实现了当年开挖,当年投放,当年见效。农口和凤台工作组帮助27个贫困村脱贫,使贫困村的面貌发生了可喜的变化,有10个已经脱贫。进驻一些危困企业的工作组,积极协助企业筹集资金,加强经营管理,提高产品质量,开发新产品,拓宽产品销路,有的恢复了生产,有的已扭亏为盈。进驻市第二建筑公司工作组,帮助公司落实施工任务、回收资金,解决疑难问题,使该公司出现了较大转机。进驻淮化总厂和淮南纺织厂等大中型企业的工作组,着力帮助企业改善外部环境,解决了一些突出问题,使这些企业渡过了难关。

3. 帮助基层排忧解难,解决了关系群众切身利益的行路、购粮、买煤、住房等一些"热点"、"难点"问题。据统计,去年下基层工作组共为基层和群众办了3 000余件实事。为解决淮南东西部交通谢家集地段的"肠梗阻",去年初拓宽蔡新路南段。工作组深入现场做艰苦细致的工作,到10月份已将500米路段上的17栋住房270户居民安置完毕,目前全线已打通,并正式通车。驻粮食局工作组帮助筹集资金、选择站址,协助征迁土地,新建了10个粮站,初步解决了买粮难问题。市物资局工作组帮助市燃料公司筹集1 500万元资金,新建了两条蜂窝煤生产线,23个煤球供应点,不仅解决了"煤城烧煤难"问题,而且实现了多年来全市民用煤蜂窝化的夙愿,初步改变了"百里煤城尽招灰"的状况,群众较为满意。

4. 加强了基层组织建设,提高了基层组织的战斗力。驻望峰岗镇、架河乡、洞山乡的工作组,帮助乡镇建立了业余党校,恢复和建立了党员活动室,实行了支委联系村民小组、党员联系农户的"两联"制度,较好地发挥了党支部的战斗堡垒作用和党员的先锋模范作用。驻谢家集区工作组,重点抓了街道的基层政权建设,帮助配备了居委会正副主任和政治指导员,落实了办公用房和经费,在两个街道进行了"四位一体"(即在居民村实行居委会主任、政治指导员、家属委员会主任、居民村党支部书记四职一人担任)管理体制的试点,取得了明显效果,目前已在该区全面展开。市公安局派出30多名民警到田家庵抓群防群治,进行"看楼护院"的试点,并在全市普遍推广,使社会治安状况好转:去年全市盗窃案件比上年下降18.9%,城镇居民家庭盗窃案件下降88.9%,群众的安全感普遍增强。

5.改进了机关作风,锻炼和提高了干部。大批机关干部走出去,察民情,搞调研,直接倾听群众的意见和呼声,掌握了大量第一手资料,共写出调查报告近千篇。一年来,机关干部通过下基层的实践,增强了公仆意识,提高了全心全意为人民服务的自觉性。一些干部说,这次下基层,开阔了视野,吸取了营养,得到了锻炼,提高了水平。

去年,我市干部下基层人数之多,规模之大,覆盖面之广,效果之好,都是多年来少有的。通过一年的实践,我们深刻体会到,要搞好干部下基层工作,必须坚持做到以下几点:

第一,领导重视。领导以身作则,这是搞好干部下基层工作的关键。中发〔1990〕3号文件下达后,市委常委、市政府常务会议专门进行了学习、研究,把干部下基层作为落实六中全会精神,进一步密切党群关系的重要措施来抓。市和市辖五区一县都成立了下基层工作领导小组,抽调专人办公。召开了市直机关全体干部大会,进行动员和部署,市委常委和副市长每人都确定了自己的联系点,亲自带队进点,亲自部署任务,坚持每月3—5天时间在点上工作,调查研究,帮助解决一些突出问题。

第二,认真组织。我们坚持做到,每批下去之前就明确任务,把具体任务层层落实到工作组直至个人。在对工作的指导上,坚持每批下去有培训、有动员、有检查、有交流、有总结、有考核、有评比,并注意做好两批之间的衔接,实行"四不撤离"制度,即不搞好总结不撤离,不填好考核鉴定不撤离,不向进点单位党组织作专题汇报不撤离,不办好与下一批交接手续不撤离。保证了干部下基层工作善始善终,有条不紊地进行。

第三,因地制宜。这次下基层,我们注意从淮南实际情况出发,不搞一个模式,不一刀切。在具体工作中,坚持与党的中心任务结合,与本部门、本单位的工作结合,与基层点的实际结合。主要采取了四种形式:一是到领导联系点的蹲点工作组,工作组成员从领导分管的单位中抽调,定期轮换,保持连续性,抓点带面,推动全盘。二是抓重点、抓难点的专题工作组,到本行业下属困难大、问题多的单位去开展工作,帮助排忧解难。三是专题调查组,一些综合部门结合自己的工作,抓住一些全局性的问题,到基层搞调查研究,为领导决策提供依据。四是挂职锻炼,选派一些优秀的中青年干部到厂矿、区、乡、镇挂职。实践证明,这些形式比较符合我市实际,效果也比较好。

第四,多办实事。我们把办实事、讲实效作为干部下基层工作的出发点和落脚点,并作为衡量工作组政绩的重要标志。工作组进点后,尽心竭力地为基层办了一些看得见、摸得着的实事、好事。不少工作组的同志为办成一件事情,到处奔波,多方协调,克服重重困难,帮助基层解决了一些急需解决而又长期未能解决的生产、工作和群众生活中的突出问题。办实事,不仅仅限于给钱和物,解决生产、生活中的突出问题,而且注重办一些"长效型"的事情,如加强基层党组织和政权建设,大力开展精神文明建设,搞好科技兴农、科技兴企等,增强了基层单位的造血功能,使不少基层单位出现了生机和活力。

第五,要求严格。在干部下基层伊始,我们就制订了八条规定,对下基层干部的工作、食宿、廉政、请假、组织领导等方面,提出了严格具体的要求,绝大多数下基层的同志都能严格要求自己,吃、住在点上,有的自己动手搭铺烧饭,来回骑自行车或乘公共汽车,不陪客,不参加宴请,不向驻点单位买东西,不给基层增加负担,不给群众添麻烦,不辞辛劳,勤奋工作,涌现许多感人事迹。在与驻点单位关系上,工作组坚持在基层党组织的统一领导下开展工作,帮助不"包办",参加不"代替",受到了基层的好评。不少基层单位都写信写报告表扬和挽留工作组。凤台县共收到基层单位和群众的表扬信145封。

前不久,市委常委听取了去年下基层工作情况的汇报,研究提出了今年改进和加强下基层工作的意见。接着市委又召开市直机关和市辖五区一县负责同志会议,对第二轮机关干部下基层作出专门部署。今年总的指导思想是:继续深入贯彻中央六中全会《决定》,把干部下基层作为一项长期任务,坚持不懈地抓下去,延长时间,精简人员,改进方法,突出重点,逐步实现经常化、制度化。具体安排是:市直机关部、委、办、局(公司),凤台县和5个市辖区今年拟分两批,每批抽调六分之一的干部下基层,每批时间5个月,大约3年时间将机关干部轮流下基层一遍。

主要形式:一是进驻领导联系点的蹲点工作组。除书记、市长在城市、农村各抓一个点外,常委、副市长按照分工各抓一个点,点上工作组一般安排3—5人。二是围绕市委、市政府今年确定的10项104件实事,组织若干办实事工作小组。从有关部门抽调人员,一抓到底,办成为止。三是各部门组织帮促小组,下到本系统困难大、问题多的重点单位,帮助排忧解难。第二轮首批下基层的干部奔赴基层,结合当前形势,重点担负三项工作,要成为七中全会精神的宣传队,社会主义教育的工作队,为基层办实事的服务队。

特此报告。

中共淮南市委<br>淮南市人民政府<br>一九九一年×月×日

1. 眉首。各个项目的写法与其他公文基本相同。只是发文机关标识之下发文字号的右侧应当标明签发人——发文机关领导人姓名,写法是:"签发人:×××"。请示也应有此项目,不再说明。

2. 标题。可以采用三项式标题,如上例,也可以采用省略发文机关名称的两项式标题。

3. 主送机关。报告的主送机关与多数下行文用同类型机关统称不同,而是大多数只有一个主送机关,即直接上级机关,一般用上级机关的简称。上例由于是市委、市人民政府的联合报告,所以主送机关是省委、省人民政府。

4. 正文。报告所汇报的工作,大多成绩是主要的,因此一般工作报告是以汇报成绩和经验为主。但有时是工作出了严重问题或失误,这种工作报告便成了检讨报告了。下面重点说明一般工作报告正文的写法。

一般工作报告正文应写好以下内容:

(1) 开头。简要说明所汇报工作的基本情况,包括工作时间、根据、内容和成绩。上例第一段就写了这些内容。这一段虽然文字不多,但把全市干部下基层的情况概括得全面而准确。

(2) 主体。一般有以下内容:

① 工作成绩。比较翔实地汇报做了哪些工作,取得了怎样的效果。可按工作过程说,也可以归纳成几个方面说。防止抽象笼统,尽量做到点面结合,即把面上情况的概括与具体事例结合起来。

上例把工作成绩归纳为五个方面,各方面大多做到了内容充实,言之有物,可见起草者在情况收集上下了很大工夫。但有的方面(如第2方面)只罗列事例,缺少面上情况的概括,这是美中不足。

② 工作经验。就是说明工作取得成绩的原因。这是从工作中总结出来的带有规律性的东西,对今后的工作乃至其他单位的工作都有指导或参考价值,因此是工作报告的重点内容,要分条开列,每

条都应写得有理有据,令人信服,防止空洞无物。

上例总结了五条经验,每条既有规律概括,又有具体做法,让人信服,也便于发扬和推广。

③存在问题。工作报告还应找出工作中存在的问题,以便于改进今后的工作。上例没有这方面的内容,是一个缺憾。

④今后打算。工作报告还应简要地汇报今后工作的打算,这对上级机关了解动向和指导工作很有参考价值。

上例最后两段汇报了新一年干部下基层工作的指导思想、具体安排和主要形式。

(3)结尾。工作报告的结束语,常常用"以上报告如有不当,请予指正",而不能用"以上报告当否,请指示",因为报告与请示不同,是不需要上级机关批复的。这种结尾也可以不用。

5.发文机关印章和成文日期。

如果是检讨报告,其正文则应主要写以下内容:

(1)汇报错误或责任事故的事实;(2)检查错误或事故发生的原因;(3)提出改正错误或防止事故的措施;(4)报告或请求处分(对属于本机关处理的,报告处分结果;如本机关领导人有责任,则应请求上级机关给予处分),如达不到处分的地步,则不必写这部分内容。

(二)情况报告。

〔例文〕

### ××分行关于近期连续发现大量假币的报告

×××〔2008〕××号

××银行:

近日,××支行营业柜台连续发现大量假币。其中×××支行2008年12月11日发现53张,××支行发现46张。

据××支行报告,假币的主要特征:46张假币全部为2005版的壹佰圆面额,号码较为接近,一共有六组,分别为 HD90269822（11 张）、HD90269823（11 张）、HD90269825（8 张）、HD90269827（1 张）、HD90269829（5 张）、HD90269830（10 张）。纸张较真钞略薄,颜色较暗淡,变光油墨变色很不自然,白水印不自然,固定人物水印模糊,没有浮雕立体效果。但有比较好的凹凸感,开窗式安全线较逼真。

支行发现假币已依法收缴。分行接到报告迅即向各二级分行、××支行发出通报,并要求传达到一线员工,加强防范。

特此报告。

××分行

二〇〇八年十二月十二日

情况报告的正文一般应有以下内容:

1. 汇报和分析情况。这是情况报告的主要内容,应当把情况的时间、地点、情节和当事人等写清楚、写准确。分析情况是说明其原因、性质和影响等。情况介绍和情况分析可以分开写,先摆情况,后作分析,也可以结合起来写。上例主要是介绍情况,清楚而准确。

2. 报告处理结果或处理打算。已经做了处理,应报告处理结果;还未来得及处理的,应报告打算如何处理。上例报告了处理措施。

## 第九节 请 示

一、请示的用途

(一) 请求上级机关指示。

对党和国家的方针、政策、法律、法规和上级的指示等有不明确或不同的理解,或者在工作中遇到了无章可循的新情况、新问题,以及由于本单位情况特殊需要对上级的普遍性要求加以变通,这些都要写请示,请求上级机关指示。

（二）请求上级机关批准。

下级机关准备办理按规定需要上级机关批准的事项，或者既需要上级机关批准又需要上级机关帮助的事项，或者虽然不需要上级机关批准但需要上级机关帮助的事项，都应当写请示，请求上级机关批准或拨款等。

二、请示的分类和写法

请示按用途可分为两类：

政策性请示：请求上级机关指示的请示。

事务性请示：请求上级机关批准的请示。

这两类请示的写法有些不同。

（一）政策性请示。

〔例文〕

### 江苏省高级人民法院关于盲人生前"算命"积累的财产可否作为遗产继承的请示

民请〔1987〕4号

最高人民法院：

最近，我院收到常州市中级人民法院的请示，询问盲人刘春和生前从事"算命"活动积累的财产，是否应该视为非法所得，不能继承，而应按《民法通则》第一百三十四条第三款的规定予以没收。

我院在研究中有两种意见。一种意见认为：盲人"算命"积累的财产，是利用迷信欺骗取得的，不是合法财产，不能继承，应当依法收缴。另一种意见认为：盲人"算命"固然是一种迷信活动，但不同于一般的欺诈行为，现在并无取缔"算命"及没收其所得的明文规定，因此不能没收，可以作为遗产继承。我们同意后一种意见，但无现行法律作根据，特此请示，请予复示。

江苏省高级人民法院

一九八七年二月二十五日

1. 主送机关。请示的主送机关只能写一个,即直接上级机关。如果是受双重领导的机关向上级机关请示,应以主管所请示工作的上级机关为主送机关,而以另一个上级机关为抄送机关。所以这样规定,是因为主送机关是要对请示作出答复的,如果写两个主送机关,便可能作出不同的答复,或者因"龙多四靠"而都不作答复,这岂不误事?事务性请示也是这样,不再说明。

2. 正文。应有以下内容:

(1) 提出问题。提出在理解和执行国家的方针、政策等方面的问题,应把问题提清楚,以便上级机关答复。有不同意见的,应如实反映。例文既提清了问题(第一段),又反映了不同意见(第二段前部)。

(2) 阐明主张。说明本机关认为正确的主张和理由。写任何请示都不能只提问题而没有主张,"把矛盾上交"。下级机关处于工作第一线,了解实际情况,也能够提出切合实际的主张,供上级审批。上例就明确表达了请示机关的主张(第二段后部)。

(3) 请求指示。惯用说法是:"以上意见当否,请指示。"这个结尾部分是不能省略的。见第二段结尾。

(二) 事务性请示。

〔例文1〕

## 长沙市统计局
## 关于增加统计办公经费的请示

长统字〔2007〕14号

市人民政府:

在市委、市政府的高度重视下,市编委批准我局成立了长沙市统计普查中心(见长编委发〔2005〕57号)、长沙市社情民意调查中心(见长编办发〔2006〕217号)、服务业统计处、能源统计处(见长编办发〔2006〕219号)四个新设机构。新机构的成立,需要一定的办公设备购置经费和日常工作经费。

我局本着"保证需要,厉行节约"的原则,经过认真测算,四个新设机构需要购买办公电脑、办公桌椅、电话等设备的经费10万元;普查中心需要日常工作经费7.35万元并列入常年预算。共计经费17.35万元。

专此请示,请批复。

附件:1. 新机构需购买办公设备明细表
　　　2. 普查中心日常工作经费明细表

长沙市统计局<br>二○○七年三月九日

〔例文2〕

## 关于禁止在阿克陶县慕士塔格<br>峰区域探矿采矿的请示

陶政发〔2008〕17号

自治州人民政府:

我县慕士塔格峰西侧到G314线区域内已有8家企业在探矿,我们认为应当禁止这些探矿行为,其理由如下:

一、慕士塔格峰是世界名山,是自治州的自然文化遗产,也是国家级"AAA景区"。本着科学发展的原则,我们有责任为国家、为后人保护好这一珍贵的资源。如在此范围内进行矿产的勘探、开采,势必对慕士塔格峰周边区域的环境造成破坏。

二、8个探矿区域覆盖了慕士塔格峰周边的天然和人工草场,而这些草场是当地农牧民世代赖以生存的条件。如果在此范围内进行矿产的勘探、开采,将会破坏草场,使这些农牧民失去生产和生活依靠,引发社会矛盾。

三、国家已在此区域安排了1:5万的地质调查项目,按照有关规定,在国家地质调查区域内不得探矿、采矿。

四、慕士塔格冰川水具有独特的保健功能和医用价值,且开发冰川水属绿色环保工程,对景区没有负面影响。为使这一宝贵资源能尽快转化为经济优势,我县于2007年11月21日与合作企业签订了"慕士塔格冰川水"开发合同。但由于此范围内已有8家在探矿,导致无法办理冰川水开发证,项目迄今没有实施。

综上所述,我们建议有关部门禁止在阿克陶县慕士塔格峰区域探矿采矿。

妥否,请指示。

附件:1. 探矿权企业名单及探矿区域
   2. 拟保护区域示意图

阿克陶县人民政府<br>二〇〇八年九月十七日

事务性请示的正文,只能写一件事,即"一文一事",不能把不相干的几件事写在一份请示里。因为如果同时请示几件事,就可能需要上级机关与不同部门商量;还可能有的事项能够马上批复,而另外一些事项就需要待以时日,这样就给上级机关批复造成困难。

事务性请示的正文应有以下内容:

1. 陈述理由。写此类请示的目的都是为了得到上级机关的批准,为此就得讲清理由,这是正文最重要的内容,写作要求是:

(1)充分。理由充分才能说服上级机关批准。如例文1请求上级机关拨款以购买设备和作为日常办公费用,理由主要是经市编委批准增加了四个新机构,就成了理所当然的了,不必多说。但要注意请示中写明四个新机构的名称和批文的字号,这是很必要的。例文2请求禁止在慕士塔格峰区域探矿、采矿,这个请求关系重大,简而言之很难得到上级认可,所以它列出四条理由,事关环境保护、科学发展、农牧民生计、国家有关规定等重大问题,理由很充分。

（2）准确。写理由一要确实,不能为了获得批准而夸大其词;二要确切,不能为了图省力而含糊其辞。有的单位写请示,不对实际情况作确切的了解,在陈述理由时靠"极端困难"、"非常不便"之类的高级形容词说话,这不可能说服明智的领导。以上两篇例文与此相反,都把理由说得比较准确。

（3）简要。理由虽然要求充分、准确,但也不能写得太长。话不在多,而在说到点子上。理由写长的主要原因有两个:一是道理讲得多,而一般说来领导懂得的道理并不比下级人员少;二是不问主次巨细,"胡子眉毛一把抓",反而分散阅者的注意力。讲实的、关键性的理由,才能以一当十,短小精悍。

2. 提出请求。提出请求批准的具体要求。请求要提得明确而合理。例文1请求两项拨款,每项各多少,共计是多少,都写得一清二楚。为使上级机关了解这些开销是否必要,价格是否合理,还有两个明细表作为附件。这样明确而合理的请求很便于领导审批。

3. 请求批复。惯用语是:"以上请求当否,请审查批示。"也可以说:"当否,请审批。"这是请示不能省略的结尾。

### 三、请示与报告的区别

请示与报告也是两种容易用错的文种。这有历史原因。1951年政务院颁布的《公文处理暂行办法》规定的公文种类,只有报告,没有请示,"对上级陈述或请示事项"都用报告。这种作法在实践中很快出现问题,因而在1957年国务院秘书厅发出的一份意见中便提出"报告和请示必须分开使用","报告中不能写请示事项"。但由于这只是意见,而没形成规章,因而未能改变请示与报告混用的状况,反而出现了"请示报告"这样一种不伦不类的文种名称。现行的《公文处理办法》已明文规定请示与报告是两个不同的文种,"'报告'不得夹带请示事项"。今后再不能出现请示和报告错用和混用的现象,为此就要分清两者的区别。

第一,行文时间不同。"事前请示、事后报告"(毛泽东《关于建立报告制度》),而不能"先斩后奏"。

第二,发文目的不同。发出请示,是为了得到上级机关的指示和批准;发出报告,是为了让上级机关了解情况。

第三,与下级机关发出请示和报告的不同目的相对应,上级机关的收文办理也不同。对请示,无论同意与否,都应及时批复;对报告,只需阅知,不必答复。

第四,内容范围不同。请示只能一文一事,报告虽然提倡一事一报,但综合性报告可以汇报全面工作。

第五,结尾不同。请示的结尾用"当否,请批复"之类的惯用语;而报告可以不用结束语,如用结束语,也应是"如有不当,请指正"之类的话语。

# 第十节 批 复

## 一、批复的用途

批复的用途比较单一,即适用于答复下级机关的请示事项。与其他下行文不同的是,它不是上级机关主动发出的,而是应下级机关的请示发出的。但批复与其他下行文一样,它的答复和指示下级机关必须遵照执行。

## 二、批复的写法

〔例文1〕

### 国务院关于深圳湾口岸启用时间的批复

国函〔2007〕60号

广东省人民政府:

你省《关于深圳湾口岸有关事项的请示》(粤府电〔2007〕22号)收悉。现批复如下:

深圳湾口岸于2007年7月1日零时开始启用。

国　务　院<br/>二〇〇七年六月十六日

〔例文2〕

### 国务院关于同意将江苏省南通市列为国家历史文化名城的批复

国函〔2009〕2号

江苏省人民政府:

你省《关于申报南通市为国家历史文化名城的请示》(苏政发〔2007〕96号)收悉。现批复如下:

一、同意将江苏省南通市列为国家历史文化名城。南通市历史悠久,文化底蕴丰厚,历史遗存丰富,近代城市建设特色突出。

二、你省及南通市人民政府要根据本批复精神,按照《历史文化名城名镇名村保护条例》的要求,正确处理城市建设与历史文化遗产保护的关系,明确保护的原则和重点,编制好历史文化名城保护规划,并纳入城市总体规划,划定历史文化街区、文物保护单位、历史建筑的保护范围及建设控制地带,制订严格的保护措施。在历史文化名城保护规划的指导下,编制好重要保护地段的详细规划。在规划和建设中,要注重体现近代文化特色和地方传统风貌,不得进行任何与历史文化名城环境和风貌不相协调的建设活动。

三、你省和住房城乡建设部、国家文物局要加强对南通市国家历史文化名城规划、保护工作的指导、监督和检查。

国　务　院<br>二〇〇九年一月二日

〔例文3〕

## 民　政　部
### 关于广东省撤销河源市郊区
### 设立新河县问题的批复

民行批〔1991〕77号

广东省人民政府:

你省一九八九年二月二十三日《关于设置阳东县、清河县、新河县建制的请示》和一九九一年七月五日《关于河源市郊区改为新河县建制的再请示》收悉。河源市郊区的现行体制确实存在很多弊端。但如按省的现行方案,也很难实施,不仅难以从根本上理顺关系,而且还将派生新的矛盾。目前,各方面都存在不同意见。经国务院同意,为更加有利于河源市的经济发展和社会稳定,目前河源市郊区的行政区划暂维持现状。请你省从实际出发,研究提出更加稳妥可行的意见。

行政区划是国家的大政,行政区划的变更要与生产力的发展水平相适应。请你们从一些行政区划的反复变动中吸取经验教训,倾听各方面意见,加强科学决策,慎重、妥善地做好这项工作。

民　政　部<br>一九九一年十二月五日

（一）眉首部分的写法与其他公文基本相同。其中的发文字号可以采用常规写法，但由于类似上下级机关之间的书信往来，所以也可以用"函"字代替"发"字，如国务院批复的发文字号便写作"国函〔××××〕××号"。

（二）标题。用三项式或两项式(省略发文机关名称)，如《国务院关于设立萧山经济技术开发区的批复》。标题一般只写来文事由，不写来文文种。

（三）正文。由两部分内容构成：

1. 引述来文。批复一开头应引述来文的标题和发文字号，惯用写法是："你省(市、区、厂、校等)《×××××××》(××发〔19××〕×号)收悉。"

2. 批复和指示意见。表明同意、原则同意或不同意的态度，如例文1；有的还附带写一些对请示事项的指示意见，如例文2第一条是表态，第二、三条是指示意见。

批复和指示意见是正文的主要内容，是来文机关必须执行的，其写作要求是：

（1）条理清楚。如果批复和指示意见不止一条时，应分条开列，如例文2。

（2）态度和意见明确。同意，不能只说"同意你们的意见"，而要把来文的意见复述清楚。态度要明朗，语气要坚定，不能模棱两可。

（3）如果不同意来文的请求，不宜说"不同意你们的意见"，应当说"暂缓进行"、"暂不宜考虑"，或者像例文3那样的说法，这样既明确表明态度，又不使对方感到生硬。

（4）否定性批复，一般都应简要说明理由，以体现对来文机关的尊重，并取得他们的理解。例文3便是这样写的。

（四）发文机关印章和成文日期。

## 第十一节　意　见

### 一、意见的用途

意见是国务院2000年发布的即现行的《公文处理办法》新增加的一个文种,规定其用途是"对重要问题提出见解和处理办法"。党的机关的公文已有意见这一文种,其用途也是这样规定的。

2001年1月1日发出的《国务院办公厅关于实施〈国家行政机关公文处理办法〉涉及的几个具体问题的处理意见》指出:"意见可以用于上行文、下行文和平行文。"由此可以把意见的用途分成三个方面。

(一)向上级机关提出意见。下级机关对自己所主管的工作,可以直接向所属单位发文,进行部署和提出要求。但有些针对工作需要和存在问题提出的见解和处理办法,需要不相隶属机关共同落实,这就需要把它们作为意见,报送上级机关批转或参考,如财政部《关于全面推进政府采购制度改革的意见》、信息产业部等部门《关于进一步加强电信市场监管工作的意见》。

过去"向上级机关提出意见或者建议"是用报告,现在报告取消了这一用途,把它划归新增加的意见这一文种,今后不要再用报告办这种事情了。

(二)向下级机关发出指示。上级机关针对工作中出现的重要问题,直接向各有关下级机关提出指示性见解和处理办法,也用意见,如《中共中央国务院关于进一步加强和改进新时期体育工作的意见》、《国务院关于克服非典型肺炎疫情影响促进农民增收的意见》。

原来的《公文处理办法》有指示这一文种,规定其用途是"对下级机关布置工作,阐明工作活动的指导原则",是原则性与规定性相结合的文种。现在的《公文处理办法》取消指示,增加了意见,意见作为下行文,也是指导原则与处理办法相结合的文种,实际上代替了指示。但指示给人以居高临下的感觉,中下层机关不好使用,而意见各机关、团体和企事业单位都可以采用。近几年来,意见的使用率有上升的趋势。

(三)不相隶属机关之间交换意见。不相隶属机关之间有时需要交换意见,如就某一行文事先征求有关部门的意见,特别是联合行文,主办部门更要征求有关部门的意见,各有关部门也应写出答复意见。如水利部办公厅曾就加强嫩江、松花江近期防洪建设提出若干意见,两次征求有关省政府的意见,有关省政府办公厅也提出了若干修改意见,其中吉林省的一份意见的标题是《吉林省人民政府办公厅关于对加强嫩江松花江近期防洪建设若干意见的修改意见》。

## 二、意见的分类和写法

意见可按行文方向划分为三种:

呈转性意见:下级机关向上级机关提出请求批转的意见。

指示性意见:上级机关向下级机关直接发出的指示性意见。

参考性意见:不相隶属机关之间交流的参考性意见。

从实际使用情况来看,比较重要和常用的是前两种意见。这两种意见虽然行文方向不同,但写法没什么两样。这是因呈转性意见虽然是呈报给上级机关的,但一经上级机关批转或由上级机关的办公厅(室)转发,有关机关便要遵照执行,因而呈转性意见形式上是上行文,实质上也是下行文,在内容上和写作上与指示性意见基本相同。下面就讲一讲这两种意见的共同写法。

〔例文〕

## 关于加强学校卫生防疫与食品卫生安全工作的意见

教育部　卫生部

（二○○三年六月四日）

做好学校卫生防疫与食品卫生安全工作，对保障青少年学生身体健康和生命安全，保持学校正常的教学秩序，维护社会的稳定意义重大。各级政府和教育、卫生等部门在学校卫生防疫与食品卫生安全方面做了大量的工作，取得了一定的成绩。但是，近期在学校发生的传染病流行和食物中毒事件数量有所增加。一些地区和学校不重视卫生防疫与食品卫生安全工作，工作机制不健全，工作措施不落实，学校特别是农村学校卫生基础设施条件落后等，是发生上述事件的重要原因。为切实保障学校师生身体健康和生命安全，现就加强学校卫生防疫与食品卫生安全工作提出如下意见。

**一、提高认识，加强领导。** 做好学校卫生防疫和食品卫生安全工作，是各级人民政府、各有关部门和学校的共同责任。要从保障青少年学生身体健康和生命安全、保证学校正常教学秩序、维护社会稳定大局的高度，充分认识这项工作的重要性、紧迫性和长期性。要以极端负责的态度，采取切实有效措施，把这项工作扎扎实实地抓紧抓好，抓出成效。

地方各级人民政府主要领导和分管教育、卫生工作的领导要切实负起领导责任，关心学校卫生防疫和食品卫生安全工作，协调解决有关重大问题。各级教育行政部门和学校要成立由一把手负总责的学校卫生防疫与食品卫生安全工作领导小组，全面负责学校卫生防疫与食品卫生安全工作。各级卫生行政部门要把学校卫生防疫与食品卫生安全工作作为卫生部门的一项重要工作，给予密切配合和指导。

**二、明确职责,健全机制。**建立健全学校卫生防疫与食品卫生安全工作责任制,将学校卫生防疫与食品卫生安全工作的责任分解落实到部门和具体责任人。各级教育、卫生行政部门要逐级签订学校卫生防疫与食品卫生安全工作责任状,教育行政部门要与学校签订卫生防疫与食品卫生安全工作责任状。要借鉴非典型肺炎防治工作中形成的工作机制建立学校卫生防疫与食品卫生安全工作长效机制。各级教育、卫生行政部门和学校要结合各地区、各学校的实际,按照《突发公共卫生事件应急条例》要求,共同研究制订学校传染病流行、群体性食物中毒等突发事件的应急处理工作预案。要将学校卫生防疫与食品卫生安全应急处理工作纳入突发公共卫生事件应急处理体系之中。

**三、加强预防控制,严格学校管理。**各级教育、卫生行政部门要指导学校大力开展爱国卫生运动,增强师生的公共卫生和食品卫生安全意识,促使师生养成良好的卫生习惯,提高自我防范的能力。要加强安全、卫生教育,将公共卫生和食品卫生安全教育贯穿在日常教育之中,结合季节性、突发性传染病及食物中毒的预防,安排必要的课时进行相应的健康教育,使防病防疫知识深入人心。要督促师生加强体育锻炼,不断增强体质,增强防病抗病的能力。

严格学校特别是寄宿制学校的防疫与食品卫生安全管理。学校要严格执行有关法律与规章,加强食堂卫生管理。坚持每天清洁扫除,保持食堂环境卫生清洁;加强安全保卫,禁止非食堂工作人员随意进入食堂加工操作间及食品原料存放间,严防发生投毒事件;加强学校生活饮用水水源的管理,防止水源污染造成疫病传播;加强厕所卫生管理,做好粪便的无害化处理,防止污染环境和水源;加强学生宿舍的卫生管理与安全保卫,改善学生宿舍卫生与通风条件。各学校要明确责任人,切实落实各项卫生防疫与食品卫生安全措施。

建立学生定期健康体检制度,及时发现传染病患者并采取相应的隔离防范措施,及时切断传染病在学校的传播途径。各级人民政府要协调有关部门,妥善解决学生健康体检费用问题。学校要按要求,联系医疗或卫生保健机构定期对学生进行健康体检。

学校发生食物中毒或者疑似食物中毒事件,应当及时报告当地卫生行政部门和教育行政部门;学校发生传染病流行,必须立即报告当地卫生疾病控制机构和教育行政部门,有关部门接报后要按照《中华人民共和国传染病防治法》和《突发公共卫生事件应急条例》的规定,立即上报。学校在食物中毒或传染病流行事件得到控制后,要将该事件的详细情况和处理结果向上级主管部门报告。

**四、加强监督检查,严格责任追究**。加强对学校卫生防疫与食品卫生安全工作的监督检查。各级教育督导部门要将学校卫生防疫与食品卫生安全的有关职责落实情况纳入对中小学的综合评估体系之中,并根据工作要求开展专项督导检查。省级卫生、教育行政部门每年至少安排一至两次专项检查;县级卫生、教育行政部门每学期至少安排一至两次专项检查,相关部门管理人员要经常深入学校(包括教学点)对卫生防疫与食品卫生安全措施落实情况进行巡查,对于发现的问题,要及时提出整改措施。每个学校每学期至少接受一次巡查(包括专项检查或督导检查)。学校要经常性地对食堂、教学环境与生活设施进行自查,以便及早发现问题,把不安全因素消灭在萌芽状态。专项检查或督导检查结果要及时报告上级主管部门并予以公布。对落实卫生防疫与食品卫生安全措施不力,导致学校发生传染病流行或食物中毒事件,对学生身体健康和生命安全造成严重危害;以及在发生传染病流行或食物中毒事件后不及时报告或隐瞒不报的,要依法查处直接责任人,并追究有关领导的领导责任。

**五、加大投入,切实改善学校卫生设施与条件**。各级人民政府要加大经费投入,切实改善学校卫生基础设施和条件,在学校规划、建设和危房改造过程中要统筹考虑食堂、宿舍、厕所设施和条件的改善，每年必须安排相应的专项经费改善学校食堂、宿舍、厕所等卫生设施条件。教育行政部门和学校也要安排相应的专项经费，改善学校卫生基础设施和条件。

地方教育行政部门每年要安排学生饮水的专项经费，学校要为学生提供足够的符合卫生标准的饮用水和必要的洗手设施。

各级教育行政部门必须将学校食堂、宿舍、厕所设施及学校卫生基础设施作为义务教育达标验收、示范高中达标验收的重要内容，予以统筹考虑。要及时对存在安全事故隐患的教学、生活设施进行整改，消除事故隐患。

意见眉首各项目和主体中的标题、主送机关、发文机关印章、成文日期的写法与其他文种大体相同。但上级机关批转下级机关报送的呈转性意见时，要对被批转的意见作一些技术性处理：一是像其他被批转的公文一样取消眉首和版记部分；二是标题一律由事由和文种构成，把发文机关规范化简称居中署在标题下方，再下方加题注，标注成文日期；三是正文之后取消印章和成文日期。这样批转性通知和被批转的意见就互不重复而协调一致了。上例就是一篇被批转的意见的标准格式。

意见的正文应包括以下内容。

（一）开头。简要说明原因、根据、意义、目的等。上文的开头说明了做好学校卫生防疫与食品卫生安全工作的重大意义，近期出现的问题和问题产生的原因，最后交代了目的，用"提出如下意见"引起下文。

（二）主体。分条说明对有关问题的见解和处理办法。写好这部分内容，关键要做到虚实结合，顺序得当。

《公文处理办法》规定意见是对问题提出见解和处理办法，这就表明意见一般应该有两方面的内容，一是对问题的认识和看法，二是解决问题的措施和办法。写作时要把这虚实两者结合起来，不能只讲指导思想和原则要求，还要提出具体的办法和措施，这样才能切实可行。如上文主体便既阐明了"提高认识，加强领导"，"明确职责，健全机制"等原则要求，又对实现这些要求提出具体的要求和办法。如关于加强领导，就要求"各级教育行政部门和学校要成立由一把手负总责的学校卫生防疫与食品卫生安全工作领导小组"；关于明确职责，就要求"各级教育、卫生行政部门要逐级签订学校卫生防疫与食品卫生安全工作责任状，教育行政部门要与学校签订卫生防疫与食品卫生安全工作责任状"，体现了意见虚实结合的特点。

意见主体内容比较丰富，写作时要特别注意捋顺条理，排好顺序。就虚实而言，应该先虚后实；就主次而言，应当先主后次。内容更为丰富的意见，还可以大条之下分小条，最好使用标首，以做到眉目清晰，通体开门见山。上文的意见共分五条，各条之间有内在的逻辑联系。每条都有标首，标首都用两个字数相等的短语，字数由少到多，表明作者有高度的概括和文字表达能力。

（三）结尾。如果讲完各条意见，内容已经完满，则不必另加结尾，上文便是如此。呈转性意见也无须像过去的呈转报告那样加上"以上意见如无不当，请批转有关部门执行"的结尾。因为这样的话会与批转通知的话重复。有的意见为了促进落实，还提出贯彻执行本意见的希望和要求，作为结尾，如劳动和社会保障部等部门《关于积极推进企业退休人员社会化管理服务工作的意见》就有这样的结尾："各省、自治区、直辖市要根据企业退休人员社会化管理服务目标和任务，抓紧制定切实可行的工作方案，于2003年7月底报劳动和社会保障部备案，并尽快组织实施。"

**三、意见与相近文种的区别**

作为下行文的意见，与行动性决定和指示性通知相近，它们都是向下级机关提出应当贯彻执行的要求和办法的公文，但却不尽相同。行动性决定是决定某项带有全局性重大行动的大政方针的,而意见则是针对在贯彻执行决定的过程中出现的重要问题而提出见解和处理办法,即决定重在宏观指挥,意见重在微观指导。指示性通知也不是决定大政方针的,针对的情况和问题更具体,内容更务实,而意见应是针对重要问题作出虚实结合的指导。在语气上,决定和通知比较坚定,而意见则较为平和,常常体现出一定的灵活性。

作为上行文的意见,与请示有些类似,二者都是请示性文种,上级机关都应做出处理或给予答复。二者的不同是:请示必须一文一事,意见则可以围绕一个中心做多方面的阐述;请示只是请求上级机关的指示和批准,意见则要对解决问题和做好工作进行周到的谋划。因此请示一般篇幅简短,而意见大多文字较长。

作为平行文的意见,与函有些类似。二者的不同是:函具有商洽工作、询问和答复问题、请求批准和答复审批事项等多种用途,而意见只用来对某个问题征求或提供意见,使用频率不高。函才是最常用的平行文。

## 第十二节 函

### 一、函的用途

函是13种公文中唯一只用作平行文的文种,为各机关、团体和企事业单位经常使用。其主要用途如下。

(一)不相隶属机关之间商洽工作、询问和答复问题。

不相隶属机关之间经常发生联系,如进行协作,商调干部,联系参观、进修和实习等。这些事项,都应当用函商洽,而不能请示或通知对方,因为对方既不是上级机关,也不是下级机关。另外,不相隶属机关之间还会有所询问和答复,如某个部门在医疗改革中遇到一些政策性问题,可询问卫生部,双方的询问和答复都用函。

(二) 不相隶属机关之间请求批准和答复审批事项。

一个单位办一件事情,有些可以自己做主,有些要请求上级机关批准,有些需要请求主管部门批准,有些既要请求上级机关批准,还要请求主管部门批准。所谓主管部门,就是负责管理某一方面工作的部门,如计划、规划、财政、卫生、税务、劳动、人事、外事、进出口贸易等部门。对请求批准的单位如工厂、学校、商店、医院等来说,它们不是上级机关,彼此没有隶属关系,但后者办的某些事项必须按规定取得某个或某几个主管部门的批准。请求主管部门批准和主管部门答复审批事项,都用函。

二、函的分类和写法

函按主动和被动划分为两种:

去(问)函:主动提出商洽工作、询问问题、请求批准的函。

复(答)函:被动答复来函的函。

这两类函的写法不同。

(一) 去(问)函。

〔例文1〕

## 关于赴慈溪市农业局学习参观现代农业建设情况的函

绍农办〔2007〕219号

慈溪市农业局:

为学习借鉴你市现代农业建设经验,进一步开阔视野,拓展思路,切实抓好我县现代农业建设工作,我局拟于11月12日到你局学习取经。现将有关事项函告如下:

一、参加人员

绍兴县农业局机关中层以上干部(10人),局属事业单位负责人(8人),具体名单见附件。

二、时间安排

11月12日(星期一),预定8:30从绍兴市高速道口出发,上午安排学习交流,下午安排参观考察,晚上返回绍兴。

三、学习考察内容

1.学习你局2008年现代农业建设工作思路、农技推广体系和农业信息化建设情况。

2.参观考察你市现代农业建设示范点(2个)。

你局能否安排,请予电告。

附件:绍兴县农业局赴慈溪学习参观现代农业人员名单

联系人:杨志刚,联系电话:0575-84119090,手机:13355856111

绍兴县农业局

二〇〇七年十一月七日

〔例文2〕

## 北京市林业局
## 关于将红叶斋列为旅游定点商店的函

京林经贸〔1992〕77号

市旅游局:

我局所属西山林场,为进一步贯彻"开放、搞活"和"以林为主,多种经营"的方针,根据北京市"八五"期间重点发展旅游业的要求,自去年以来,自筹资金在小西山东北旺林区兴建了百望山森林公园,开办了红叶斋商店。今年9月26日,百望山森林公园将正式开园,届时,红叶斋商店也开始正式营业,为中外游客服务。

红叶斋商店地处百望山森林公园范围,距颐和园北宫门两公里,门前有三条公共线路通过,是北京西部往返八达岭和十三陵的必经之路。该商店主要经营各种玉器、瓷器、字画、文房四宝及各种旅游工艺品。目前,该商店建成120平方米的古建店堂一座和大、小停车场两处及接待外宾厕所一个。

西山林场百望山森林公园的开发与颐和园、香山、碧云寺、卧佛寺等旅游景点南北连成一体,游客来源充足。

鉴于上述情况,特申请将红叶斋商店定为旅游定点商店。

请予审核批准。

北京市林业局
一九九二年×月×日

1. 发文机关标识等项目采用"信函格式",见本书57页"信函格式"的说明。

2. 发文字号。过去写法不一,现在大多采用"×函〔200×〕×号"的写法,如国务院发函的字号为"国函〔200×〕×号"。

3. 标题。可用两项式(省略发文机关)或三项式。

4. 主送机关,如同请示一样,只能写一个主送机关,即请求给予答复或批准的机关。

5. 正文。由三部分组成:

(1) 说明原因或理由。

与对方商洽工作的去函,开头一般要说明原因。这种事情的原因,大多是对方容易理解的,在市场经济条件下洽谈的事项常常是双方受益的,因此不需要多说,简而言之即可,如例文1。

请求有关主管部门批准的去函,则应像请示一样,把理由讲得充分些,这样才能获得批准,如例文2那样。

(2) 讲清商洽内容或请求批准的事项。商洽内容有的很单一,只需几句话便可以讲清楚,如例文1。《中国科学院××研究所向××大学商洽建立全面协作关系的函》,由于协作项目较多,所以便分成六条一一说明。例文2请求批准的事项只有一句话:"鉴于上述情况,特申请将红叶斋商店定为旅游定点商店。"这就足够了。

(3) 请求复函。惯用语是:"盼予复函","请予函告","特此函达,盼蒙允诺","请予审核批准"。各种函的写作,都应使用一些客气用语,表现出平等协商、尊重对方的态度,当然也不必过分谦恭。

6. 发文机关印章和成文日期。

(二) 复(答)函。

〔例文1〕

## 浙江省国土资源厅关于杭州市人民政府请求调查处理浙江天河公司土地权属争议问题的复函

浙土资函〔2006〕111号

杭州市人民政府:

你市上报省人民政府的《关于请求调查处理浙江天河公司土地权属争议问题的请示》(杭政发〔2006〕38号),已由省政府办公厅批转我厅办理。经研究,并经省政府同意,现函复如下:

根据《土地权属争议调查处理办法》(2003年1月3日国土资源部令第17号)第四条、第六条和第七条的规定,浙江天河公司土地权属争议不属于省政府受理调查处理范围。本着土地权属争议调查处理"属地管理"和"谁主管,谁负责"的原则,浙江天河公司土地权属争议案件应当由杭州市国土资源局负责调查和调解工作;对需要依法作出处理决定的,由杭州市国土资源局拟定处理意见,报杭州市人民政府作出处理决定。

因为该案件时间跨度长、情况复杂、牵涉较广,希望你们本着高度负责的态度,查清土地出让事实经过和依据、每一次土地登记发证的依据和背景,以及与案件相关的其他事实,依法、公正地处理好这起土地权属争议问题,保护投资人的合法权益,维护社会稳定。

浙江省国土资源厅<br>二〇〇六年七月七日

〔例文2〕

## 关于同意将黑龙江省作为全民环境教育试点省的复函

环函〔2004〕255号

黑龙江省人民政府：

你省《关于将我省作为开展全民环境教育试点省的函》(黑政函〔2004〕63号)收悉。经研究，现函复如下：

我局同意你省为国家全民环境教育试点省；哈尔滨市、齐齐哈尔市、大庆市、牡丹江市、佳木斯市、绥化市为环境教育试点城市；黑龙江省农垦总局、大庆石油管理局、鸡西矿务局、七台河市矿务局、双鸭山矿务局、鹤岗矿务局为全民环境教育试点单位。

希望你省在开展全民环境教育的过程中探讨开展全社会环境教育的基本方法；探讨加强环境教育，降低环境执法成本的基本经验；探讨政府、社会、企业支持环境教育事业的途径；探讨学校环境教育如何与社会实践相结合，及开展全民环境教育国际交流的方式方法。为黑龙江省的生态建设和实现社会经济全面、协调、可持续发展奠定坚实的思想基础。

我局将关注试点过程中的有益经验，适时组织交流、研讨和报道，广泛宣传，促进全国环境教育工作不断开创新的局面。

国家环境保护总局

二〇〇四年八月五日

复函正文的写法类似批复，应有以下内容：

1. 引述来函。规范写法是"先引标题，后引发文字号"(《公文处理办法》)。

2. 答复来函。对来函提出的请求作出明确回答。单一的答复可在引述来函后接着写出答复意见，成为"篇段合一"式。如有几点答复意见，则应分条开列。如不能满足或不能完全满足来函的请求,应当简要说明理由,以取得对方的谅解,正如王安石在《答司马谏议书》中所说"于反复不宜卤莽",他虽然不同意司马光来信中提出的意见,但仍作了简要的说明。作为公函,如例文1,复函方虽然没有答应来函方面请求,但讲明了有关法规的明文规定,相信会取得理解。

3. 复函结语。惯用语是"特此函达","特此复函","特此函告,务请见谅"。复函这类结尾可有可无。

## 第十三节 会议纪要

### 一、会议纪要的用途

会议纪要用于记载、传达会议情况和议定事项。

会议纪要是早已有之的一种公务文书,但到1987年发布的《公文处理办法》,才把它列为公文种类。党和军队机关也使用这一文种。但不能因此认为,所有以会议纪要命名的文体便都是公文了。公文是具有法定效力和规范体式的公务文书。有些学术性会议,参加人不是有关单位的领导人,而是某些专家、学者,有一定随意性;会上发言主要阐述个人意见,而不是代表其所属机关。这种会议形成的纪要不具有行政权威,不具有法定效力,其体式也不受公文约束,因此不属于公文。有人误认为所有的会议纪要都是公文了,因而在说明作为公文的会议纪要的写法时,说它"既可以反映相同的意见,也可以反映不同的意见","既可以反映多数人的意见,也可以反映少数人或个别人的意见","可综合反映会议精神,也可以按发言先后摘要记载每个人的发言"。试问,这样的会议纪要如何贯彻执行?让大家听谁的?这是非公文的会议纪要,属于一般公务文书,主要起传播信息的作用。公文的会议纪要只能传达与会者的共识和共同议定的事项。

会议纪要用于有关行政机关(或党的机关、军队机关)领导人参加的办公或重要专题工作会议。人民代表大会和党的代表大会以及其他各种代表大会不使用会议纪要,而形成会议决议、决定等。会议决议、决定需经会议讨论通过。会议纪要不需要会议讨论通过,经会议召开机关领导人和会议主持人审核签发即可。重要专题会议纪要需呈请上级领导机关批转执行。

二、会议纪要的分类和写法

会议纪要有两种:

办公会议纪要:各机关、团体、企事业单位领导人和有关部门负责人研究决定日常工作事项的办公会议形成的纪要。

重要专题会议纪要:由领导机关召开的研究某个方面或某一专项工作的形势、任务、方针、政策和措施等重要问题的会议纪要。如《西藏工作座谈会纪要》、《全国农村工作会议纪要》、《广东、福建两省座谈会纪要》。

这两种会议纪要的写法如下。

(一) 办公会议纪要。

〔例文〕

## 渤海大学校长办公会纪要

2006年9月11日,秦秋田校长主持召开校长办公会,副校长单凤儒、副校长杨延东、副校长蒋太岩、副校长郝德永、校长助理方鸿志、党政办公室主任刘红霞、教务处副处长娄玉琴、附属中学校长周家林、附属中学党总支书记冯宝庆、辽西育明高中校长刘希刚、发展规划办公室主任李大为、基建处副处长马骏参加会议,物理系主任高亚军、外国语学院院长于永海列席会议。

会议研究决定事项如下:

一、会议讨论通过了《关于违纪学生学士学位授予的补充规定》和《关于调整考研奖励政策的若干意见》,原则通过了《渤海大学各专业学分制重修收费标准》,为便于收费,专业学分重修收费采取就低凑整原则,以"十元"或"五元"为单位收取。

二、会议决定积极推进辽西育明高中整改工作,责成蒋太岩副校长牵头,附属中学与省教育厅有关部门积极沟通,请求给予指导。

三、会议听取了基建处关于国际交流中心设计方案的汇报,责成基建处对设计方案做进一步修改后提交校长办公会复议。

1. 标题。一般由会议名称和"纪要"二字组成,如《××局办公会议纪要》。如果是只研究某一专项工作的办公会议纪要,也可以在标题中加上会议议题,如《××市人民政府关于研究做好离退休干部服务工作的会议纪要》,或省略机关名称,如《关于研究夏季防暑降温措施的会议纪要》。

2. 办公会议纪要不写主送机关,其他会议纪要也不写主送机关。

3. 正文。由两部分内容构成:

(1) 会议情况。包括会议时间、地点、主持人、出席人、列席人。

出席人和列席人不多,应写上职务、姓名。人数多时,可以写统称,如"各处、室、公司、工厂负责人"。

如果是专门研究某项工作的会议,还应写上议题。研究多项工作的议题则应放到下部分去写。

写会议情况,可以用分列式,即分行列出会议的时间、地点、主持人、出席人等项目。也可以用连贯式,即用一段连贯文字说明会议情况,如上例。

(2) 议定事项。用"会议议定事项如下"作起头段,然后分条开列各议定事项。会议精神和议定事项应当写明确,并常常写上分工负责的单位或个人,以便于落实。参见上例。

4. 会议纪要正文之后不加盖公章、不署名,也不写成文日期。

会议单位、会议日期在眉首和正文中已有记载。

(二)重要专题会议纪要。

〔例文〕

### 2007年全国抗震办公室主任座谈会纪要(摘要)

2007年11月7日至9日,全国抗震办公室主任座谈会在四川省成都市召开。建设部质安司有关负责同志,各省、自治区、直辖市抗震办公室主任、设计处长,全国超限高层建筑工程抗震设防审查专家委员会、中国建筑科学研究院和北京工业大学的有关专家参加了会议。建设部质安司曾少华副司长对2007年的工作进行了回顾和总结,对2008年的工作提出了意见和要求。新疆、四川、江苏、江西、云南、吉林、等省(区)抗震办和厦门市建设与管理局的负责同志做了经验交流。会议学习了《关于实施农村民居地震安全工程的意见》和《关于地震重点监视防御区法规文件内容摘要》。

会议认为,当前,我国的防震减灾任务十分繁重,国务院领导和部领导非常重视和关心。自去年全国抗震办主任座谈会以来,建设系统不断完善抗震防灾法规和支撑保障体系,加强重点领域重点环节抗震防灾工作,积极推动工程抗震科学研究,深化完善应急预案,强化超限高层抗震设防审查,认真做好农村民居抗震工作,取得了显著的成效。

会议指出,在充分肯定成绩的同时,还应看到当前抗震防灾工作还存在一些薄弱环节,如,抗震设防管理机构建设不健全,且各地很不平衡;抗震防灾的技术经济政策不完善,投入不足;对市政基础设施的抗震设防和农村民居抗震管理和指导力度亟待加强等,必须引起高度重视并采取措施加以解决。

会议讨论了下一阶段的工作思路。会议强调,抗震防灾工作,责任重大,使命光荣。今后一段时期,要以十七大精神为指导,全面贯彻落实国务院的工作部署,不断加强法制,完善标准,加快体制、机制、管理和技术创新,努力开创抗震防灾工作新的局面。

一是充分认识建设系统在国家防震减灾工作布局中的重要地位和作用,继续高举工程抗震和防灾的旗帜。工程抗震是减轻地震灾害的主要手段,也是工程建设管理的重要内容。同时,建设部门在震后房屋和市政基础设施应急鉴定、抢险抢修以及恢复重建过程中,也起着主要的作用。要充分肯定并大力宣传建设系统在抗震防灾工作中取得的成绩,赢得政府领导、相关部门和广大人民群众的认可和支持。

二是强化法规建设,为工程抗震防灾工作提供制度保障。要认真总结历史经验,及时将有关制度和政策措施纳入法制化的轨道,为各项工作提供法律保障。作为《防震减灾法》配套法规的《建设工程抗御地震灾害管理条例》已列入五年立法计划,要抓紧开展调研工作。

三是不断完善工作机制,加强队伍建设。在与地震局、发改委、财政部等有关部门的工作配合中,既要坚持建设部门在工程抗震方面不可替代的地位和作用,又要加强沟通与协调,形成合力。要积极创造条件,努力争取政府领导和有关部门的理解和支持,不断巩固和加强建设系统抗震工作机构建设。

四是积极创造条件,建立健全抗震防灾的技术经济政策。要通过多种渠道和多种方式,争取各级财政和有关部门对抗震加固、新技术研发以及农村抗震安居工程等的政策支持力度。要积极推动抗震防灾科技进步,并加强试点示范,努力在工程抗震新技术、新产品研发方面取得较大的突破,鼓励有条件的地区开展多种形式的试点示范等。

关于当前的重点工作,会议提出了以下意见:

一是切实推进城乡抗震防灾规划编制和实施。各地要结合《城乡规划法》的贯彻和新一轮城市总体规划的修编,积极推动城乡抗震防灾规划的编制和实施工作。建设部将成立城市抗震防灾规划审查专家委员会,稳步推进城市抗震防灾规划审查工作。

二是继续抓好新建工程的抗震设防。各地要继续把贯彻《房屋建筑工程抗震设防管理规定》作为抗震防灾工作的重点,依法履行监督管理职责,切实把本地区房屋建筑工程抗震设防工作抓紧抓好抓实,保证抗震设防工作在标准制定、规划、选址、勘察、设计、施工图审查、施工和新技术应用等各个环节得到落实。

三是加强城市市政基础设施抗震设防管理。各地要重视市政基础设施,特别是城市轨道交通、城市桥梁、供气、供水、排水、供热等重要生命线系统的防灾能力建设,严格选址、设计、建设和运营管理。要把对重要市政基础设施的抗灾设防质量监管重心前移,在立项和方案阶段就针对防灾的关键性问题开展分析、研究和论证,提出防灾减灾意见和要求;在初步设计阶段进行抗灾设防的专项审查,或在相关审查中增加防灾的内容要求;在施工图审查阶段把抗灾设防质量作为审查的重要内容。

四是继续加强对超限高层建筑工程抗震设防的监管。各地要把超限高层的抗震设防作为工程质量监督和执法检查的重要内容,加大对违法违规行为的查处力度。要加强对施工图审查机构的监管,超限工程没有进行专项审查的,不得进行施工图审查。要加大超限审查工作的宣传力度,促进建设、设计、施工、监理、审图等机构充分了解超限审查在保证结构地震安全性方面的重要作用。在适当时候,建设部将组织全国超限高层建筑工程抗震设防专项检查。

五是进一步强化农村民居防震保安工作。各地要高度重视村镇抗震防灾工作,加强领导和组织协调。要在村镇建设规划中强调抗震防灾要求,新建村镇要科学选址,从源头上减轻地震灾害并防止发生各类次生灾害;要积极提供技术服务和技术培训,大力推进示范工程,把抗震防灾工作作为社会主义新农村建设的重要内容抓紧抓好。

六是加强地震重点监视防御区的抗震防灾工作。国务院要求,地震重点监视防御区的县级以上城市要在2010年以前完成建筑物抗震性能普查。地震重点监视防御区的县级以上建设主管部门要根据国务院的部署,积极做好相关的技术准备,为普查工作的全面开展提供技术条件。

1. 标题。一律由会议名称和"纪要"二字组成。有的公文写作教材上说,也可以采用主题加副题的写法,如《把经济体制改革放在首要位置——市场座谈会纪要》,这是不对的,非公文的会议纪要才能用这种标题。13种公文的标题都不能采用主题加副题的写法。

2. 正文。重要专题性会议纪要的正文一般由三部分构成。

(1) 会议情况。除办公会议应介绍的会议时间、地点、会议参加人等项内容外,还要写明召开会议的机关,会议的议题,出席会议、作出指示、发表讲话的领导人。如上例的第一段。

(2) 会议精神。包括会议对所研究工作形势的认识(即肯定成绩、指出问题),对今后此项工作的任务、方针、政策、措施、要求等的阐明和规定等。对重要问题不仅要作出明确规定,还要做必要阐明,使之即有规定性,又有一定的理论性,以便于理解和执行。也常常使用"会议认为"、"会议指出"、"会议要求"、"会议强调"、"会议决定"等会议纪要的惯用语。

这部分内容的具体写法有较大的灵活性,较为常见的写法是紧接会议情况介绍之后,便分项或分题阐明会议精神。《全国统战工作会议纪要》就是分题写的,它的各部分的小标题是:一、统一战线仍然是我们党的一个重要法宝,全党必须重视统战工作;二、对三年来统战工作的估计;三、今后统战工作的主要任务;四、统战部门的组织建设和思想建设。上例第二段肯定一年来的工作成绩;第三段指出存在问题;第四至第八段阐明了今后的工作思路;以下几段提出当前的六个工作重点。

（3）会议号召。重要专题性会议纪要大多有个结尾部分,其内容是向有关单位和人员提出做好此项工作的希望和号召,起激励和鼓舞作用。上例未写这种结尾。

### 三、会议纪要写作的注意事项

（一）真实、准确地反映会议情况、精神和议定事项。不能走样,不能把少数人的意见和撰写者个人的看法写进会议纪要,说成会议的共识。为此就要全面了解会议情况,认真阅读会议文件,倾听与会人员的发言,并具有实事求是的精神。

（二）突出会议的主题和要点。会议纪要,顾名思义,就是反映会议的主要之点。"纪"不同于"记",它具有理出头绪和纲要的意思,所谓"理之为纪"（《左传》）。这正是会议纪要与会议记录的区别。会议记录忠实地记录每个人的发言,它不需要也来不及进行分析归纳,理出要点。会议纪要不仅可以而且应当对会议的全面情况和意见进行分析、研究和归纳,抓住主题和要点加以反映。

（三）表达明确而有条理。会议纪要也是要贯彻落实的,因此对会议精神和议定事项要表达得明白确切,防止含糊其辞和产生歧义,并且阐述得有条有理,尽量使用层次序数、标首语句,篇幅较长的还应用小标题提示每部分的内容。这样才便于阅者掌握其内容和付诸行动。

# 思考和练习题

### 一、思考题

（一）13种公文各有什么用途?

（二）13种公文的写法各是怎样的?

(三) 说明以下几组公文的区别:

1. 命令(令)、决定、决议
2. 公告、通告
3. 通告、通知、通报
4. 议案、提案、建议
5. 报告、请示
6. 决定、通知、意见

二、练习题

(一) 根据本单位的实际情况和工作需要,选择适当内容,作以下公文的写作练习:1. 通告;2. 通知;3. 报告;4. 请示及其批复;5. 函。

(二) 根据下面这篇报道提供的材料,为成都大学医护学院起草一份通报,表彰罗燕梅同学。该院的发文代字为"成大医",发文顺序号为×号,发文时间为2008年5月××日。面向群众,可不写主送机关。

### 成都大学医护学院罗燕梅同学拾金不昧

本网消息(医护学院供稿)5月12日下午,成都市卫生局、成都市总工会在锦江剧场主办"纪念5·12国际护士节暨成都地区护士职业礼仪决赛"。大幕开启,我校由医护学院护理专业男女同学组成的参赛队率先登台亮相。他们气质高雅,动作整齐,浑身洋溢着青春活力,表演还未进入高潮,早已赢得了全场阵阵热烈掌声。

然而就在人们高兴地期盼着表演高潮的时候,令人极度恐怖的强烈地震却突然来临了。大地剧烈晃动,高处一块块被震松脱落的建筑物碎片不断往人们头顶砸来。从惊吓中猛然醒悟过来的800多名演职人员和观众,霎时间如凶猛的潮水涌向出口,全场一片混乱。

面对突如其来的险情,医护学院2007级专科护理三班的罗燕梅同学却保持着镇定。她一边跟随人流向场外迅速撤离,一边却敏捷细致地扫视着排排座椅上下是否有被惊慌逃离者来不及带走的遗失物品。突然,她发现了一只被人落下的坤包!她马上弯腰拾起,然后才冲出剧场。当时的情景,哪怕慢一秒、晚一步,都可能丧命。出于求生的本能,大家一门心思都高度集中在逃命上,她此时若有心"发国难财",恐怕谁也不会知晓。但当她和全班同学重新汇合到一起,将包交给老师,老师问她"里面都有什么"时,她回答:"我没看过"。

老师打开坤包,仔细检点了包内物品。天啊!包内装着银行卡、购物卡、身份证、房产证、驾驶证共十余张,还有手机一部、现金若干。次日,罗燕梅在老师帮助下顺利联系到了前来认领坤包的失主。失主满含感激地说,包内物件的价值总计高达十多万元。

今年这个具有独特意义的国际护士节,罗燕梅同学以自身拾金不昧的高尚品格,深刻诠释了一名未来护士无私的爱,真切地履行了南丁格尔誓言。

(三)根据下文提供的情况和记录,请为××市××区人民政府起草一份办公会议纪要。

某市的一个区政府,1985年12月9日下午在第一会议室开办公会。会议由区长阎逸主持。出席会议的有四位副区长:李萍、赵迅、于明华、钱诗涛。还有六位局长、主任列席:农办主任吴奎、研究室主任常聚智、商委主任王布久、畜牧局长孙浩长、粮食局长张良、教育局长金铃。下面是纪录员王春记下的会议情况:

阎区长:今天研究三个问题:(一)请李萍同志传达市商业工作会议精神,研究决定我们明年的商业工作重点。(二)请于明华同志谈谈当前养奶牛的主要问题,研究解决办法。(三)请钱诗涛同志谈市人大代表视察我区教育工作时提出的意见,商定我们的解决办法。先请李萍同志讲。

李萍：市里的商业工作会议是上月15日到18日开的。会议纪要和市领导同志的讲话已经印发给大家了，就不重复讲了。这次会议主要解决两个问题，一是商业改革问题。会上介绍了一些商业、服务业的门店实行租赁制的经验。二是，增加商业网点，方便群众问题。全市新建小区不少，那里群众反映商店太少，生活很不方便。会议要求各区、县设法解决这些问题。

咱们区今年商业工作进步很大，特别是在一些中、小门店搞租赁试点以后，出现了一些新气象。过去亏损的门店扭亏为盈，服务态度也有了较大的改进。我们区的城门前综合商店，这次还在市商业会议上介绍了经验，受到与会者的重视。

赵迅：这个店的经验很值得重视。这个店的地理位置不错，经营品种也不少，可过去年年亏损，群众反应很大。实行租赁后，大大改观了。我找一些商店经理谈过此事，他们认为城门前店的办法可以推广。

钱诗涛：租赁这件事可以搞，但时间太短，应当再看一看。

于明华：中、小型门店可以实行，大型的可不可以搞，恐怕还得再调查研究一下。

李萍：我也认为可以在中、小型门店推广这个办法（以下详细介绍了租赁制的具体做法及优、缺点）。

阎区长：搞租赁制是个好办法，明年我们选在中、小型门店实行，不断总结经验，研究存在的问题，不断加以完善。大家是否都同意这个意见？（大家表示同意）这件事就这么定下来。下面是不是等三件事都谈完了，我们一并讨论，以节省时间。请李萍同志接着讲。

李萍：会上提出商业网点问题，咱们区，问题较大。这几年在咱们这儿盖了许多楼房，形成了两个小区，几十栋高层建筑，几万人口。一下子增加这么多人，商业压力很大。群众也有意见。电台、晚报等新闻单位转来不少群众来信。我也收到一些提意见的信。看来必须尽快解决。我同商委的同志研究了一下，明年商业工作的重点是：加快小区商业点建设，在楼群中开三至四个综合商店，再搞一批代销点。关于推行租赁制和加快商业网点建设的具体工作计划在这次会议以后拟出。建议明年初召开一次全区的商业工作会议进行部署。讲完了。

阎区长：请于明华同志谈。

于明华：市里召开发展奶牛、改善牛奶供应会议以后，区里决定在山坡乡办三个奶牛场，各乡也要发展集体或户养奶牛。经过近两年的努力，咱们区奶牛发展很快（以下介绍了奶牛发展的情况），给市里提供了新的奶源，受到市领导的表扬和群众的称赞。当前饲料成了问题，特别是精饲料，粮食供应不足。各乡还可以自己想点办法，区办的三个场，困难较大。这三个场的牛奶产量占全区的1/2以上，因此，急需解决他们的问题。当然乡办的集体牛场和一些养牛专业户也有这个问题，但目前还能维持，从现在抓起，不会产生大的影响。解决的办法我看还需粮食局设法调拨，张局长、吴主任你们看怎么办好？（张、吴表示可以帮助解决）

阎区长：老于讲完了吗？（答：完了。）请钱诗涛同志说。

钱诗涛：本月1日、2日市人民代表一行8人来我区视察教育工作。他们走访、视察了16所小学，对各校工作的成绩给予了充分肯定，对学校领导、老师、学生提出的一些问题做了解答。有的代表还接受了学校的邀请，抽时间给师生做报告。视察结束后，代表们提了一个很重要的意见，要求区里立即解决前山、子母堡、洼地三所小学的危险教室的翻修问题。这三所小学各有两三个教室是危房，有倒塌的危险（以下谈了具体情况）。

阎区长：金铃同志，你立即给三个小学打电话，这些教室马上停止使用，并在周围设立屏障和危房标志，必须确保安全。具体办法过一会我们研究（金局长去打电话）。诗涛同志接着讲。

钱诗涛:解决这三所学校的危险教室问题已迫在眉睫。现在主要是经费不足,我的意见无论怎么困难也得先翻修。修教室期间,学生们可以分二部制上课。我讲完了。

阎区长:对这三件事,我讲以下意见,然后大家讨论。

一、商业会议明年初开。同意商委意见,明年工作重点是:推行租赁制,先在中、小型门店搞;加快网点建设,除了依靠我们自己的力量还要发动群众,多办些代销点,货源我们保证,形成一个网。

二、奶牛场饲料问题,保证区办的三个场。请粮食、畜牧局同志协商解决。一定尽力优先解决这三个场的问题,保证一定量的牛奶供应。乡里要因地制宜,早做规划,尽快解决饲料供应问题,不要等到不能维持时才办。这件事请张局长、孙局长协助各乡办好。

孙浩长:饲料问题我们一定尽力解决,饲料公司已有准备(下面谈了具体解决的办法)。

阎区长:好,饲料公司还是有远见的。优先解决区办的三个奶牛场的问题。

三、三所小学危险教室问题我应检讨,这么严重的问题,不及时解决会出大乱子的。这件事,先停止使用,教育局立即筹款请城建部门协助,找最好的施工队,在短期内翻修好。修房期间可以实行二部制,不要影响学生上课。过两天,请金铃同志跟我到这三所学校看看。大家对这三件事这么办有什么意见,请发表。

(大家表示同意这么办,并补充了一些情况。)

没有不同意见,就这么决定。

散会。

# 第三编

# 事务文书

# 第五章 计　　划

## 第一节　计划的含义和作用

### 一、计划的含义

计划是各机关、团体和企事业单位对将要进行的工作或活动所作的部署和安排。广义的计划还包括个人计划,我们这里讲的是公务文书的计划。

计划是计划类文书的统称,也是各种计划最常用的名称。这类文书由于时限不等,详略有别,成熟程度不同,因此还使用规划、方案、要点、设想、打算等名称。

规划是指6年以上的长远计划,如《××县1986—2000年乡镇企业发展规划》。而中期(两年至五年)和短期(一年以下)计划,则称为计划,如我国实行的国民经济和社会发展五年计划。由于规划的时限长,情况在发展变化,所以不可能订得很具体。一般说来,计划内容的详细程度与计划时限的长短成反比。长远计划要用中、短期计划来落实。

方案是为了实现某一目标、完成某一任务而制定的具体安排和办法,如《国务院机构改革方案》、《烟台市城镇住房制度改革试行方案》。

要点是只订出未来一段时间工作的主要之点,而不是周到、详细的计划,如《××厂1996年精神文明建设工作要点》。

设想是尚未成熟确定的计划,又称为意见,它可以由领导集体提出,也可以由领导人提出,如《对文联体制改革的一些设想》。

打算是对某项短期工作的具体安排,因此也称安排,如《××厂团委关于纪念"七一"活动的打算》、《××大学 1997 年暑假工作安排》。

**二、计划的作用**

做任何工作都应该事先有计划,即订出目标、分好步骤、想好措施等,这才能使大家胸有成竹,方向明确,行动自觉,一步一个脚印地完成任务,达到目的。否则就会使工作陷入方向不明、忙乱无序的盲目被动状态,因而达不到预期目标。毛泽东同志在《论持久战》中曾经指出:"'凡事预则立,不预则废',没有事先的计划和准备,就不能获得战争的胜利。"他在这里引用的是《礼记》中的话,古人在这方面还有许多教诲,如《说苑》说:"谋先,则事昌。"《素书》说:"深计远虑,所以不穷。"可见办事要有计划,是古往今来人们从实践中总结出来的普遍经验。

计划的重要作用,可以归纳为以下几点。

(一) 有了计划就有了奋斗目标,可以鼓舞人们为实现目标而勤奋工作。以国家计划为例,我国现代化建设既有长远目标,即到 21 世纪中叶达到中等发达国家的水平,又有五年一订的国民经济和社会发展目标,这就使全国人民有了奋斗方向,心往一处想,劲往一处使,为实现共同目标而发愤工作。具体到一个单位的工作也是一样,有了鼓舞人心的目标,就有了推动工作的动力。

(二) 有了计划,就有了步骤,可以指挥人们各司其职、有条不紊地完成工作任务。计划不止订出目标,还分好实现目标的步骤,如我国现代化建设的长远目标,便分三步走:第一步从 1981 年到 1990 年国民生产总值翻一番,实现温饱;第二步从 1991 年到 20 世纪末再翻一番,达到小康;第三步,到 21 世纪中叶再翻两番,达到中等发达国家水平。这样每隔若干年上一个台阶的步骤划分,不仅使看似难以实现的目标变得能够实现了,而且能使人们按部就班、井然有序地工作,避免急躁忙乱、顾此失彼,从而提高工作效率,取得事半功倍的效果。

(三) 有了计划,就有了措施,可以使任务的完成得到保证。计划不仅有目标、分步骤,还要提出行之有效的措施。如发展乡镇企业的计划要得以实现,必然遇到资金和人才问题,因此在计划中应提出积累和筹集资金的措施,培养和招揽人才的办法。这样就不会临渴而掘井,使计划落空。

(四) 有了计划,就有了标准,便于督促和检查工作。计划不仅有总目标,往往还有分部门、分阶段的分目标,并且落实到各个单位,有的还落实到人头。这样有了总体和分别的任务和职责标准,督促和检查起来就有了客观依据。

## 第二节 计划的种类和特点

### 一、计划的种类

计划的种类有多种划分方法,常见的分类方法有以下几种:

(一) 按性质划分,有综合性计划、专题性计划。

(二) 按内容划分,有工作计划、生产计划、军事计划、教学计划、科研计划、学习计划等。

(三) 按时限划分,有周计划、旬计划、月份计划、年度计划、跨年度计划等;又可以把它们归并为短期计划、中期计划和长期规划。

(四) 按范围划分,有国家计划、地区计划、部门计划、单位计划、班组计划。

(五) 按效力划分,有指令性计划、指导性计划。

(六) 按形式划分,有条文式计划、表格式计划和条文与表格相结合式计划。

(七) 按名称划分,有计划、规划、方案、要点、设想、打算等。

## 二、计划的特点

计划的特点可以概括为以下五性。

（一）科学性。计划是人们行动的指南,只有从实际出发,按客观规律办事,才行得通,做得到。不了解实际情况,不尊重事物的发展规律,闭门造车,凭主观意志行事,没有不碰壁的。我们曾经吃过"人有多大胆,地有多大产"式的违背科学性计划的苦头,应引以为戒。为此,计划的制订不仅应当进行认真的调查研究,广泛听取群众和有关专家的意见,而且应当进行科学论证,务必使计划建立在符合客观规律的基础上。

（二）挑战性。计划规定的目标和任务,应当在科学性的基础上,具有挑战性。所谓挑战性,就是必须充分发挥人的主观能动性,经过努力奋斗才能实现。高不可攀的计划,违背科学性,固然不足取;轻而易举的计划,不具有挑战性,不能激发人们的积极性和创造力,也不可取。

（三）预见性。俗话说:"人无远虑,必有近忧。"订计划应充分考虑到可能遇到的问题、困难,预为之计,提出必要的防范措施和解决办法,并留有一定的回旋余地,就像打仗要准备预备队一样。当然人们不可能预料到一切特殊情况,因出现预想不到的情况而调整和改变计划也是不能完全避免的。但在通常情况下,只要情况熟悉,经验丰富,考虑周密,是可以预见到可能产生的问题和困难的。

（四）明确性。计划审定印发后,是要付诸实施的,因此必须订得明确可行,而不能抽象、笼统。凡是需要落实的东西,都要力求明确,否则执行起来无从着手,检查起来也没有标准,很容易落空。比如计划的目标,如果含糊地定为"使产量和质量跨上一个新台阶"、"大大改善职工居住条件"等等,就不仅起不到激励、鼓舞作用,而且到头来是否实现了这样的目标也很难检验。如果明确定为"使我厂生产的啤酒获得国家质量认证"、"使职工人均住房面积达到10平方米以上",其效果就大不一样。美国国家航空和宇宙航行局曾制定过一个航天计划,把目标确定为"在十年内把一个人放到月球上去",这样明确的目标令人振奋、向往,也易记易传,成为鼓舞行动的口号。

（五）约束性。计划一经制定,就对人们的工作或活动起到指导和约束作用。工作或活动的开展,人力、物力、财力和时间的安排等,都必须按计划执行。这样才能发挥计划的作用,实现计划的目标。

## 第三节　计划的写法

### 一、标题

计划标题的写法有两类：

（一）完整式。由单位名称、时限、内容和计划名称组成。如《××公司2007年工作计划》,"××公司"是制订计划的单位名称,"2007年"是计划的时限,"工作"是计划的内容,"计划"是计划类文书常用的名称。再如《××大学2007年思想政治工作要点》、《××市1999—2009年城市绿化规划》,都是四项俱备的完整式标题。上面例文的标题也是完整式的。

（二）省略式。指对完整式有所省略的标题,有两种：

1. 省略时限。如《湘华机械厂纪念"五四"活动安排》、《北京市旅游事业管理局开展"我爱北京山和水"旅游活动方案》。

2. 省略单位。如《2007年工会工作要点》。这种标题必须在正文之后落款部分署上单位名称。

如果尚未定稿,应在标题之后加括号注上"草稿"、"征求意见稿"等字样。

### 二、正文

计划类文书虽然多种多样,但因为它们都是对将要进行的工作和活动的设计与谋划,因而其正文要写的内容,不外乎根据、目的、指导思想、目标、任务、步骤、措施等,只是不同的计划对上述内容的选择和详略的处理有所不同而已。

下面按大多数计划正文采用的前言、主体和结尾的结构形式,讲一讲常见计划正文的写作方法。

（一）前言。除极简短的工作要点和活动安排外,多数计划都有前言部分。

计划的前言一般是简要说明制定计划的目的和根据。计划的目的是回答"为什么做"的问题;计划的根据是指上级文件或指示精神,整体或较长期计划的要求,做好所计划工作的重要意义,本单位的实际情况和工作需要等。有的计划的前言还说明计划的指导思想(又称总体思路)和计划所要达到的目标。以下计划的前言就是这样写的：

为切实加强学校安全工作,牢固树立"安全第一"思想,确保全体师生生命、财产安全,维护学校正常的教育教学秩序,根据中心校对安全工作的要求,结合学校实际,特制定本工作计划。

（《××小学2009年安全工作计划》）

根据联社办公会的统一安排部署,结合我辖内勤管理工作中的实际,在上年财务管理工作经验的基础上,细致分析信用社以后发展形势,经研究确定,2009年度联社财务科的工作思路和指导思想是以紧密围绕联社业务经营为中心,以改革时期政策扶持为契机,以提高全辖经济效益为目标,狠抓制度落实工作,强化财务管理,加快电子化建设步伐,防范各种业务操作风险,全面完成市办事处下达的财务目标任务。为此,特制定如下工作计划。

（《××联社财务科2009年工作计划》）

上面《枣强县"十一五"林业发展规划》,形式上没有前言部分,但它的"一、'十一五'林业发展的基本思路"和"二、'十五'末林业各项指标完成情况",概括说明计划的指导思想、总体目标、主要任务和发展基础,相当于计划的前言。

(二)主体。具体说明工作或活动要达到的目标、划分的步骤、采取的措施以及如何分工等等。

〔例文〕

## 枣强县"十一五"林业发展规划

### 一、"十一五"林业发展的基本思路

全面贯彻落实中共中央和省委省政府发展林业的两个《决定》精神,以建设"林业大县、生态强县"为目标,以农田林网建设为重点,进一步增加林木资源总量,提高全县林木覆盖率;加强林木、果树的管理,抓示范,提水平,增加农民收入;加大病虫害的防治和林业执法力度,确保造林成果;抓生态建设,改善居民的生活环境。全面提升我县的整体绿化水平,实现林业的可持续发展。

### 二、"十五"末林业各项指标完成情况

据年报统计,2004年全县有林地面积217125亩,其中用材林面积68010亩,果树面积149115亩;森林覆盖率达23%;全县活立木蓄积64万立方米;果品产量50116吨;林业产值14983万元。

预计2005年,全县有林地面积23万亩,其中用材林面积10万亩,果树面积13万亩;森林覆盖率可达24%;全县活立木蓄积70万立方米;果品产量55000吨;林业产值预计16000万元。

### 三、"十一五"期间林业发展目标

结合"十五"期间各项任务指标的完成情况,"十一五"期间的发展目标确定为五项:

(1)有林地面积达28万亩,纯增林地面积5万亩;

(2) 到"十一五"末,森林覆盖率达28%以上,较"十五"期间增加4个百分点;

(3) 林木活立木蓄积年均递增10%,到"十一五"末达到110万立方米;

(4) 年果品产量达到和稳定在75 000吨左右,比"十五"末年增加20%;

(5) 林业产值到"十一五"末达到2个亿,较"十五"期间增加20%以上。

**四、具体措施**

实现"十一五"目标,主要采取五条措施,即:靠政策盘活林地资源,靠项目带动林业发展,靠科技提高林果效益,靠龙头提升产业化水平,靠法律保护造林成果。

靠政策盘活林地资源,就是按照县政府下发的《关于界定林地发展林业的有关规定》要求,将基本农田保护区、城镇建设规划以外的闲散地、河滩次耕地确定为林地,主要包括村旁闲散地、坑塘、场院、墓地、废弃窑厂、五级公路和以农田林网为主的田间路两侧规划为土地,通过对全县林地现状进行调查,并登记造册,摸清底数。对确定为林地的土地,通过采取拍卖、承包、租赁等方式确权到户,核发土地使用权证并限期绿化。

靠项目带动林业发展,就是根据国家林产业的发展趋势和政策,通过跑部进省,积极争取国家和省有关造林项目的支持,重点争取防沙治沙项目、平原区农田防护林建设项目和匹配造林项目,为全县的林业发展注入活力。

靠科技提高林果效益,就是通过引进推广新技术、新成果,增加农民收入。重点搞好四抓,一是抓好科技网络建设,形成县乡村技术推广体系;二是抓好用材林和果树的示范建设;三是抓好林农、果农的技术培训和素质的提高;四是抓好无公害果品生产,提高果品的竞争力和市场占有率。以点带面,全面促进现有林木、果树资源效益的提高,增加农民收入。

靠龙头提升产业化水平,就是以现有资源为依托,培育龙头加工企业,如木材加工、果品加工企业,解除农民发展林业、果树后的后顾之忧,促进资源的进一步增加。

靠法律保护造林成果,就是规范采伐程序,依法加大查处毁林案件力度,严厉打击破坏林木的违法犯罪分子,确保造林成果和林农、果农的合法权益不受侵犯。

上例正文的主体是三、四两部分,分别说明目标和措施。

第三部分讲的目标有五项,几乎每项都有增加数量和增长率,准确而简短,使人一目了然。

第四部分是讲具体措施。这部分内容对实现计划的目标,特别是实现重要工作和重大活动的目标十分重要。人们常说"十分计划,十二分措施",这话很有道理。上述计划就十分重视措施的制订。这部分内容占了计划全部内容的一大半。所提五项具体措施,考虑到保证林业发展方方面面可能遇到的问题。而且其文字表达也精练有序:首先把五条措施概括为结构相同、字数基本相等的五个短语,易读易记;然后分段把这五条措施一一解释清楚,以便于理解和实施。这表明作者具有较强的分析归纳和文字表达能力,这正是文秘工作者应具备的能力之一。

这篇计划没有划分步骤和做出分工。这两项内容对于搞好某些工作和活动也是很重要的。有一篇题为《××服务公司实行经营责任制的计划》便把步骤和分工规定得很明确,可以想见它会使工作井然有序,使人们各尽其责。摘要如下:

(一)1月中旬,进行全面动员。10日开全公司门市部主任以上干部会,由党委书记做动员报告,请两个试点单位介绍经验。会后用两天时间组织讨论。然后以基层厂、店为单位,进行全面动

员。(办公室和宣传科负责)

(二)1月下旬,以上下结合的方法,具体讨论承包办法。各基层厂、店提出初步方案。争取在77个单位中,有1/4算好经济账。(由经理张××负责,业务科主抓,宣传科协助)

(三)2月上旬,争取一半左右基层厂、店和公司签订承包合同,1/5左右门市部(或班组)和基层厂、店签订承包合同,有一部分门市部包到个人。(责任者同上)

(四)2月中下旬,除少数领导班子涣散软弱或有特殊困难的单位外,其余全部完成门市部和基层厂、店的承包任务,签订好各种类型的合同。(责任者同上)

(五)3月份,集中帮助改革困难较大的单位。需要调整领导班子的,要结合承包责任制的落实,一并调整。根据改革后出现的新情况、新问题,制定解决方案并研究基层店到组到人的承包,搞三个试点。(由党委副书记李××、副经理杨××负责,按业务范围,各科具体负责)

计划内容的多少、详略要因事制宜,有些事项单一、时间不长的计划,可以只用几百字甚至一张表格便能表达清楚。不再举例说明。

(三)结尾。内部使用和日常事务性计划的正文,主体内容写完即可结束,不必再加结尾部分。有些重要的需要下发的计划有结尾部分。结尾的内容大多是希望、号召大家增强信心,团结奋斗,为实现计划的目标而努力。

## 思考和练习题

**一、思考题**

(一)计划有哪些名称和作用?

（二）计划有什么特点？
（三）怎样写计划的标题和正文？

二、练习题

根据上级的指示或本单位的实际需要，起草一篇开展某项工作或活动的计划。

# 第六章 总　　结

## 第一节　总结的含义和作用

### 一、总结的含义

总结,就是对已经做过的工作进行回顾、检查、分析、研究,从中找出经验教训,获得规律性的认识,以指导今后工作的文书。广义的总结包括个人总结,我们这里讲的是公务文书的总结。

总结类文书最常用的名称是总结,有时还称为小结、回顾、体会、经验、做法等。

事先做计划,事后做总结,这已经成为常规。人们的各项工作,就是通过计划—实践—总结—再计划—再实践—再总结的多次反复而不断提高和发展的。

### 二、总结的作用

总结不是为了完成一种例行公事,而是为了提高认识,找出经验教训,改进今后的工作。总结的主要作用有以下三点:

(一)看到成绩和问题,增强信心、防止自满。

总结都要肯定已经做过的工作所取得的成绩。人们看到了成绩,就是看到了自己的劳动成果,就会感到劲没有白使,汗没有白流,从而受到鼓舞,增强信心。而这些成绩,不通过总结,人们不一定能有全面认识,特别是做局部工作的单位和人员,由于对全局情况不甚了解,有时会产生片面的认识,即所谓"只见树木,不见森林",分不清"九个指头和一个指头"的区别,因而牢骚满腹,丧失信心。

总结一般还要找出工作中的问题,即存在的缺点和不足。看到这些存在的问题,就不会自满自足,产生骄傲情绪。在工作取得骄人成绩、上下一片赞扬的时候,冷静检查工作中还有哪些薄弱环节和不尽如人意的地方,从而增加自知之明,就更为必要。

(二)找出经验和教训,成为做好今后工作的宝贵财富。

总结不仅是回顾过去工作的情况,更重要的是对这些情况进行分析、研究,找出成功的经验或失败的教训,也就是把感性认识提高到理性认识,找出有规律性的东西。恩格斯说过,"规律性是现象中同一的东西","普遍适用的东西"。它是从过去的实践中总结出来的,对今后工作也有指导作用。无论是成功的经验还是失败的教训,都是做好今后工作的宝贵财富。如果人们不通过不断总结,挖掘和积累这些财富,而是像"熊瞎子劈包米"一样随干随丢,那么工作就会老是原地踏步,甚至重蹈覆辙。因此毛泽东同志非常重视总结工作,他说:"人类总得不断地总结经验,有所发现,有所发明,有所创造,有所前进。"

(三)推广和传播先进经验,推动各单位的工作。

总结不仅为搞好本单位的工作所需要,有些总结,特别是成绩突出、经验先进的总结,还可为其他单位搞好工作提供借鉴。因此上级机关经常把下级机关报上来的好总结,批转给有关单位学习参照;内外报刊时常刊登总结,传播先进经验;先进单位代表也常常被其他单位请去直接"传经送宝"——这些"经"、"宝"都是通过总结才找出来的。所以总结不仅对搞好本单位的工作有重要作用,而且对推动各单位的工作都有重要意义。

## 第二节 总结的种类和特点

### 一、总结的种类

总结的种类划分与计划类似,主要有以下几种划分方法:

（一）按性质划分，有综合性总结和专题性总结。

综合性总结是指对本地区、本部门、本单位一段时间内各方面工作所做的全面总结，所以又称全面总结，如《××厂1995年工作总结》。

专题性总结是指对某项工作或某方面的工作所做的专门总结，如《××大学1996年基建工作总结》。

（二）按内容划分，有工作总结、生产总结、学习总结等。

（三）按范围划分，有全国总结、地区总结、部门总结、单位总结、科室总结、班组总结等。

（四）按时间划分，有多年总结、年度总结、季度总结、月份总结等。

（五）按用处划分，有上报总结、下发总结、发表总结等。

**二、总结的特点**

（一）真实性。

总结是人们自身实践活动的真实反映，应当完全忠实于客观事实。它所用的材料，必须是实际情况，有一说一，有二说二，不能添枝加叶，不能报喜不报忧，更不能无中生有。它的观点，应该是从自身实践活动中恰当地抽象出来的认识和规律，不能强扭角度，任意拔高，不能是外加的漂亮标签。

（二）理论性。

总结不只是反映已经做过的工作的过程和情况，更重要的是通过对情况的分析和研究，从感性认识上升到理性认识，即找出规律性的东西，达到理论高度。理论是系统化了的理性认识，对人们的实践具有指导意义。应当说明的是，总结的理论性，不是要在总结中进行长篇大论，而是要得出从实际情况出发并用客观事实证明的画龙点睛式的结论。

（三）本体性。

总结是对本地区、本部门、本单位实践活动的反映和概括，因此都用第一人称(公务文书总结用"我们",个人总结用"我"),不用第三人称;都用自身活动中的材料,不像论说文那样古今中外的材料都可以引为论据。这个特点使总结能够反映自己实践活动的独创性和独到体会,而且读起来使人感到亲切。有人讲总结的写作,以第三人称的经验性通讯和经验性调查报告为例,这是混淆了文体界限。

## 第三节　总结的写法

### 一、标题

总结的标题有两类写法:

(一)计划式标题。类似计划的标题,有完整式和省略式两种。

1. 完整式。由单位、时间、内容和名称四个项目构成。如《××省1996年稻谷生产总结》、《××市1994年市政建设工作总结》。

2. 省略式。省略时间的标题如《××机床厂推行满负荷工作法总结》;省略单位的如《1996年工会工作总结》。

(二)通讯式标题。类似新闻通讯的标题,有单式和双式两种写法。

1. 单式。用一句话或一两个短语概括总结的主题或提出总结要回答的问题,如《实行优化劳动组合,调动职工积极性》、《我们是怎样开展学雷锋树新风活动的》。

2. 双式。即主题加副题。主题概括总结的主题或要回答的问题,副题标明单位、时间、内容和名称(也可以有所省略)。如:

把德才兼备的年轻人推上领导岗位
——××市××区1988年人事工作总结

我们是怎样进行爱国主义教育的
——青工教育工作总结(之一)

各单位常规工作总结大多使用计划式标题;用来介绍经验,特别是准备在内外报刊上发表的总结,大多采用通讯式标题。由此可以看出,总结标题的写法具有较大的灵活性,不像公文标题那样格式统一。

二、正文

总结的正文一般由导言、主体和结尾构成。有的总结省略导言和结尾,只有主体部分。

(一)导言。即正文的开头部分,简要介绍所总结工作的根据、背景、时间、内容等,有的还对主要成绩和经验作出概括,以取得开门见山的效果。

导言常常采用以下几种写法:

1. 简况式。简要介绍基本情况。例如:

武钢是新中国成立之后建设起来的大型钢铁联合企业,70年代从国外引进了1米7轧机系统。1989年末,已拥有固定资产原值66亿元,净值42.6亿元,职工12万人。30多年来,生产建设一直在向前发展,特别是党的十一届三中全会以来的十多年里,企业面貌发生了深刻的变化,走出了一条坚持社会主义方向的质量效益型的发展道路。

2. 提问式。提出问题,点明总结的重点,引起人们的注意。例如:

一要改革,二要发展,这是当前成人教育面临的两大问题。怎样改革?如何发展?二者是什么关系?对这些问题必须认真思考,给予正确的回答。

3. 对比式。将前后情况进行对比,从而突出成绩。例如:

我校是一所普通初级中学,学生入学时基础比较差。如1979年入学的新生,语文、数学两科总分都在100分以下,一半以上学生两科总分不到40分。这给教学工作带来很大困难。为了迅速扭转这种局面,我们狠抓教学管理,大力调动广大教师积极性,教学质量有了明显提高。上述学生共344人,经过三年的教育培养,1982年毕业后,3/4以上考上了中专和高中,其中不少人还进入了重点高中。

4. 成绩式。重点介绍成绩。例如:

根据国务院1987年5月26日在大兴安岭召开现场办公会议的决定,国务院大兴安岭恢复生产、重建家园领导小组于5月29日开始工作。经过调查、研究、规划、设计和制订方案,恢复重建工程于6月上旬开始施工。至10月8日,共完成房屋建筑面积55.2万平方米(已验收48万平方米),其中住宅已完成并验收37.6万平方米。预计到10月中旬可完成房舍58.6万平方米,其中住宅43.2万平方米,比原定计划超额完成3.8万平方米。被火灾烧毁的生产设施,包括大型贮木场、铁路专用线、公路桥梁、动力线路和通讯线路等,已全部恢复、重建起来。

5. 经验式。重点概括工作经验。例如:

一年多来,我们按照教育规律办教育,走村校一体、三教一体、教科劳一体的办学道路,使学校发生了可喜的变化,为改革农村教育,摸索出一条新路。

(二)主体。是总结正文的主要部分。

1. 主体的内容。由于总结的工作多种多样,写总结的目的也有所不同,所以主体写些什么内容也不是千篇一律。

〔例文〕

### ××反贪局2008年工作总结(摘要)

2008年,反贪局在院党组和市院反贪局的正确领导下,在兄弟部门的大力支持下,紧紧围绕市院党组提出的打造"质量,效率,形象"三大品牌的总体要求,不断解放思想,更新观念,积极履行反贪工作职能,进一步规范执法行为,加强队伍建设,各方面的工作均取得了可喜的成绩和进步。

### 一、基本情况

(一)查办案件成绩突出

全年我局共立案查处贪污贿赂职务犯罪案件15件17人,其中,贪污案件6件7人,行贿案件3件4人,受贿案件8件8人。在立案侦查的案件中,大案比例为100%(涉案值5万元以上),科级干部4人,已移送起诉15件17人,移送起诉率为100%,有罪判决率为100%。通过办案,共为国家和集体挽回经济损失700余万元。总结全年的办案工作,主要的特点有:

1. 初查工作成效明显,初查成案率大幅上升。按照市院提出的"初查精确,立案准确,结案正确"的基本要求,我局自觉将案件的初查当作案件突破的重要基础工作来抓,全年共初查案件线索15件,立案15件,初查成案率达100%。

2. 查办重点领域案件成效明显。在所立案案件中,涉及教育系统的3件3人,电力系统的6件6人,城镇建设系统的6件6人。

3.查办窝串案成绩明显。在所立15件案件中,窝串案10件11人,约占总立案数的77%。

4.办案质量和办案效率大幅提高。今年我们的初查成案率、移送起诉率、有罪判决率均保持在100%;上诉率、投诉率、申诉率保持零的记录;办案周期进一步缩短,平均办案周期为37天。

(二)预防工作大大加强

2008年,我们反贪局继续贯彻"打防并重,标本兼治"的方针,在深入查办各类贪污贿赂等职务犯罪案件的同时,紧紧围绕年初的预防工作部署,重点开展了个案预防、重点行业预防、重大工程建设同步预防、民营企业行贿犯罪预防,组织开展送法到学校、企业、社区等活动,预防工作成效显著。全年共开展个案预防13个,发出预防检察建议24份。深入发案单位召开案情分析会议27次。写出案情分析报告6份,帮助市供电公司、区教育系统、区建设局等发案单位落实预防措施142项。建立包括区政府物资采购、区市政建设等专项工程在内的同步预防6个。组织到校园、工地、社区等区域开展法制教育宣讲105节课。

(三)素质教育深入开展

1.结合规范执法检查和主题教育活动,进一步规范执法行为。今年8月,全省检察机关开展了规范执法检查和"强化法律监督,维护公平正义"主题教育活动。我局根据活动要求,组织全体反贪干警认真学习这次主题教育活动的文件,对照省院列出的侦查工作中的10个方面的重点问题,结合我院反贪工作实际,对照检查,提出整改措施,并加以落实。

2.结合全市检察机关的作风专题教育,进一步增强干警的风纪意识。今年,在全市检察机关开展的以"牢记为民宗旨、正确履行职责、坚持廉洁从检"为主题的作风专题教育活动中,我们根据我院反贪工作的实际,结合在临近县市检察院发生的少数检察干警帮助被告人亲属打听案情,指使行贿人翻供的严重违法违纪事件,及时组织干警认真学习相关的文件精神,深刻反思和排查日常工作中存在的类似问题和苗头,并加以整改。通过讲学习,摆问题,谈认识,说体会,全体干警的风纪意识得到了进一步加强,对社会主义法治理念本质要求和核心内涵的认识进一步加深,从而增强了干警做好本职工作的责任感、使命感和紧迫感。

3. 结合办案流程检查,组织干警开展业务学习和培训,干警的业务素质进一步增强。《办案工作流程》是省院为指导全省检察工作,提高办案质量,规范执法行为而依法制定的一项工作制度,但在落实过程中,少数干警由于主观认识不到位,一度存在抵触情绪。为了解决这一问题,我们提出了"把规定变成习惯"的口号,一方面组织干警认真学习流程的各项规定,另一方面结合流程检查中发现的问题和不足,对照流程进行落实、整改。在加强业务学习的同时,我们还注重结合工作实践,开展调研,以调研促业务。今年,我们先后与院研究室组织了两次有关反贪工作的检察理论与实践研讨会,交流文章13篇。全年共撰写各类调研文章17篇,其中国家级录用5篇,省级录用1篇,市级录用2篇;宣传13篇,其中国家级录用8篇,省级采用3篇;信息8篇,其中省级录用1篇,市级录用6篇。

二、主要经验

回顾我局2008年的工作,以查办案件的成绩最为突出,在这方面我们的主要经验有以下几点。

(一)围绕公平正义,不断更新执法理念。

从所立案件来看,由于我们注重最大限度地整合办案资源,在加大办案力度的同时,积极推行宽严相济的刑事政策,坚持依法办案,文明办案,规范使用强制措施,办案的质量和效率进一步提高,所办案件均实现了零投诉、零违纪、零突发事件。

(二)规范线索评估,制定严密的初查计划。

从我们立案查处的案件情况看,我们之所以能够取得初查成案率达到100%的好成绩,主要归功于我们在实施初查前的线索评估。如我们在办理供电局系列案件中,尽管举报所反映的内容不详,乍一看没有多大初查价值,但是,我们通过评估认为供电系统是一个垄断行业,工程发包的权力相对集中,并且缺乏有效的监督,而被举报人李某多年来一直在该系统做工程,行贿的可能性极大。据此分析,我们制定了严密的初查计划,攻破了这一受贿串案。

(三)案件查处工作关口前移,规范初查和秘密调查。

"传唤、拘传的持续时间不得超过十二小时"的法律规定确立以来,传统的"车轮战"、"疲劳战"等侦查方式不仅过时,而且违反了法律的这一规定。因此,要想在法律规定的期限内突破案件,就必须将案件查处的关口前移,强化初查和秘密调查。如在办理供电局系列案件中,针对举报信反映的内容不详实,但具有初查价值的特点,我们对案件的关键行贿人李桂荣几年来所做工程情况进行了全面的调查摸排,收集了大量的人证和书证,由于准备工作过细,在证据面前,李桂荣很快交代了行贿犯罪事实,从而突破供电系统的受贿串案。在查处我区某中学校长周某一案的线索时,我们办案人员围绕行贿人的假名、假姓、假地址,展开精确的初查,锁定目标不放,七上沭阳,终于克服重重困难将其追捕到案,从而突破数起我区中学校长受贿串案。

(四)加强审讯过程中的安全防范工作,规范询问、讯问行为。

在查办职务犯罪案件工作中,我们始终将办案安全放在第一位,不仅有完善的讯问谈话设施,而且建立了相关的安全防范制度。自犯罪嫌疑人接受第一次谈话之时起,始终有两名以上法警在场,确保不出差错。受贿嫌疑人在交代问题后有异常表现的,我们都及时安排人员与之谈话,做好他们的思想工作。在查办王某涉嫌受贿一案时,王某有自残的企图,被我安全人员及时地制止,避免了一场突发事件。

(五)加强人权保障,坚持人性化办案。

对于每一个调查对象我们都能在充分保障其法定权利的同时,从人道主义出发,坚持人性化办案。对于一些患有疾病的被调查人、犯罪嫌疑人、证人,我们都主动联系医生定期为其测量血压、心率,安排就医。对于在生活上有特殊要求的被调查对象,我们都做到尽量满足。如我们在办理扬州市新东方房地产公司总经理丁某涉嫌贪污一案中,针对犯罪嫌疑人丁某年事已高,并患有心脏病和"三高"病症等情况,我们及时与扬州市第一人民医院联系,请医生定时为其测量血压和心率,购买常用药物,适时安排休息。这样不仅防止了突发事件的发生,保证了审讯工作的顺利开展,而且也使当事人感受到检察机关的人性化工作作风,维护了检察机关的形象。

(六)严格办案纪律,加强保密工作。

如果说纪律是履行职能的保障,保密工作则是突破案件的关键。在办案过程中,我们始终把办案纪律和保密工作当作重要的基础工作来抓。例如在办理扬州新东方房地产公司总经理丁某一案的过程中,由于我们在案件的初查、集中突破等环节规定了严格的办案纪律,采取了有效的保密措施,从而使我们在法律规定的时间内突破了丁某涉嫌贪污公款86万余元的重大犯罪事实。

### 三、存在不足和今后打算

总结今年的反贪工作,虽然我们较好地完成了年初制定的各项反贪工作任务,但是,我们仍然清醒地认识到,我们的工作还存在一些不足之处,我们所取得的工作业绩与上级机关的要求和人民群众的期望还存在着较大的差距,具体表现在:办案工作流程的执行力度和案件质量还有待提高;干警的业务素质与当前日趋复杂化、智能化的侦查工作要求还有很大差距;理论调研工作还有待进一步加强等。

2009年,我局将继续按照市院党组提出的"质量,效率,形象"三大品牌的基本要求,大力弘扬求真务实的工作作风,努力拼搏,开拓争先,全面推进我院的各项反贪工作。

(一)围绕反贪工作职能,进一步加大办案力度。作为反腐败工作的一支生力军,我们将继续坚定不移地把案件查处当作反贪工作的重中之重来抓,严格按照"初查精确,立案准确,结案正确"的办案要求,力争做到办案效果、办案效率和办案质量"三统一"。为此,我们将着力提高干警的"四大能力":一是发现、管理和经营线索的能力;二是案件线索精确初查的能力;三是在法定时间内突破口供和搜集、固定证据的能力;四是抗干扰的能力。进一步加强与反渎、侦监、公诉等部门的联系与协作,逐步建立协作紧密、运转高效的侦查工作机制。在办案过程中,我们将一如既往地推行宽严相济的刑事政策,做到该宽则宽,该严从严,宽而有据,严而有度。

(二)立足公正执法,进一步规范执法行为。新的一年里,我们将进一步加大规范执法行为的力度,严格按照省院出台的《办案工作流程》和《案件质量考评办法》的规范要求,加强流程管理,明确专人负责,确保执行到位。在办案过程中,我们将按照最高检和省、市院的要求,少用、慎用、规范使用监视居住等强制措施,加强办案安全防范工作,在对象的选择,时间的确定,手续的办理,执行的主体等方面严格按照法律的相关规定要求进行,对立案侦查的犯罪嫌疑人进行讯问严格执行全程同步录音录像的规定,做到依法审讯,文明执法。

(三)坚持素质强检,进一步加强反贪队伍建设。新的一年里,我们将以党的"十七大"精神为指引,通过制定和完善绩效考核和案件质量考评机制,进一步加强反贪队伍的思想建设、作风建设和业务能力建设,努力打造一支风纪严明、业务过硬的反贪队伍。

这篇总结的正文主体的内容写得比较全面,很有代表性。

(1) 基本情况。主体应首先介绍基本情况,即使导言部分已有概括,这里也要具体展开。基本情况包括:做了哪些工作,取得了什么成绩或效果等。可以总体介绍,也可以分项说明。

上例主体第一大部分就是介绍反贪局一年来所做的三项主要工作的基本情况。每项工作都有准确的统计数字,避免了总结写作的大忌——含糊笼统。

(2) 主要经验。这是对工作的理性认识,是具有指导意义的规律性的东西,是达到总结目的主要内容,因此要写得有理有据,令人信服。

上例第二大部分的经验总结有两个优点。一是抓住重点。该局各方面的工作均取得了较大成绩,但以查办案件的成绩最为突出,他们便专门总结这方面的经验,避免了因面面俱到而冗长平淡。二是有理有据。每条经验都不是空谈体会,而是把理论认识和工作实效或具体案例相结合,因而有较强的说服力。

总结的这部分内容不一定称为经验,有的称为"基本做法"或"主要措施",实际上都是谈的经验,即分析归纳工作获得成绩或取得成效的原因。做法和措施都是行之有效、普遍适用的。

(3) 存在问题。总结既要看到成绩,又不能忽视存在的问题,这才是实事求是的态度,这才有利于改进工作,取得更大的成绩。因此多数总结的主体中,都应有这部分内容。

(4) 努力方向。即针对存在的问题,讲一讲今后解决问题改进工作的打算。这部分内容多数总结写得比较简略,因为要制定解决问题的具体方案,那是计划的任务。

上例把存在问题和努力方向合并来写,作为第三大部分。

以上讲的是典型的主体部分应当有的四项内容。根据情况和目的不同,上述内容不仅详略可以灵活掌握,还可以有所省略。连同导言,形成以下几种情况:

第一种是两项式:(1)概况(作为导言,略写);(2)经验(或称做法、措施,详写)。

第二种是三项式:(1)情况(作为导言,略写);(2)做法(详写);(3)体会(可详可略)。或者:(1)情况(略写);(2)做法(详写);(3)今后改进工作的意见(较略)。

总之,总结写些什么内容,不强求一律。

2. 主体的结构形式。主体常见的结构形式有以下几种:

(1)分条式结构。即把主体内容按情况、经验、存在问题和努力方向分成若干条,每条之下还可以分成若干小条,上例便是如此。这种结构形式条理清楚,便于领会。

(2)小标题式结构。这种结构形式是按材料性质分成若干部分,每部分拟定一个小标题,然后一部分一部分地写出。它的好处在于条理清楚,纲举目张,既便于写,也便于读。如武汉钢铁公司写的《坚持企业社会主义方向,走质量效益型发展道路》,全文分为三个部分,有三个小标题:"武钢质量效益型道路的发展历程"、"武钢创建质量效益型企业的具体做法"、"武钢创质量效益型企业的成效和体会"。

(3)贯通式结构。这种形式既不列条款,也不分小标题,而是从头到尾,围绕主题,一气呵成。它主要靠清晰的思路来串联材料,靠分清层次来构架全篇,靠语言的过渡来贯通始终。这种方式比前两种方式要难一些,但如果能将材料烂熟于心,就可以围绕中心,按时间顺序或事理发展的层次,抓住主要线索,层层分析说明,总结工作的全过程。贯通式结构适合于内容比较单一的专题性总结。如空军纪委办公室写的《查处一案,教育一片》,采用的就是全文贯通式结构。它将工作的背景、意义、方法、效果有机地组织在一起,既贯通一气,又不繁杂紊乱。

(4)阶段式结构。这种形式是按时间顺序或工作程序纵向安排内容,全文脉络清晰,便于反映工作的发展进程和每个阶段的特点。一般来说,总结周期较长,阶段性又很明显的工作适合采用这种结构形式。

（三）结尾。多数总结的正文主体内容结束后,即可完结,不必加个结尾部分。但有的面向大会或群众的总结,可以加个号召式结尾。如《黑龙江省2007年国税工作总结》的结尾说：

展望新的一年,全省国税系统肩负着繁重而艰巨的任务。我们要紧紧依靠国家税务总局和省委、省政府的正确领导,以中国特色社会主义理论为指导,以科学发展观为统领,认真践行"聚财为国、执法为民"的税务工作宗旨,坚持依法治税,完善税收制度,优化纳税服务,规范税收管理,加强队伍建设,推进反腐倡廉,全面做好各项税收工作,充分发挥税收职能作用,为促进经济社会发展作出新的更大的贡献。

## 第四节　总结写作的基本要求

### 一、实事求是,切忌虚假

写总结必须实事求是,如实地反映本单位、本部门的工作情况,要按事物的本来面目反映事物,材料真,观点正,不溢美,不隐恶,说明问题,解决问题。总结中所涉及的人物、事件、时间、数据、成果等,一定要真实可靠。对成绩、问题的评述要恰当,不夸大,不缩小,避免绝对化、片面化。注意分清真假、正误,分清主流、支流。切不可先入为主,带着框框看问题,把材料纳入自己的臆想之中,使总结带有主观性、表面性和片面性。不能随意拔高,借题发挥,不能拼凑、编造事实,必须坚决杜绝一切虚假现象。

### 二、找出规律,突出重点

总结的根本任务就在于总结经验,找出规律性的东西,以指导工作，不断把工作推向前进。所谓规律性的东西，就是在一定条件下具有本质联系和必然趋势的东西。这就要求作者从分析研究事实入手，发掘出事物的本质，找出事物的内在联系，找出取得成绩的原因和出现问题的根源，从而认识事物的本质规律。总结不求面面俱到，而应根据总结的目的有所侧重，选择能充分说明问题的材料把重点突出出来。如果一篇总结能有理有据地总结出一条好经验，对本单位和其他单位的工作真有指导意义，就是一篇好总结。总结切不可不分主次地罗列现象，堆砌材料，既不反映规律性，又没有重点。

**三、写出特色，切忌平庸**

总结一定要抓住事物的特点，反映出本单位的特色。总结所反映的对象，只限于本单位前一时期的工作实践，因此要特别注意写出同以往和别的单位不同的地方，写出独具特色的新鲜经验和教训。只有这种有创见、有新意、有独到之处的总结，才能推动人们的认识和工作向前发展。

**四、叙议结合，结构严谨，语言准确、简洁、生动、朴实**

从表达上讲，总结要摆情况，谈成绩，讲做法，这就需要叙述；而谈经验，说体会，又需要议论。因此，叙议结合，是总结写作的主要方法。在写作中，既可以先叙后议，又可以先议后叙，亦可以夹叙夹议。但不论怎样叙、议，都必须做到用观点统率材料，用材料说明观点，使观点和材料相统一。

总结的篇幅一般较长，因而要特别注意结构的严谨，逻辑的严密。写作时要求层次清楚，推理正确，前后照应，通篇连贯。

要把总结写好，还必须努力做到语言准确、简洁、生动、朴实。所谓准确，就是要做到文如其事，恰如其分，有分寸感，不要模棱两可，含糊其辞，以致产生歧义，导致失真。所谓简洁，就是要简明扼要，不能拖泥带水，重复啰唆。所谓生动，就是在讲究准确的基础上，适当运用一些富有表现力的语言，如成语、谚语，引用一些群众生动活泼的语言,避免行文枯燥、板滞和八股腔,使总结具有可读性。所谓朴实,指的是语言要朴素平实,不能追求辞藻的华丽,更不能写得油腔滑调。

# 思考和练习题

**一、思考题**

(一)总结有什么作用?

(二)总结有哪些特点?

(三)怎样写总结的标题?

(四)怎样写总结的正文?

(五)总结写作的基本要求有哪些?

**二、练习题**

为本单位某项或某方面的工作起草一份总结。

**三、评改题**

指出下面这篇工作总结有哪些缺点,并根据它提供的材料,改写成一篇大体合格的工作总结。

## ××××学院学报工作总结

学报从1981年11月试刊,到1982年10月,总共出版五期(包括试刊)。除第一期印10 000份,部分赠送外,第2—4期各印7 500份(读者订购约5 800份)。

出版学报工作,对我们来说,是一件新的工作,少经验。为了进一步办好学报,提高学报的质量,我们对一年来的工作进行了总结,希望各级领导同志和广大师生员工提出改进意见。

过去,我院没有出版过学报。为了丰富和提高社会主义财经理论,活跃学术气氛,交流教学经验和反映科研成果,促进学院工作的发展,经学术委员会讨论,院务委员会决定出版《××××学院学报》。一年来,学报出版工作受到各级领导同志的重视和广大师生的欢迎和支持,对活跃我院学术空气,反映科研成果,推动科研工作的开展,起到了积极作用。在编辑学报工作中,我们从订户的实际情况出发(大部分订户在基层),也刊登了些他们所需要的稿件。

我们的学报也受到了社会的重视。一些兄弟单位对学报给予了肯定评价。有的单位还转载和复印了学报的稿件,截止到1982年9月份的不完全统计,共有19篇文章被转载和复印,其中中国人民大学报刊复印资料社复印14篇;《经济学文摘》摘发4篇;《文摘报》摘发1篇。

过去一年,总共出版(包括试刊)5期,发表稿件103篇,约计66.5万字。在发表的稿件中,本院占73篇,校外稿件30篇。发表的校外稿件,主要是财政部、总行领导同志在干校的讲话和撰写的文章,以及本刊的约稿和院内老师推荐的稿件。外面的自发来稿刊登很少,选用的只有一篇。

发表稿件103篇,其中本院教研人员70篇,学生3篇,共计73篇,占刊登稿件的70%。校内教研人员投稿100篇,见报率为70%,以政教见报率最高,达83%;其次是研究所,近73%,财政系、金融系也超过平均见报率。

为了鼓励青年教师搞科研的积极性,使他们的科研成果能够得到及时反映,在保证一定质量的前提下,我们尽量优先采用。一年来,发表了11人写的稿件,共计11篇,以研究所最多,3人发表4篇。金融系5人发表4篇。

但是,院内来稿数量还不多,远远保证不了学报的质量,稿件选择性很小,有时还不得不多刊登校外的稿件。全院教师来稿100篇,发表70篇,占70%,如果把拟用稿件计算在内,则来稿基本上被采用。这样,一方面,稿件选择性极小,难以保证学报的质量。另一方面,出了这一期,下期储备的稿件就不多了,甚至有的专业成了空白,也给按时出版带来一定的影响。同时,各单位来稿很不平衡,有的单位多一些,有的单位少一些,总投稿人数仅为教研人员的25%。这样,势必出现各专业之间刊登稿件不平衡的现象。

××部要求我们,要不断提高学报质量,降低成本,尽早扭亏为盈。在工作中,我们注意贯彻这一指示,厉行节约开支,但是,由于学报初办,订户不多,还不能做到扭亏为盈。

学报总开支(成本),包括试刊,共计24 507元。1982年第1—4期开支19 310元。具体项目:稿费(包括发行费、编辑费等)3 447元;广告费约计1 910元;邮费2 031元;印刷费(包括人工费等)11 922元。如果扣除人工费(学报由院内印刷厂承担,人工费为5 472元),则全年开支13 838元。全年印32 500份,单位成本0.594元,每本亏损0.194元,总亏6 200元。扣除人工成本费,则单位成本0.425元,每本亏0.025元,总亏730元。在学报发行工作中,我们坚持自己动手,使发行费开支大大低于邮局发行费开支。发行中,学报提发行费320元,除发给参加发行工作同志一部分外,还发给印刷厂(120元)等有关单位一部分,一年为国家节约发行费700多元。

过去一年,学报出版工作能够取得一定成绩,是同各级领导同志和广大师生员工的关怀和支持分不开的。在学报出版工作中,××部领导给予了热情关怀和支持,细心审阅文稿,并为本刊写稿,希望我们把好关口,不断提高学报质量,努力办好学报。院领导同志经常过问学报工作,审定稿件,遇有问题,及时帮助解决。

过去一年编辑部除一位副主编外,只有一人做具体编辑工作(11月份增加1人,但力量仍然很弱,同原定的3—4人还相差一半,急需配备人力)。所以,在编辑出版工作中,编委,各系、部的领导同志及一些老师承担了不少稿件的审定工作。在系、部、处、所的领导同志中,有15人给本刊投稿,发表18篇。他们当中,有些同志积极为学报推荐稿件,并做认真修改。××干校出版的

《探讨与交流》刊物定期送给编辑部,在已发表的干校学员的 5 篇稿件中,他们提供的稿件占了 4 篇。政教×××老师除自己积极写稿外,还给学报组织稿件,经常对学报工作提出建议。×××老师为办好学报,做了不少工作。研究所从所长到一般工作同志,自始至终参加了学报的审稿、校对和发行工作,给学报工作以很大支持。在工作中,我们还得到了会计科、收发室、打字室同志的支持。

这里,我们还要特别提到的是,学报能按时出版,印刷质量也比较高,是同印刷厂领导和工人的努力分不开的。办报初期,由于印刷条件较差,天气又寒冷,照明条件也不好,又缺乏经验,学报不能按期出版,后经院长亲自过问,教务处、印刷厂领导同志具体抓,工人师傅们克服了各种困难,从开始排印一期三个月缩短到目前的 50 天左右。

当然,学报工作中还有不少问题。例如,稿件质量总的看还不高,办得不活,有的期安排的稿件显得少一些,有的文章长了一些。学生稿件刊登得也少,印刷质量还不高。这些都需要我们认真加以改进。

出版学报,是全院的一项具体工作,不仅是哪一个单位的工作,更不能靠少数几个人所能办好的。因此,在新的一年里,我们希望各级领导同志和广大师生员工继续关心、支持学报工作,积极为学报投稿。我们相信,按照十二大精神,经过大家的共同努力,一定能够把学报工作提高到一个新水平,开创一个新局面。

××××学院学报编辑部
一九八二年十一月

# 第七章 调查报告

## 第一节 调查报告的含义和作用

### 一、调查报告的含义

调查报告是反映对某个问题或某件事情的调查研究成果的公务文书。它是机关、团体、企事业单位中经常使用的一种事务文书,也是报刊上常见的新闻体裁之一。调查报告也称为考察报告,简称调查或考察。

顾名思义,调查报告一要调查,二要报告。所谓调查就是对现实生活中的典型事例,工作中存在的亟须解决的问题以及工作中的经验教训进行深入细致和全面系统的调查研究,揭示其真相和规律性,从而达到反映情况、端正认识和指导工作的目的。而报告则是将调查研究的成果以文字形式表达出来。在表达方式上它是以叙述为主,辅以议论、说明。它既要全面而准确地反映情况,又要鲜明地表达作者的立场观点,有时还提出解决问题的意见和方法。

调查报告和总结有类似之处。它们都是要反映真实的情况和问题的,但总结是回顾自己所做过的工作,其内容仅局限于本单位的范围,而调查报告的作者则是"第三者",如新闻记者、上级机关有关部门、统计机构、调查咨询机构等,其内容可以是某一个单位发生的事情,也可以是社会上普遍存在的问题或情况。另外,调查报告所反映的问题和情况应当是重要的,有典型意义的,而任何单位对自己所做过的任何工作都可以进行总结。

在我国改革开放、建立社会主义市场经济的进程中,政治、经济、教育、科学、文化及社会生活各方面都不断出现新情况、新问题。要正确对待这些新情况,解决这些新问题,就要大兴调查研究之风。因此,调查报告这种文体将会应用日广,发挥越来越重要的作用。

不仅各机关、团体和企事业单位(包括新闻单位)将继续加强调查研究,使用和发表调查报告,而且自20世纪90年代在我国还产生了一个新兴产业即民间调查企业,近20年来中国民间调查业发展速度非常迅猛。据统计,目前我国已有各种注册的民间调查机构数千家,从业人员近10万,中国市场信息调查业协会等行业协会亦应运而生。随着中国的入世与国际接轨,一些外资、港台调查公司也纷纷在大陆设立子(分)公司、办事处或联络站。这数千家调查机构大多数为独立的民间调查企业,也有由原来政府统计部门改制而来以及外资或中外合资企业,它们的业务有各种社会调查、民意测验以及包括市场信息在内的各种商业调查。随着计算技术的广泛运用和统计与调查国际标准的逐渐采用,各种形式的调查活动将更加科学化、规范化,在我国经济和社会生活中发挥更加重要的作用。

在西方国家,最有影响力的媒体或著名调查机构周期性地组织民众对政府及国家领导人支持满意度的调查,他们公开发布的指数已经成为了解国情和时局的最重要参考数据。我国的一些媒体及调查机构也已有所尝试。尽管在影响力、规范化、权威性以及规模上还远不如人意,但他们的大胆尝试仍值得鼓励。一份由北京某大学发布的北京社会调查数据显示:房地产业诚信度最低,食品业倒数第二。2008年社会诚信指数呈先高后低的变化。汶川地震后,公众对政府、企业的满意度大幅上升,但随后的奶粉事件导致该指数下降。我们相信这样一些有针对性的调查对于政府制定和调整有关政策,对于公民了解和参与政治,对于创建和谐社会是有重要意义的。

### 二、调查报告的作用

（一）提供决策依据。各机关、团体和企事业单位,尤其是领导机关,在制定政策时,都要搞调查研究,了解真实情况和实际问题,从而制定出正确的、合乎实际的方针、政策。调查报告从实际调查中获得的材料、意见和建议,可以成为决策的重要依据。

（二）推广典型经验。典型引路,用先进推动后进,是我们做好各项工作的有效方法之一。典型经验的调查报告,对经验的介绍具体、准确而深刻,是推广先进经验的得力工具。

（三）揭露社会问题。我们社会中存在着种种问题,如腐败现象、违法乱纪、环境污染以及各种丑恶现象。调查报告针对某一问题,进行深入的揭露,从而形成社会舆论,引起有关部门的重视,促进问题早日解决。

（四）扶植新生事物。社会的进步和发展离不开新生事物的促进。而新生事物需要社会的扶植保护才能茁壮成长,形成趋势。调查报告反映新生事物,宣传新生事物,可以帮助有关部门及全社会了解它,从而创造一种适于新生事物成长发展的气候。

（五）澄清事实真相。有些重大事件、重要问题及重要人物,由于种种原因,人们难以了解真相,又十分关注,于是种种传闻满天飞。就这样一些问题进行深入的调查,写成调查报告,公之于众,可以澄清事实,引导舆论。

## 第二节　调查报告的特点和分类

### 一、调查报告的特点

调查报告主要有以下三个特点:

（一）针对性强。调查报告都是针对人们普遍关心的事情或亟待解决的问题而写的。它们可能是当前工作值得介绍推广的典型经验,可能是亟须扶持的新生事物,可能是需要大家引为警戒的失误或事故,也可能是人们较为关注的某个事件。总之,它们都有意义大、影响大的特点。调查报告在选题上必须强调针对性,这样才能发挥提供决策依据、推广典型经验、揭露社会问题、扶植新生事物等作用。

(二)用事实说话。无论是介绍经验和新生事物,还是揭露问题和事情真相,都是靠通过深入、细致的调查获得的真实、准确的事实来说话。事实是调查报告的真材实料,是调查报告的力量所在。如果没有多少事实,而是空发议论,像人们所批评的那样"事实一点点,议论一大片",就违背了调查报告的特点,失掉了调查报告应有的说服力。由此也决定了调查报告的主要表达方式是对事实和情况的叙述。

(三)揭示规律性。调查报告固然以事实为主体,但不能只停留在情况和事实的介绍上,还应当通过对事实的分析研究,得出对事物发展的规律性认识,包括正确的结论,普遍适用的经验、教训,以及解决问题的方法、意见等。这样的调查报告才有指导性和实用价值。因此调查报告除了有叙述,还有画龙点睛式的议论,夹叙夹议,翔实而深刻。

**二、调查报告的分类**

调查报告按内容可分为以下五类:

(一)基本情况的调查报告。这类调查报告比较系统深入地反映政治、经济、文化等方面或某一地区、某一系统、某一单位的基本情况,如《关于××地区农业现状的调查》、《本市中小学生消费状况的调查》、《2008中国两院院士调查报告》。

(二)典型经验的调查报告。这类调查报告以成绩突出的先进单位或个人在工作中所取得的典型经验为主要内容,如《关于宝钢深化改革的调查报告》、《立足于高起点——青岛电冰箱总厂技术引进的调查》。

（三）新生事物的调查报告。这类调查报告主要反映现实生活中的新生事物，叙述其产生、发展过程及特点，揭示其成长规律，说明其意义和作用，以帮助读者和有关部门认识了解新生事物，达到促进其健康成长的目的，如《"中关村电子一条街"调查报告》、《农民参加保险好——对四川南充地区保险公司的调查》。

（四）揭露问题的调查报告。这类调查报告主要揭露社会生活中某些问题、丑恶现象和社会弊病，分析其原因与危害，以引起广大群众和有关部门重视，促进问题的早日解决，如《关于大兴安岭发生重大火灾的调查报告》、《关于北京非法劳务市场的调查》。

（五）澄清事实真相的调查报告。它主要是揭示社会生活中一些重大的或引人注目的事件的真相，达到澄清事实、匡正视听的目的。如《天安门事件真相》、《十亿元大骗局的破产》。

## 第三节　写好调查报告的前提
### ——做好调查研究

一篇调查报告的完成，要经历三个阶段：调查—研究—报告。其中调查与研究是写好调查报告的前提。当然，写其他文章也要事先掌握必要的材料，但作为反映调查研究成果的调查报告，不仅要全面、系统而准确地反映情况，而且要得出客观、正确而深刻的结论，这样，做好调查与研究工作，就显得尤其重要。

调查与研究是两项有区别而又密不可分的工作。毛泽东指出："一切结论产生于调查情况的末尾，而不是在它的先头。"（《反对本本主义》）也就是说，先要调查了解情况，掌握了情况，才能对其进行分析研究，得出应有的结论。但在实际工作中，二者又不是截然分开的，往往是边调查边研究，调查离不开研究，即离不开分析思考,分析思考发现材料的矛盾和不足,引导调查向全面和深入发展。而进一步调查获得的新材料,又不断修正初步形成的认识,使之更为准确和深刻。为了便于掌握,我们分别介绍调查与研究工作的要求和方法。

一、关于调查工作

(一)调查的要求。调查就是了解情况。了解情况的主要要求如下。

1. 全面。调查了解情况应力求全面,因为只有全面掌握情况,才能得出正确的结论。如果只凭一孔之见便下结论,那就难免犯主观、片面的错误。列宁曾指出:"要真正地认识事物,就必须把握、研究它的一切方面、一切联系和'中介'。我们决不会完全地做到这一点,但是全面性的要求可以使我们防止错误和防止僵化。"(《再论工会、目前时局及托洛茨基和布哈林的错误》)

怎样才算掌握了全面情况呢? 主要做到以下四点:

(1)不仅了解调查对象的现状,而且了解其历史。写调查报告的目的是反映现状,但现状是历史的发展,不了解其历史情况,就会妨碍对现状的了解和认识。

(2)不仅了解局部情况,而且了解整体情况。只了解调查对象局部即个别部门或事例的情况,而不了解整体即全面的、普遍的情况,就如同瞎子摸象一样,会做出错误的判断。

(3)不仅了解正面的情况和意见,还要了解反面的情况和意见。人们一般把光明的一面、赞成的意见称为正面的,把阴暗的一面、反对的意见称为反面的。调查情况,不能只见好处,只听好话,无视缺点,不听反面意见。单方面地观察事物会造成绝对化的认识——好就是绝对好,坏就是绝对坏,这不符合事物存在和发展的辩证法。反面的意见不见得是错误的意见;即使是错误的看法,也会促使你做深入的调查,至少能使调查报告具有针对性,所以也不应忽视。

（4）不仅了解调查对象本身的情况,还应了解与调查对象有关的或具有可比性的情况。对调查对象的过去和现在、局部和全局等情况固然要全面了解,但是,若仅限于了解调查对象本身的情况,而对周围环境乃至更大范围的同类事物的情况一无所知,那么对调查对象的认识,仍然如同坐井观天,失之片面。曾有人见到我国建造的几万吨轮船便叹为观止,而世界上几十万吨的巨轮早已很多见。有人轻易便说某种产品达到了全国乃至世界先进水平,却不知天外有天,因而贻笑大方。要避免此种失误,就得放开眼界,对有关情况做全面的了解。

2. 深入。调查了解情况还应深入开拓,努力弄清真相和本质,这样才能发现事物的内在联系,掌握事物的发展规律。有人搞调查,如同走马观花,"像站在高山顶上观察人民城郭"（毛泽东的比喻说法）,看到的只是表面现象,甚至只是假象,这怎么能认清事物的真实情况和内在规律呢?

要使调查深入化,就得在调查中肯下功夫,肯动脑筋,从以下几个方面做出努力:

（1）发现问题问到底。向人做调查,不能满足于一问一答,发现问题,要通过恰当的方式问个究竟,有"打破沙锅问到底"的精神。

（2）发现线索查到底。在调查过程中,有时发现新的线索,对弄清情况有价值,就应不辞劳苦,顺藤摸瓜,可能有重要发现。

（3）一面之词要核实。到一个单位搞调查,常常先听单位领导人或其身边的工作人员介绍情况,这固然要听。但调查不能到此止步,还应深入到群众中了解情况,倾听意见。反之,对部分群众反映的情况也不能轻信,而要从领导和有关方面进行验证。

（4）尽可能掌握第一手材料。调查要请了解情况的人介绍,并尽量搜集有关的文字材料,但这些都属于第二手、第三手材料,要深入一步,还得尽可能多地掌握第一手材料,即通过自己的观察、体验而获得的直接性材料。恩格斯写《英国工人阶级状况》,不仅"阅读了他所能找得到的在他以前论述英国工人阶级状况的一切著作,仔细研究了他所能看到的一切官方文件",而且"他并不是只坐在工厂的办事处里,他常常到工人栖身的肮脏的住宅区去,亲眼看见工人贫穷困苦的情形",因而才完成了"对资本主义和资产阶级的极严厉的控诉","对现代无产阶级状况的最好的描述"(列宁《弗里德里希·恩格斯》)。

3. 准确。调查了解情况还应力求准确。情况了解得不准确,满足于"大概"、"可能"、"差不多"的估计上,如同雾中看花,朦朦胧胧,就会造成认识的模糊,反映的笼统,失掉调查报告用真实、准确的事实说话的特点和力量。

要把情况搞准确,就要在调查中注意以下几点:

(1)谈到具体事实,要查清时间、地点、人物、情节和结果。例如调查对象说"有一天",调查者应该问清楚是哪一天;调查对象说"有一个人",调查者应问清楚是哪一个人;调查者说"他病得很厉害",调查者应该问清楚他得的是什么病,等等。凡是事实的大关节目,都应查清问明,不停留于模糊状态。

(2)谈到全面情况,要注意基本的数字统计和主要的百分比。数量不仅能反映事物发展的程度和分寸,而且当数量超过一定界限时,其性质就发生变化。因此对全面情况的了解,不能满足于"很多"、"大量"、"极多"、"很少"这样一切都是"胸中无'数'"的地步,而要尽量做出准确的数字统计,算出精确的百分比。

(二)调查的方法。调查了解情况的方法主要有以下几种:

1. 开调查会。这种方法调查的人多,效率高,同时与会者可以展开讨论,互相补充纠正。但正由于多人参加,所以谈话可能有所顾忌。有经验的调查者往往组织多个座谈会,每次邀请不同的人参加。

2. 个别了解。和开座谈会相比,个别交谈顾虑小,便于深入了解情况。但也有占时较多,效率较低的不足。被调查者也可能担心调查者"出卖他"而有所顾虑。调查者遇到这种情况应做好说服工作,保证为他保密,以打开他的"话匣子"。

3. 问卷调查。即将所要了解的内容设计成表格和题目,发给被调查者填写,从而获得有关情况和数据。这种方法适用于大范围的民意调查和社会调查,大多采用不记名方式,便于参与者自由表达意见。由于这种方法采用科学抽样发问卷,因此又称为抽样调查。其创始人是美国的盖洛普,他11次有10次成功地预测了美国总统选举的结果。今天盖洛普民意测验已成了这种调查活动的代名词。这种方法还可以运用计算机进行统计,效率高、速度快,在当今国内外民意测验中已被广泛应用。《北京青年报》"新闻周刊"中的"公众调查"大多是采用问卷调查的方法。

4. 查阅资料。查阅有关资料,包括公开发表的有关文章和内部保存的有关文件、材料,如计划、总结、报告、记录、照片、录音、录像等。这些资料可以提供一些基本情况和线索,有很高的参考价值。但由于这些资料大都是第二手材料,调查者还应在此基础上采用其他方法加以核实。

调查的方法有多种,采用什么方法要根据调查的内容和目的以及调查时的情况而定,实际上大多数调查工作都是采用多种方法相结合来完成的。

二、关于研究工作

在深入调查,占有大量材料后,就要运用正确的思想观点和方法对材料进行去粗取精、去伪存真、由此及彼、由表及里的理性分析,从而揭示事物的本质和规律性。

(一)研究的要求。研究工作主要有两点要求:

1. 坚持实事求是原则。实事求是是一切研究工作的指导原则。毛泽东解释这一原则说:"'实事'就是客观存在着的一切事物,'是'就是客观事物的内部联系,即规律性,'求'就是我们去研究。"(《改造我们的学习》)这一原则用到调查研究工作上,就是一切从调查所获得的"实事"出发,从中引出客观事物固有的而不是调查者头脑里固有的规律性。而长期以来我们有些人搞所谓调查研究工作,常常不是从客观实际出发,而是从自己或上级的主观想象或死的书本出发,即像群众所批评的那样,"坐在上头想点子,跑到下边找例子",明明客观实际已经与自己的主观成见不符合,仍然固执己见,不撞南墙不回头。这样的研究工作完全违背了马列主义、毛泽东思想的精髓——实事求是。

2. 探求事物的本质特征。抓住事物的本质特征即根本特点,才能区别此事物与彼事物,得出的经验和教训才具有深刻性、新鲜性。我们有些做调查研究工作的人,不善于抓特点,而是停留在一般化的认识上,因而造成许多调查报告虽然题目不同,事例有别,而内容却大同小异,不能给人以新的启迪。

(二)研究的方法。研究工作主要有三种方法:

1. 分析。分析就是把调查得来的零散、芜杂的材料进行分门别类的梳理,使之条理化、系统化,这样复杂、纷乱的情况就变得面目清晰而容易理解了。分析又有多种方法,如分清主次、划分阶段、区分种类等等,各有各的用处,都能帮助人们掌握和认识复杂情况。如人类几千年的历史够复杂的了,但划分为原始公有制社会、奴隶制社会、封建制社会、资本主义社会、社会主义社会等几个阶段,也就容易理解了。所以人们常说"分析好,大有益"。

2. 综合。综合与分析相反,是把分析过的不同的阶段、类别和属性等联合成整体的情况和认识,也就是找到了事物的内部联系即规律性。分析是综合的基础,"没有分析,便没有综合"(恩格斯语);综合是分析的归宿,有了综合,才真正达到了认识的理性阶段,具有普遍的指导意义。

3. 比较。比较是鉴别事物和认识事物的一种重要方法,因此也是研究工作中常用的方法。比较又有两种方法,其一是纵向比较,即把调查对象的现状与历史相比较,从而看出其发展速度;其二是横向比较,即把调查对象与国内、国外的同类事物相比较,从而看出它所处的地位。有时还进行纵、横比较,以得出更为客观和全面的结论。

## 第四节　调查报告的写法

### 一、标题

调查报告的标题有两类写法:

(一)公文式。由调查对象及内容加"调查报告"或"调查"组成。很像省略发文机关名称的公文标题,调查对象及内容相当于事由,"调查报告"或"调查"相当于文种。如:《关于柳州水泥厂扩建工程中歪风严重的调查报告》,"柳州水泥厂"是调查对象,"扩建工程中歪风严重"是调查内容。《关于××钢铁厂工人×××等违反操作规程造成重大伤亡事故的调查报告》、《关于北京市家用缝纫机销售情况的调查》,都是采用此种写法。

如果能从调查对象的名称看出调查的内容,也可以省略内容,如《关于上海城市信用合作社的调查》。

为节省标题文字,还可以不用"关于……的"这个介词结构,如《天津自行车在国内外市场地位的调查》、《"中关村电子一条街"调查报告》。

(二)通讯式。即像新闻通讯标题的写法,有两种:

1. 单式。用一句话或一两个短语概括调查报告的主题或要回答的问题。采用这种标题的调查报告在报刊上发表时,一般都加上"调查报告"或"社会调查"之类的栏头,以告诉读者文体。如:《××市清理整顿公司成效显著》、《一颗盲目施工的苦果》、《公共交通服务质量不高的症结何在》。

2. 双式。即由主题加副题组成。用主题概括调查报告的主

题或要回答的问题,用副题标明调查对象及其内容和文体。副题可以有所省略。如:

新作风开创了新局面
——天津市发展集体商业服务网点的调查

保护未成年人要从规范成年人入手
——关于中小学生出入电子游戏厅的调查

一快一慢说明了什么
——顺义啤酒厂和青岛啤酒厂建设情况调查

二、正文

调查报告的正文一般由前言、主体和结尾组成。

（一）前言。根据具体情况选择说明以下内容:调查对象的基本情况、调查的方法、调查报告的主题或主要内容、调查报告要回答的问题等。按照前言的重点内容,可分成以下几种常用的开头方法。

1. 说明调查法。即前言重点说明调查的方法,以显示调查成果的权威性、科学性,使读者信服调查报告的内容。如:

去年3月,根据国家教委统一部署,中共北京市委教育工委组织北京大学、清华大学、中国人民大学、北京航空航天大学、北京科技大学、北京理工大学、中国农业大学、北京医科大学、北京工业大学、首都师范大学等10所高校,对在校学生的思想政治状况进行了调查。这次调查采取问卷和座谈、访谈相结合的方式进行,共发出问卷3 400份,回收3 189份,回收率为93.8%。其中本科生2 689人,研究生470人,党员490人。400多名大学生参加了座谈和访谈。

(《首都大学生思想政治状况调查报告》)

2. 介绍对象法。即前言重点介绍调查对象的基本情况,为读者了解调查报告的主体内容打下基础。如:

上海市南市区地处上海旧城,居民密集,共有 68 万人。区内有名胜古迹老城隍庙和豫园,五个黄浦江的渡口,以及全市全国最大的十六铺码头,往来的旅客比较多,人口流量每天达 80 多万人次。该区饮食业既有饭菜户,又有点心户,还有两者兼营户,经营品种比较齐全,饮食店的规模大、中、小均有,内中还有不少驰名中外的特色饭馆和点心店。经营状况好差并存。该区饮食业状况在上海具有一定的代表性。

(《上海市区国营饮食业实行经营责任制的调查》)

3. 概括主题法。即在前言中重点概括调查报告的主题,包括主要经验、主张或结论。这样写前言,能更好地体现公务文书开门见山的要求。如:

在改革的新潮流中,社会科学怎么办?回答十分明确:社会科学要为社会主义现代化建设服务,在促进改革的同时,也要进行自身的改革。现在的问题是要实践、要行动。在这方面,广州软科学开发服务公司做了有意义的尝试。

(《社会科学研究体制改革的一个尝试<br>——广州软科学开发服务公司的调查》)

4. 提出问题法。前言提出调查报告要回答的问题,吸引读者看下文。如:

企业如何科学地引进、吸收、消化外国的先进技术？山东青岛电冰箱总厂与德国利勃海尔公司成功的合作,将会给我们有益的启示。

(《立足于高起点——青岛电冰箱总厂技术引进的调查》)

5. 突出成绩或问题法。推广先进经验的调查报告,前言中介绍调查对象取得的巨大成绩;揭露社会问题的调查报告,前言重点说明问题的严重性——这样的开头都可以起到引人注目的作用。如：

青岛纺织品联合进出口公司自1982年4月成立以来,实行工贸结合,产销见面,从而增加了企业的应变能力,减少了经营环节,产品适销对路,获得了明显的经济效益。去年,这个公司创汇4 265万元,平均月创汇额比前年增长57%。今年头两个月创汇941万元,平均月创汇额比前年增长36%。这个公司所走的路子,是改革现行经济体制的一个重要突破。

(《改革现行经济体制的一个重要突破
——关于青岛纺织品联合进出口公司的调查报告》)

近些年来,首都面貌发生了深刻的变化,但环境污染也随之加重。北京的群众不断反映,在这个理应成为第一流优美、清洁的城市里,"当年的龙须沟又回来了！"

…………

和世界各主要大城市大多毗江临海的情况相比,北京是一个缺少地面水源的城市。构成北京地面水网的,只是总长约900公里的46条河流沟渠。现在全市除远郊水源上游地区少数几条河流尚属清洁之外,其余都受到不同程度的污染,受污河道长度竟达400多公里。这些受污河流大多集中在市区附近,已经占了城区和近郊区河道总长度的90%,其中被比喻为"龙须沟"的,至少有34条!

(《不要让子孙后代埋怨我们<br>——关于北京河流污染情况的调查》)

(二)主体。

1. 主体的内容。正文的主体部分是调查报告的主要内容所在,也就是表达调查研究的具体成果。

由于调查对象和调查目的的不同,主体部分写些什么内容也不完全一样。总的要求是:不仅反映调查所弄清的具体情况,更要反映从实际情况中所总结出来的规律性认识,即成功的经验、有效的措施或做法,问题产生的原因、教训和解决问题的办法等。如果只是罗列过程,堆积材料,而没有得出观点、看法和结论,那就不成其为调查报告了。

〔例文1〕

## 农民工返乡就业调查报告

马姝瑞　李兴文　徐旭忠

目前,我国就业形势总体良好,但也出现不少新情况。由于国际金融危机的影响不断加深,国内部分企业生产经营遇到困难,造成部分农民工提前、集中返乡,出现了新型的农民"冬闲"现象。返乡农民工的就业问题,直接关系农村经济发展和农民增收,关系经济社会发展全局。

农民工返乡呼唤更加积极的就业政策。国家及地方在扩大内需过程中新开工的一系列项目,其吸纳农民工就业的能力究竟怎样?各地如何因势利导,帮助返乡农民工重新就业?各地怎样扶持农民工积极创业和出现哪些创业典型?记者深入安徽、江西、重庆等地,展开了深入调查。

**重大项目创造就业机会**

江西是劳务输出大省。2008年下半年以来,受金融危机影响,江西从沿海返乡的农民工不断增多,截至2008年12月中旬,江西省返乡农民工人数已经超过46万人,预计今年上半年返乡农民工还会继续增多。为此,江西省"投身"一大批基础设施建设,对缓解日益加剧的就业压力十分有利。

2008年12月29日,江西省发改委召开井冈山华能电厂扩建工程、赣州石虎塘航电枢纽、江西省建筑陶瓷产业基地铁路专用线三大工程新闻发布会。江西省发改委主任姚木根说,三个项目的开工不仅可增加投资54.06亿元,而且可带动钢材销售19万吨,水泥108万吨,用工1 892.1万个,增加劳务收入10.4亿元,若按月收入1 500元折算,相当于为5.78万人提供了一年的工作。

在安徽,合肥新桥机场、宁安城际铁路、合肥高铁南环线枢纽工程等一大批重点投资项目已陆续开工建设。不久前,合肥市委、市政府还宣布,面向海内外集中推出47宗5 600余亩经营性用地,用于房地产开发项目,以期在当前经济形势下积极推进经济平稳较快增长。据安徽省劳动部门调查统计,2009年上半年该省能够提供31.4万个就业岗位,全年预计新增岗位45万个,将为一大批外出务工的"皖军"提供"家门口儿"的就业机会。

"为了带动返乡农民工就业,我们鼓励多用农民工参与基础设施建设项目,每一项重大项目的开工都将解决数千到上万农民工的就业问题。"安徽省发改委劳动就业处处长余士好表示。

在重庆南川区,为了应对金融危机带来的不利影响,这个区计划按照工业项目总投资5 000万元以上、社会事业项目2 000万元以上、其他项目3 000万元以上的规模,进行认真筛选,安排重大建设项目80个,总投资232亿多元,年度投资计划75亿多元。记者了解到,2007年南川区固定资产投资为46亿元,当年从事建设的劳动力在3万人以上,且多数是农民工。以此测算,今年的投资规模,将给农民工提供更多的就业岗位。

### "两本账"算出农民工就业愿景

在金融危机对经济造成不利影响的同时,国家采取积极的财政政策和适度宽松的货币政策,扩大投资,给返乡农民工就业带来了难得的机遇。从一笔笔"投资账"与"就业账"中,人们能够看到今年农民工的就业愿景。

江西省经济学会副会长、南昌大学经济管理学院院长尹继东分析,从近年研究来看,随着科技含量的提升、资本结构的变化、投资项目的不同,投资带动就业的弹性呈下降趋势,尤其是技术改造类的项目投资往往会削减就业岗位,只有基础设施类的投资能在短期内有效增加就业岗位。

"在此轮国家实施投资拉动内需的战略中,无论是中央还是地方,一个鲜明的特点就是投资集中在基础设施建设项目上。"尹继东说。

铁道部发展计划司司长杨忠民前不久算了一笔"就业账":2009年铁路计划完成6 000亿元的基本建设投资,这需用钢材2 000万吨、水泥1.2亿吨,能够提供600万个就业岗位。

近日,住房和城乡建设部副部长齐骥透露,根据中央计划,我国保障性住房2008年投入超过1 000亿元,今年起3年内中央财政将投资9 000亿元,用于廉租住房、经济适用住房建设和棚户区改造,平均下来每年有3 000多亿元的投入。业内人士指出,廉租住房和经济适用住房的建设,每年可直接提供200多万个就业机会。

各地2009年新开工的投资项目,其吸纳就业的容量也非常大。以江西为例,今年固定资产投资总量将超过6 000亿元。江西省常务副省长凌成兴说,从基础设施拉动的就业来看,210个项目总投资为2 720亿元,当年完成投资933.5亿元。按照每亿元投资消耗钢材3 500吨、水泥2万吨、劳力35万个工日的平均数测算,

2009年江西省基础设施建设可拉动钢材销售328万吨、水泥销售1 868万吨,用工3.27亿个工日、增加务工收入180亿元。如果按月收入1 500元折算,相当于为100万人提供一年的稳定岗位。

**"双转移"带来就业新机遇**

事实上,在农民工集中"返乡"之前,随着沿海地区产业转移步伐的加快,大批企业"内迁"。在当前农民工集中返乡的背景下,不少中西部地区着力吸引东部企业向本地转移,成为当地的新上项目,进而引导本地农民工转移就业。余士好处长介绍说,安徽省发改委近期的一项调查显示,该省部分企业缺工数字在1万以上的技术工种有15个,需要各类技术工人超过44万人。"缺工现象在皖南地区表现得更为突出,像黄山市的开发园区,几乎所有企业都面临技术工短缺的困难。"余士好说。

作为承接长三角产业转移的"第一梯队",在黄山市,随着基础设施的完善和招商引资力度的加大,新的企业迅速崛起,用工需求日益增长,"招工"的重要性逐渐上升到与"招商"同等重要的位置上,农民工返乡成了当地政府和企业不借而来的"东风"。该市劳动部门迅速启动了返乡农民工接待登记帮扶制度,推出了"大篷车送岗位"、"返乡农民工现场招聘会"等活动,力争将返乡的农民工留在本地工作。

江西万安县县长王四华说,据初步估计,2009年,从沿海招商引资而来的企业在县内工业园区建成投产创造的岗位将超过6 000个,一大批返乡农民工将得到安置。

(原载2009年1月《半月谈》)

〔例文2〕

## 公立医院如何坚持公益性？
### ——郑州人民医院调查

人民网记者　傅立波　周雷刚

在河南省郑州市,聚集着13所高校附属以及省级大医院,医疗资源相对集中,医疗行业竞争激烈。郑州人民医院,作为一家市属医院,在夹缝中求生存。短短几年,迅速崛起,是什么让一个小医院有如此旺盛的生命力?

——费用负增长。2008年,郑州人民医院门诊人次91万,出院病人2.54万余人,与2006年相比,增长率为28%和36%;而每人次门诊医疗费用同比减少12.3元,低于我国门诊医疗费用的平均水平。

——敢于冒风险。郑州人民医院两年完成肾移植手术322例,存活率达到97.6%,手术量居全国之首;完成急诊心肌梗死植入支架手术367例,实现零死亡率。

——累并快乐着。有人说,郑州人民医院的医生、护士被洗过脑:白天忙工作,晚上赶手术,钱挣得不多,却甘心情愿。去年,仅眼科就完成各类手术6 000余台。

**降低费用　医患双赢**

专家指出,老百姓抱怨的"看病贵",药价虚高、医药合谋是重要原因。郑州人民医院就从大处方开始撕口子,斩断合谋黑手。

每月对单品种用药总量排在前10位、用药频率高的,医院药事管理委员会进行分析,将用药最多的两个科室抽出来,再将开药最多的4名医生查出来,对其6个月的处方逐个审查,属于不合理用药的,全院黑榜公示。此举有效控制了医生的"大处方"。

查出不合理用药的单品种,停止购进;医院强制规定:国产药品、耗材的使用率不得低于60%。

医生围着病人转。眼科以患者的需求为导向,采取预约制;医生实行弹性工作制,手术室24小时不停歇。眼科主任王新曾经12个小时做手术122台次。他说:"早点手术,病人就少点痛苦,省点费用。一大半病人都是农村来的。"

"不用再新开一瓶了。这样,能替病人省点钱。"有些手术快结束时,需要使用少量的造影剂,心内科主任刘恒亮就拿起病人刚使用完的空瓶,把瓶底控一控,用控出来的造影剂再加些生理盐水,充分利用。

鄢陵县张桥镇河岗村农民王位团,患有食道癌,跑了几家医院打听费用,最后决定到郑州人民医院住院治疗。手术顺利,13天后康复出院。"货比三家,这次省了1万3千多块钱。"老王得意地说:"我给医院介绍了两位病人。"

"术后,医生都要使用闭合器、吻合器,需要花费1万多元。我采用手工吻合技术,钱可以直接省掉,而且效果好于机械吻合。国产抗生素与进口的价格相差好几倍,但疗效基本一样,我用的都是国货,这两项加起来,能给病人减轻不少负担。"普胸外科主任侯向生说,通过临床路径管理后,食道癌的手术费用可以控制在1万元以内。

**患者利益　高于一切**

以患者为本,坚持公益性,是郑州人民医院管理制度的核心。"医院不下经营指标,我不用为挣钱操心。"呼吸内科主任于洪涛说。他主要考虑四件事:"一是满意率。患者的治疗方案是否科学,能否节省费用。二是不掉队。紧跟国际、国内学科发展步伐。三是定好位。专攻疑难杂症,科室要在学科专业当领先。四是带队伍。每个医生确定专业领域,培养学科带头人。这是医院考核我的指标。"

坚持公益性重在落实。2004年,郑州人民医院克服困难,毅然"挤出"30万元,与河南电视台都市频道共同推出"都市光明行"公益活动。

医护人员利用双休日为社区、农村特困患者免费做眼病手术。截至2008年底,共使420名患者解除痛苦,重见光明。医院为此投入经费达120余万元。

看好病、能救命,才是患者信赖医院的根本所在。2003年,郑州人民医院要率先在河南开通急诊心肌梗死绿色通道,这类疾病来势急、难度大、风险高,对于医生来说需要承担很大的风险。

"出现医疗纠纷,咋办?院长说,你放心干,责任由医院承担。"医院迅速出台医疗纠纷处理办法和一系列配套措施,既维护了病人的利益,又保护了医生。刘恒亮说:"服务很到位。没有了后顾之忧,服务好病人,没问题!"

心跳停止17次,在刘恒亮的全力抢救下,病人转危为安;肾移植手术,器官移植科主任曲青山大胆尝试用人造血管代替病人自身血管,既维持了肾脏功能,又避免了截肢……同行们说:"你们胆子够大的,其他大医院不敢做的手术,你们照单全收!"

付出就有回报。由于百姓口碑相传,使郑州人民医院的眼科、心内科、肾脏移植科、呼吸内科等学科获得了长足发展,分别成为重点、特色专科。

**阳光院务　降低成本**

2008年12月30日,郑州人民医院院务公开会议正在进行,"第四季度,大额用款4 000余万元,其中购买医疗设备3 125万元,旧病房楼改造589万元;接待费44 903元……"医院工会主席刘彦民逐笔报告,院领导、中层干部和职工代表认真地做着记录。

院务公开,是郑州人民医院5年前推出的改革新举措,实行季度公开制。具体包括:药品招标使用评析公开,院领导工资收入公开,人事调整公开,购进医疗设备、耗材公开,大额用款公开,财务公开,接待费公开等十项内容。

同年,郑州人民医院成立医院院务管理委员会,院务公开的项目必须上会审议,职工代表大会通过后,由各职能科室具体实施,纪委、审计、财务等部门负责监督。

院务公开,由于其公正透明,执行得力,被医务人员称为"阳光"院务。以前,人事提拔程序不透明,有暗箱操作嫌疑,职工迷惘意见大。医院把科室主任、护士长的选拔,通过社会公开招聘和院内竞聘相结合,形成能者上,庸者下的用人机制。

外来的"和尚"——王新、曲青山,以及院内竞聘的刘恒亮等,真诚为患者服务,不出两年,所在科室"旧貌换新颜",全院职工看在眼里,喜在心里。

明年就要退休的门诊部护士长王社珠说:"患者是否满意,这是硬指标。托关系、走后门,在这儿没有市场。"

在院务公开的基础上,郑州人民医院创新管理机制,以年终评优作为突破口,把患者满意、贡献大的好同志评为杰出贡献、突出贡献奖,加大奖励力度,通过媒体宣传他们的感人事迹,用榜样的力量激励职工,在医院营造以患者为本的工作氛围。

设备招标采购,有人视为肥差,有人说是泥坑。副院长黄娟说:"没那么复杂,无欲则刚。"

"黄院长对行情摸得很透,这次砍的价,等于又给医院开回来两台奥迪车。"某设备供应商王先生说,虽然利润微薄,但还是愿意和他们打交道,郑州人民医院人正气、讲诚信。

制度胜于自觉。院长陈刘生认为,通过院务公开制度,把各项工作放到阳光下晾晒,接受社会监督,使医疗成本大大降低。患者得到了实惠,医院实现了发展。

坚持公立医院的公益性质,是不可动摇的改革方向。在金钱和生命之间,生命的价值和尊严永远是第一位的。中国医院协会会长曹荣桂说:"郑州人民医院的经验,为公立医院坚持公益性做出了有益的探索与实践,具有借鉴意义。"

(摘自2009年2月13日人民网)

一般说来,推广经验的调查报告,其主体部分的重点内容是介绍经验,或称为做法、措施。如例文1的主体是介绍各地解决返乡农民工就业问题的三项措施,例文2的主体是介绍郑州人民医院坚持公益性的三个方面的经验。扶植新生事物的调查报告,其主体的重点内容是说明这种新生事物的优越性,或称为意义、好处、作用等。问题或事故调查,其主体的重点内容是分析问题或事故产生的原因,提出解决办法或应当吸取的教训。揭露真相的调查报告,其主体的重点内容是揭示不为人知的内幕情况和原因、影响。总之,主体的内容要根据具体情况和写作目的灵活掌握,没有统一的模式。

2. 主体的写作要求。写作要求主要有两点。

(1)观点与材料相结合。调查报告要有作者从实际情况中得出的规律性认识,即判断、看法和意见等,我们总称为观点。但是这些观点必须用准确而有说服力的材料来说明和证实,这样才能令人信服和接受。观点与材料相结合是主体写作的基本要求。

用来说明和证实观点的材料,有以下几种:

① 概括性材料,即概括普遍情况的材料。如例文2的开头便用四个方面的统计数字概括了郑州人民医院惊人的业绩。

② 典型材料,即有代表性和说服力的具体事例。例文2便使用了不少典型事例。如在说明郑州人民医院看病省钱时,便举出了一位农民患者的例子,他动食道癌手术很成功,却比别的医院省了1.3万元,很有说服力。

③ 比较性材料,即用来进行纵横比较以说明问题的历史或环境材料。例文1和例文2都不止一处进行了前后比较。新华社记者1988年写的一篇题为《就业,要有合理的竞争环境》的调查报告,讲到我国存在就业竞争环境不合理时,便使用了横向比较材料:

上海的一家高级酒店,去年和前年两次招工,报名者为需要数的10倍。而上海的一家铸锻厂想通过劳务市场招10名工人,结果报名者2人,中途1人溜号,剩下1人4门文化课只考了2分,这个厂还是把他录取了。

④ 数字材料,即各种统计数字,包括百分比。真实的统计数字能准确地说明问题,所以为调查报告这种需要准确反映情况和问题的文体大量使用。例文1和例文2都使用了许多统计数字。民意调查几乎都是用百分比说明问题。实际上概括性材料、典型材料和比较性材料,也大多离不开数字,这里所以把数字材料单列为一项,是为了强调其重要性。使用数字也不是越多越好,应当选择重要的、确实能说明问题的数字,并避免数字过分集中,使人应接不暇,难以消化。不能不用大量数字说明问题时,可采用表格式表达,这样看起来比较清楚。

(2) 结构安排得有条有理。主体内容丰富翔实,表达时要安排好结构,做到条理清晰,连贯合理。主体的结构安排主要有以下三种方式:

① 纵式结构。即按调查过程或所调查事物的发生、发展、结局来安排先后次序。反映新生事物、揭露某些社会问题、调查某一事件经过的调查报告往往采用此种方式。《十亿元大骗局的破产》的主体就是采用纵式结构:第一部分写沈太福如何创立长城公司并在短短几个月中以年利24%的允诺非法集资10亿多元;第二部分写他如何挥霍和侵吞巨款;第三部分写他的破产、被逮捕,最后说明案件正在进一步审查中。这样按时间顺序一步步写来,不仅顺序、层次清楚,而且读起来颇有吸引力。

② 横式结构。即按内容的性质分成几个并列的方面,加上序号、标首语句或小标题,分别进行阐述。基本情况的调查报告和总结经验的调查报告大多采用这种方式。《首都大学生思想政治状

况调查报告》就是采用横式结构,主体分三部分:一是讲学生的基本政治态度,二是讲学生的人生价值取向,三是讲学生对学校工作的评价。这三部分内容显然是抛开了时间顺序而按性质进行了分析归纳,把大面积、多头绪的情况讲述得条理分明,全面而有系统。例文1和例文2采用的都是这种结构方式。

③ 纵横结合式。即不是采用单一的结构方式,而是把纵、横两种方式结合起来。有的总体是横式的,但其中某个部分又是纵式的;有的总体上是纵式的,但其中某个部分又是横式的。《到美国打"官司"——关于中国乡镇企业首桩涉外反倾销案的观察与思考》一文,分上下两篇,上篇分为三部分,一是"美商告状",二是"逼上梁山",三是"打个平手"。这显然是纵式结构。下篇阐述作者对这一案件的思考,提出三个问题:第一,乡镇企业产权问题;第二,中国律师队伍素质亟待提高;第三,我国企业的统计、会计制度应尽快与国际接轨。这又是横式结构。全文有纵有横,使内容各得其所。例文1总体结构是横式的,全文三部分内容——三大步伐、三大特点、三大标志之间并无时间先后,但其中的三大步伐则是以时间为序的纵式结构。

(三) 结尾。

调查报告的结尾形式多样,可以灵活掌握。有时是总结全文,有时是提出意见和建议,有时提出发人深思的问题,有时是展望前景,等等。不论哪种结尾,都应简洁、凝练,不能拖泥带水。例文1的结尾是总结性的,言简意深。有些调查报告的前言和主体部分话已说完,就不必另加结尾了。例文2就是这样。

**三、落款**

内部使用的调查报告正文之后,应署上调查者(单位、调查组或个人)的名称或名字,并写上完成调查报告的日期。

公开发表的调查报告可以用上述落款的方式,但大多把调查者署在标题之下,正文之后也不写完成日期。

# 思考和练习题

**一、思考题**

（一）调查报告有哪些种类和作用？

（二）调查报告有什么特点？

（三）怎样做好调查研究工作？

（四）怎样写调查报告？

**二、练习题**

组成一个小组，以五六人为宜，选择一个热点话题，对本单位学生或职工进行认真的调查研究，写一篇2 000—3 000字的调查报告。

# 第八章 简　　报

## 第一节　简报的含义和作用

### 一、简报的含义

简报是各机关、团体、企事业单位用来反映和沟通信息的一种文书。简报的名称很多，如工作简报、情况反映、内部参考、××信息、××动态等等。1955年6月9日，国务院《关于所属各部门工作报告制度的规定》要求："工作简报：各办、外交、计委、建委、体委、民委、侨委，每两周向总理写一次工作简报，明白、扼要地报告所掌管的范围内重大问题的处理、工作中的重要情况和经验。"当时的简报是下级向上级汇报工作的简要报告。后来在工作实践中简报的使用范围逐渐扩大，内容也日趋多样。当代社会是信息社会，简报已成为各机关、团体和企事业单位上下左右之间传递信息的重要手段。它简便灵活，可以定期也可以不定期，人们又称它为"内部报刊"。它是内部刊物，但有时也可删掉不宜公开的材料，改写成新闻发表，或根据它提供的线索，做进一步采访和调查研究，写成通讯或调查报告。北京市海淀区中关村电子一条街的情况，首先是在简报中出现的，后来引起有关领导和部门的重视，组成调查组，经过深入调查，写成调查报告在《人民日报》上发表，对这一新生事物给予充分肯定。此后，有关部门制定了相应政策，中关村电子一条街走上了健康发展的道路。

### 二、简报的作用

（一）向上级机关汇报工作、反映情况。简报虽然不是公文，但可通过它向上级机关汇报工作情况和重要动态,使上级机关及时了解下情,针对实际作出有关决策。

（二）向下级机关传达领导指示、介绍工作经验和教训及其他应当引起注意的情况,对下级机关的工作起指导作用。如《广东公安简报》上刊登一篇题为《加强治安联防,××市治安状况明显好转》的简报,介绍了该市公安机关与当地居委会密切合作,做好联防工作的经验,对全省公安部门做好这方面的工作起了促进作用。

（三）在不相隶属机关之间沟通情况,传递信息,加强联系。如某县人民政府把开展军民共建和双拥工作的简报发至当地驻军政治部,而后者把同类内容的简报也发至县政府,两者相互交流情况,推动了这项工作的进一步展开。

## 第二节　简报的特点和分类

### 一、简报的特点

了解简报的特点,首先应当明确它与公文的区别。简报不是公文,所以它不需要履行公文的审批手续,不按公文的格式撰写,不具备公文的权威性和约束力,它主要起上情下达、下情上达和沟通交流情况的作用。对上级,它代替不了请示、报告;对下级也代替不了通知、通报等。

了解简报的特点,还应当明确它与新闻的区别。首先新闻是公开报道,而简报是内部报道,有的还具有保密性。第二,简报和新闻虽然都具有报道性,但在内容范围上,简报只限于反映本机关、本单位所管辖范围内的情况,而新闻报道则没有这种限制。第三,简报和新闻一样,在表达上都以叙述为主。但新闻可以采用一些文学手法,特别是通讯、特写等,大多有描写和抒情;而简报作为一种机关实用文,不采用描写、抒情这类文学性表达方式。

简报的特点有以下几个方面:

（一）"真"。所谓"真",就是要反映真实可靠的情况。和其他机关应用文一样,简报要坚持实事求是、尊重事实的态度。简报既要报喜也要报忧,既要反映正面情况,也要反映反面情况,所采用的材料必须是真实准确、经过调查核实的,不能夸张、虚构和想象。领导的谈话、会议的发言等也应尽量请本人过目,否则应加以注明。

(二)"简"。所谓"简",是指篇幅短小,内容集中,语言简要。一般简报应以千字以内为宜。有的单位的简报还开辟了"一句话信息"的栏目。如果内容太多,宁可分成几篇或几期,不要堆在一篇简报里。因为各机关的领导每天要看的简报很多,如果篇幅过长,必然拖延时间,而且可能把重要的情况淹没起来。

(三)"新"。所谓"新",是指简报的内容要新,观点要新。简报反映的应是新情况、新问题、新经验、新动向、新措施、新观点。如果简报的内容都是人所共知、不言而喻的东西,它就失去了存在的价值。

(四)"快"。所谓"快",是指简报的编写和印发要迅速及时,讲究时效。一些重大会议如党代会、人代会的会议简报,往往上午一期,下午一期,晚上又一期,及时报道会议有关情况。信息及时,才能使人们赢得工作的主动。

(五)"密"。所谓"密",是指简报有不同程度的保密性。有的简报发送范围很小,具有高度的保密性。有的虽然不需要保密,但也要注意保存,不能乱放乱丢。

二、简报的分类

(一)工作简报。这是最常见的一种简报,是指反映本地区、本系统、本部门日常工作情况的经常性简报。内容包括对党和国家方针政策的贯彻执行情况,上级布置的工作任务的完成情况,工作中的经验教训,本单位本部门发生的事件和开展的活动的情况等等。这种简报是定期或不定期的内部刊物,有固定的简报名称,如《公安简讯》、《共青团工作》、《后勤简报》等等。

(二)专题简报。是为某项工作编发的临时性简报,此项工作完成后即停发。如反映人口普查、农业普查、财务大检查等专项工作情况的简报。

（三）动态简报。动态简报有两种。第一种是反映社会动态的简报，如有些新闻单位编发的"内部参考"、"情况反映"等。这种简报保密性强，供较高层机关领导人参阅。第二种是反映本系统、本部门动态，如"文艺动态"、"理论动态"等。

（四）会议简报。即一些大型会议秘书处所编发的反映会议情况的简报，内容包括会议概况、进程、会议讲话、与会者重要发言等。它能使上级机关和与会者了解会议的全面情况。

作为各机关、团体、企事业单位最大量使用的一种公务文书，简报在信息化、网络化、政府信息公开化的21世纪扮演着越来越重要的角色。从团中央的官方网站可以看到共青团中央公开发行的简报有19种之多。其中属于工作简报的有《全团要讯》、《工作交流》、《共青团基层组织建设简报》、《团干部教育通讯》、《宣传工作简报》、《城市青年工作通讯》、《学校工作简报》、《少先队要讯》、《权益工作简报》；属于专题简报的有《中国青年就业创业行动简报》、《青春建功新农村行动》、《保护母亲河行动简报》、《共青团中央定点帮扶山西省灵丘县简报》、《预防青少年违法犯罪工作简报》、《中国消防志愿者行动简报》、《大学生志愿服务西部计划简报》；属于动态简报的有《青联工作动态》、《国际青年与青年工作动态》、《中国青年志愿者行动情况交流》。

## 第三节　简报的格式

简报由报头、报文和报尾组成（见附图）。

**一、报头**。有六个项目：

（一）简报名称。位于报头中央，一般用红色大号字，如"工作简报"、"情况反映"、"公安简讯"等。

（二）期数。在简报名称正下方。由年度期数加总期数组成，如"第1期（总第21期）"。也有不标明总期数的。

（三）编发单位。在期数左下侧，一般写全称，如"北京市人民政府办公厅编"。

（四）印发日期。在期数右下侧，写印发年、月、日。

（五）保密要求。在简报名称左上端。分别标明"绝密"、"机密"、"秘密"或"内部刊物，注意保存"。

（六）编号。位于简报名称的右上端。保密简报印多少就有多少号，一份一号，以便保存、查找。一般性简报不必编号。

二、**报文**。有五个项目：

（一）目录。一期简报有多篇报文时，为了使整期简报的内容一目了然和方便阅读，应在报头与报文分界线之下、报文标题之上标明目录或要目，包括每篇简报的标题和页码。某篇简报的标题不止一行时，在目录中可只标主题。

（二）标题。每篇报文必须有标题。标题的写法见下节。

（三）编者按。简报编者认为应该对某篇简报有所说明或评议时，应在标题之下，正文之前加编者按。写法见下节。如无需说明或评议时则无此项目。

（四）正文。这是每篇简报的具体内容所在，是简报写作的重点，写法见下节。

（五）署名。在正文右下侧标明简报的作者姓名。如果作者是编发单位则不必署名。

三、**报尾**。位于简报末页下端，由两个项目组成。

（一）发送范围。上级机关称"报"，不相隶属机关称"送"，下级机关称"发"。如果发送机关较多，可用同类型机关的统称。

发送范围上下各用一横线为界。

（二）印制份数。在发送范围下界线右下方标明本期简报共印份数。

**附:简报格式图**

简报首页

| 秘密 | | 编号:0001 |

# □□简报

第×期(总第××期)

××××编　　　　19××年×月×日

目　录

××××××××××……………………(1)
××××××××××……………………(2)

×××××××××

**编者按**　××××××××××××××××××
××××××××××××××××××。

　　××××××××××××××××××××××
××××××××××××××××××××××××
×××××××××。
　　××××××××××××××××××××××
××××××××××××××××××××××××
××××××××××××××××××××××××
×××××××××。

简报末页

　　××××××××××××××××××××××××××××××××××××××。(×××供稿)。

××××××××××

　　××××××××××××××××××××××××××××××××××××××。

　　××××××××××××××××××××××××××××××××××××××××××××××××××××××××××××××××××××××××××××××××××××××××××××××××××××××××××××××××××××××××××××××××××××××××××××××××××××××××××××××××××××××××××××××××××××。

报：×××、×××、××××××、×××××××××××××××××××××。
送：××××、××××、×××。
发：××××、×××、×××××。

共印×××份

## 第四节 简报的写法

### 一、标题

简报标题的基本要求是意思明确,使读者能见题明义,一眼就看出简报的主要事实或主要思想。如《×××居委会为群众办了10件实事》、《我院男篮获全市大学生联赛亚军》、《×××林区发生重大火灾》、《"个体户"行路难,处处都要买路钱》,这些标题的意思都十分明确。简报标题的写法与新闻标题的写法有相同之处,不同的是新闻标题更讲究技巧,具有一定艺术性,而简报的标题则比较平实质朴。有人不明了简报标题意思必须明确的要求,写成《良好的开端》、《深厚的情义》之类含糊、笼统的标题,就起不到见题明义的作用了。为了使简报标题意思明确,传达信息,也可以像消息那样采用多行题,或像通讯那样采用主题加副题。

消息式标题如:

定额到人　节约归己<br>医疗费的使用也不能吃大锅饭<br>去年全厂节约医疗费3 300多元

通讯式标题如:

真情暖师心<br>——中文系志愿者为教师送温暖

### 二、编者按

转载性简报和内容重要的简报,编者常常在正文之前加一段按语,说明材料来源、转载的原因和目的,或指出简报内容的意义

和价值,以及有关领导人对简报的批示意见等。编者按一般只有几句话,要写得简练、明确,概括力强。如下例:

**编者按** 严厉打击盗窃自行车的犯罪行为,是当前我市公安系统的工作重点之一,××区公安分局在这方面取得了突出成绩。根据局领导×××同志的意见,现将他们开展这一斗争的情况报告摘登如下,供各单位参考。

### 三、正文

由于简报和新闻的内容都是反映新近发生的事实,所以它们的写作方法即表现形式也大体相同。标题类似已如上述,正文也都由导语和主体两部分构成。

(一)导语。

简报的开头要求开门见山,即用几句话把全文的内容概述出来,使阅者一看便知发生了什么事情,出现了什么情况,有什么新的做法或经验等等。这样的开头称为导语。

1. 导语的写法。导语主要有以下几种写法:

(1)要素式。即把事情的要素叙述出来。构成一件事情的要素有何时、何地、何人(或者单位)、何事、何故。新闻学上称为五要素,是导语写作不可忽视的。简报也有许多是报道发生了什么事情、召开了什么会议或者开展了什么活动的,其导语应当选择重要的、阅者关注的要素表达出来。如以下导语便是这种要素式的:

5月12日下午14时28分,四川汶川发生7.8级特大破坏性地震,震中距成都市区92公里,成都的都江堰市,阿坝州的汶川县、茂县,德阳的什邡市、绵竹市,绵阳的北川县等地的震灾严重。

(四川省建设厅《抗震救灾简报》第一号)

2009年2月6日,农历正月12,许多人还继续春节的欢乐时,天长市委副书记刘荣祥同志到我校搞调研。

(天长市职业教育中心网站)

(2) 要点式。即把会议、讲话、经验、做法等的重要之点概括出来。这样的导语不仅让阅者知道发生了什么事情,而且知道事情的核心内容,增大了导语的信息量。

下一则导语概括了会议议论的重点:

在2009年2月10日举行的"第十三届中国资本市场论坛"上,专家、官员们纷纷表示,随着四万亿经济刺激方案陆续付诸实施,政府也可以考虑采取更多措施稳定资本市场,在拉动实体经济的同时,确保虚拟经济的同步发展。

(《国资研究工作简报》总第321期)

下一则导语概括了武汉理工大学解决当前学生就业难的三个做法:

武汉理工大学积极应对当前经济形势对大学生就业的冲击,提出举全校之力做好毕业生就业工作,通过一手抓学生就业指导,一手抓就业信息服务,采取"走出去、请进来"等多途径寻求并解决学生就业难题。

(《教育部简报》2008年69期)

(3) 成绩式。既把工作的主要成绩或效果摆在导语中。突出的成绩或效果能吸引阅者的注意力,使阅者想了解到底是如何取得的,不得不看下去。

近年来,北京市政府加大节水工作的力度,节水工作取得明显成效,农业、工业和城市生活用水量显著减少。"十五"期间,北京市总用水量从 2000 年的 40.6 亿立方米下降到 2005 年的 34.2 亿立方米,平均每年下降 1 亿立方米。

(《节水工作简报》2006 年第 3 期)

(4)议论式。即对事实发表几句议论,以表明态度、做出评价或指出其意义,也是为了引起阅者的注意。这样的导语在简报中虽然比较少见,但也不妨一试。

在四川汶川特大地震发生的生死瞬间,灾区教师毅然决然地把生的希望留给学生,用自己爱生护生救生的实际行动,诠释了一幕幕感天动地、可歌可泣的人间大爱。

(《教育部简报》2008 年 32 期)

2. 导语的写作要求。主要有两点:

(1)力求简短。以上六则导语最长的不到 100 字。有的导语抓不住要点,又不善于精炼语言,写上几百字,黑压压一片,令人望而生畏,违背开门见山的原则。

(2)防止空洞。如说某某会议于何时在何地召开、某某活动于何时在何地举行之类的导语,要素虽然有了,文字也不多,但没有传达出有用的、能引人注意的信息,是空洞无物的导语。

(二)主体。

正文开头之后便进入主体部分。主体要展开述说简报的具体内容,为阅者提供完整、翔实的信息。正因为如此,先说什么,后说什么,即结构安排,便成为写好主体部分的关键。

1. 主体的结构方式。主要有以下两种结构方式:

(1)顺叙式,即按事情发生、发展和结局的时间先后顺序安排结构。这种结构方式自然、连贯,适合于情节单一的事件性简报采用。

〔例文1〕

## 一家个体饭馆被乡干部吃垮

××县××乡个体户苗××、郎××夫妇办的饭馆被乡干部吃垮。

这个饭馆开办后,由于经营努力,多次受到市、县有关部门的表彰和奖励。但由于近3年来乡政府的某些领导和乡直20多个单位不断到饭馆吃喝,长期不付饭款,赊欠累计金额竟达2.1万元。到今年上半年,这个饭馆被吃垮了。

饭馆倒闭后,这对夫妇多次去乡政府和中心小学等单位催要欠款,均被顶了回来。9月1日,这对夫妇又到中心小学要款,校方不仅态度蛮横,还以影响学校正常工作秩序为由,将苗××告到了乡政府。乡政府不是站在公正的立场上搞清情况,保护个体户的合法权益,而是强调苗××的态度不好,于9月2日召开了全乡干部职工参加的"批判会"。会上不仅对苗××进行了严厉批判,甚至给戴上了手铐,拘留起来。会后郎××哭叫连天,多次上访。经县纪委、工商局、个体劳动者协会、××日报社出面调查,才将事实基本查清,但事情还未最后解决。

这篇简报开头之后的主体部分,就是按这个饭馆的建立、发展、被吃、倒闭、催要欠款、被批斗、上访、查清事实、等待处理的时间顺序写作的,不仅把事情的情况讲得很清楚,而且读起来颇有吸引力。

〔例文2〕

## 圆满解决父女矛盾体现司法为民

因房屋产权纠纷,86岁的老父亲将女儿告上了法庭,该案经过公乌素法庭法官的调解,父女最终握手言和。

1990年,原告在公乌素购买了一处住房,后由被告借住。2000年,被告将该房翻建成商品房,在未经原告同意的情况下将房屋产权证办成原、被告共有。为此,父女之间产生了矛盾。从2002年起,原告就多次前往法庭寻求解决,但因他不提起诉讼,法庭也一直未能有效介入。2006年7月11日,父亲正式把女儿起诉到法院,要求女儿返还属于自己的房屋。老人耳背相当严重,与他谈话,必须凑近耳边,多次重复并大声说话,他才能听清。得知老人家离法庭较远,独立步行到法庭存在诸多危险,庭长决定亲自和干警主动到原、被告家中了解情况,讲解亲情的重要性和有关法律,晓之以理、动之以情,对父女双方做了大量耐心细致的思想工作。法官不辞辛苦往返奔波感动了他们,最终父女双方重归于好,达成了女儿保留一间房屋作为住房,其余房屋归还父亲的和解协议。考虑到父女双方的生活都比较困难的事实,法庭又请示院领导同意,免收了该案全部5000多元的诉讼费用。

该案如果单纯依据法律判决,并不困难。结果可能是父女从此互不往来,骨肉亲情灭失,达不到案结事了的效果。

(乌海市海南区人民法院《信息简报》2006年9月27日)

这篇简报的主体部分也是按案件的发生、起诉、劝说、和解的时间顺序写作的,脉络清晰,且有感人的效果。

(2) 并列式,在主体部分把所要反映的情况、介绍的经验、找出的原因和特点等,分析归纳成几条或几个方面,并列地加以表述。这种结构方式可以把头绪繁多、时间不连贯的内容表达得井井有条。

〔例文1〕

## 青少年信教现象值得注意

圣诞前夜,我们对北京十所天主教堂和基督教堂、北京饭店等几家大饭店进行了调查走访,情况表明,今年参加和观看宗教活动的年轻人比例上升,总人数增加,年龄层次下降,中小学生居多,女中学生尤其多。在许多教堂中参加和观看活动的年轻人比例高达70%—80%,其中绝大多数是中小学生。

参加和观看活动的年轻人有以下几种心态:

1. 部分年轻人是信教者。他们有的是由于家庭信教的影响而入教;有的是起初来看热闹,后被宗教庄严、肃穆的气氛所感染而入教;有的是学习生活中遇到挫折而走进教堂,希望能有所寄托。信教的原因不太一样,但大部分十分虔诚。

2. 绝大部分年轻人是来看热闹的。当问及一些中学生为什么到这里来,他们说"觉得好玩儿"。中学生有的是三五成群来,有的是全班一块来;青年人则以伴侣居多,看看就走。有的年轻人说,"到这儿来就好像逛庙会"。

3. 有一部分年轻人是怀着对宗教的神秘感来到教堂的。这些青少年对宗教的礼仪、内容知之甚少,有的学生还在教堂外辩论"是主教官大还是神父官大"。他们到教堂来感觉很新鲜,堂里堂外都要看看。

这篇简报的主体是介绍年轻人参加和观看宗教活动的种种心态,人数众多,心态各异,如不分析归纳,难免不知从何谈起,举些个别事例,也会挂一漏万。本文把所了解到的具体情况划分为三类,每一类情况都点面结合地分别加以介绍,这样不仅条理清楚,便于阅者掌握,而且比较全面,基本上概括了各种各样的心态。

〔例文2〕

## 海南区法院立足审判积极参与社会治安综合治理

今年以来,海南区法院认真落实《海南区社会治安综合治理领导责任书》,充分发挥审判职能作用,积极参与社会治安综合治理,全面落实各项综治措施,为维护社会稳定,创建"平安海南",促进经济发展做出了积极努力。

一是组织领导到位。我院党组在制定全年工作计划时对综合治理工作进行专题调研,提出了全年工作的总体思路,并成立院长李生业亲自担任组长的社会治安综合治理工作领导小组。确定了法院工作为社会稳定与经济发展服务的总体要求。结合法院工作实际,建立健全了各项工作制度和措施,实行分级管理,分工明确,责任到人。

二是严厉打击刑事犯罪,全力维护社会稳定。我院坚持把维护社会稳定作为首要政治任务,把"严打"作为参与社会治安综合治理的首要环节。今年1—6月,我院共审结各类刑事犯罪案件25件43人,充分体现了法律声威,震慑了犯罪,净化了社会环境。

三是加强民商案件调解工作,妥善化解矛盾纠纷。我院除了坚持在刑事审判中开展严打整治,积极参与社会治安综合治理外,还在民商事案件的审判、执行工作中,认真开展化解矛盾、平息纠纷的工作,防止矛盾激化,杜绝民转刑案件发生,全力维护社会稳定。上半年共审、执、结民商事案380件。在已审结的319件民商事案件中,调解结案232件,调解率达到73%。

四是完善司法救助制度,拓展参与社会治安综合治理的有效途径。制定了《关于对经济确有困难的当事人提供司法救助实施细则》,保障经济确有困难的群众平等参与诉讼。特别为经济确有困难的未成年人、老年人、下岗职工、特困企业诉讼案件提供司法救助,实行快立案、快审案、快执行,使他们合法权益得到保障。

今年上半年,共批准95起案件当事人减、免、缓交诉讼费近42万元。

五是便民诉讼落在实处。我院依托信息化建设实现了常规办公自动化、案件管理网络化、庭审笔录电脑化、档案管理电子化和法院交流信息化,提高了司法效率,方便了群众诉讼,进一步解决了群众的诉累问题。

六是加强信访工作,构建平安和谐社会。"就冲你们的态度,我说啥也不会再上访了"。今年上半年的一天,一位年近八旬的老上访户把一面锦旗送到院长手中后,动情地说了这样一句话。我院为切实解决当事人来信来访中反映的问题,及时改正审判工作中的疏漏,建立健全信访复查机制,有效控制了涉诉信访案件的发生。今年上半年,我院共接待来访群众150人次,信访案件26件,答复信访人26人,被答复人满意率达100%,受到上级法院和社会各界好评。

(乌海市海南区人民法院 2006年8月26日)

这篇简报的主体是介绍六条经验,显然是并列式结构。这六条经验是编写者从半年来纷繁忙碌的工作中归纳提炼出来的,所以能有条不紊地表达出来。

简报主体的结构方式有多种,但以上述两种最为常用。一篇简报可以单用一种结构方式,也可以根据各部分内容的不同情况,分别选用不同的结构方式。如总体上采用顺叙式结构,但其中某个局部使用并列式结构;或者相反。总之要使各部分内容各得其所。

2. 主体的写作要求。

(1)紧扣主题。主体虽然内容丰富,材料具体,但是必须紧紧围绕简报的主题,为表现主题服务。能表现主题的材料才使用,与主题无关的材料要舍弃,这样内容才能集中,主题才能突出,给阅者留下深刻印象。有的简报不问主题是什么,盲目地罗列过程,堆砌材料,结果成为"一盘散沙",不知所云,这是违背简报和一切文章写作的基本要求的。

(2)用事实说话。简报主要是传递信息,通报事实,因此作为主体部分,应当以陈述事实为主要内容,即使有所分析评议,也不能"空口说白话",而要有事实根据。事实越准确、越典型,便越具有说服力。有的简报作者不了解用事实说话的原则,或者没有进行认真的调查了解,没有掌握多少材料,因而写起来大发议论,除了笼统的概括和抽象的形容之外,没有多少"实货"——确凿而有力的事实,这怎么能使人得到信息并能令人信服呢?

(3)简明扼要。顾名思义,简报的内容应当简要。它是一种公务文书,人们公务繁忙,都希望在尽可能短的时间内了解更多的情况。所以简报都应当写得简明扼要。简报主体部分虽然要求介绍具体情况,但介绍的方法仍然是简要客观的叙述,不用描绘情景,不用抒发感情,"辞达而已矣"(孔子语)。这样才能缩短篇幅,成为名副其实的简报。

## 思考和练习题

一、思考题

(一)简报有什么作用?

(二)简报有哪些特点?

(三)简报有哪些类别?

(四)简报报头、报文和报尾各有哪些项目?

(五)简报标题写作有什么要求?

(六)简报正文的主体部分常用哪些结构方式?主体的写作要求主要有哪些?

二、练习题
（一）谈谈下面的简报是怎样安排结构的。

## ××汽车集团公司发展速度跃居全国前列

××汽车工业集团公司以市场为导向，主动转换企业经营机制，增强企业的应变能力和竞争能力，取得显著效果。去年发展速度跃居全国同行业前列，今年一季度产值和利税又分别比去年同期增长21.5%和31.1%。

针对我省汽车工业点多、厂小、发展缓慢的问题，省政府于1989年初组织省内8家汽车生产厂成立了××汽车集团公司，以集团式规模经营谋求快速发展。公司成立前汽车年产量只有7240辆，产值2.26亿元，利税2283万元。4年后的今天，汽车产量达3.3万多辆，产值10.1亿元，利税1.8亿元，分别比1988年增长3.57倍、3.47倍和6.88倍，成为我省工业中近几年增长最快的行业。

这个集团公司崛起的主要原因是根据市场需求，不失时机地狠抓了四个能力的提高，增强了企业和产品的综合竞争能力。

一是狠抓产品结构调整，提高对市场需求的适应能力。针对制约企业发展的这一根本性问题，集团进行了由中型车结构向轻型车结构调整工作，集团公司与中国汽车技术开发中心紧密合作，开发了6450、6400、6600等新产品。公司成立4年来，已开发了新产品91项，其中33项获得国家和省级奖励。

二是大力推进技术进步，提高产品和企业的竞争能力。集团公司成立4年来，仅技术改造投入就达2.5亿元，相当于8个成员厂过去18年投入的2.5倍。目前8个成员厂中已有2个同国外合资生产，××齿轮厂、××汽车厂、×××轻型汽车厂还被列入省重点技改项目。

三是加强管理，发挥集团优势，提高竞争能力。公司成立以来，对各厂领导班子进行了调整。各厂过去那种小规模、小批量、粗糙生产的落后生产方式,已进行了脱胎换骨的改造,基本上实现了车身制造模具化和总装生产的流水线作业。集团公司的快速发展还为众多汽车配件生产厂提高经济效益提供了好机遇。

四是搞好队伍建设,提高领导班子的决策能力和职工队伍的应变能力。公司下决心对8个企业的领导班子进行了全面整顿,更换了不适应需要的厂长、书记,选拔了一批事业心强、有长远观念而无短期行为,既能适应市场经济和现代化生产要求又有企业管理经验和才能的干部进入班子。班子整顿后,企业面貌大变,有的长期亏损企业很快扭亏为盈,处于低水平徘徊状态的企业开始迈开步伐。

(二)根据本单位近日的情况,选择几件有价值的事情,编写一期有若干篇报文的简报,要求写好报头、报文、报尾各部分应有的项目。

# 第九章　规章制度

## 第一节　规章制度的含义和作用

### 一、规章制度的含义

规章制度是国家机关制定的法规、规章和各机关、团体、企事业单位及居民社区制定的制度、规约的总称。

规章制度是一种规范性文书。规范性文书是有位阶的。最高位阶的规范性文书是宪法,它是国家的根本法,具有最高的法律效力,是制定其他法律的依据。宪法由全国人民代表大会制定和公布施行。其次是法律(最广义的法律包括宪法,这里指的是较狭义的法律,即普通法律),它的法律效力仅次于宪法,其内容不得与宪法相抵触。法律由全国人民代表大会或其常务委员会制定,由国家主席签署命令公布施行。

规章制度中的法规,其位阶低于法律,分为两种。一种是行政法规,是国务院为领导和管理国家各项行政工作,根据宪法和法律,并按照《行政法规制定程序条例》制定的,它的效力仅低于法律。行政法规由国务院总理签署命令公布施行。另一种是地方性法规,是省、自治区、直辖市的人民代表大会及其常务委员会根据本行政区域的具体情况和实际需要,在不同宪法、法律和行政法规相抵触的前提下制定的,在本区域内有法律效力,由大会主席团公告或常委会公布施行。较大的市(省、自治区的人民政府所在地的市,经济特区所在地的市和经国务院批准的较大的市)的人民代表大会及其常务委员会,也可以制定地方性法规,报省、自治区人民代表大会常务委员会批准后公布施行。

规章的位阶又低于法规,它也分为两种。一种是部门规章,是国务院各部、委员会、中国人民银行、审计署和具有行政管理职能的直属机构,根据法律和国务院的行政法规、决定、命令,在本部门的权限范围内制定的,不得与上位法的规定相抵触,由部门首长签署命令公布施行。另一种是地方政府规章,是省、自治区、直辖市和较大的市的人民政府,根据法律、行政法规的本省、自治区、直辖市的地方性法规制定的,由省长、自治区主席、市长签署命令公布施行。

各机关、团体、企事业单位和居民社区制定的制度和规约,可以说是法律、法规和规章的继续和延伸。它们虽然不是法律规范,但也对人际关系、人与自然界的关系起着一定的调整作用,是必不可少的纪律、道德、技术、生活规范。它们的制定和印发施行也有一定的程序。

**二、规章制度的作用**

俗话说:没有规矩不能成方圆,我们要搞好任何工作,办好任何事情,都要遵循一定的规章制度,因此各种形式的规章制度几乎无所不在。规章制度的作用主要有以下几个方面:

(一)贯彻执行党和国家的方针政策和法律法规。有些方针政策和法律法规比较概括和原则,贯彻执行时需要具体化;还会遇到新情况、新问题和不同地区的特殊情况,需要根据方针政策和法律法规的基本精神和原则要求制定必要的规章制度,以使之在各地区、各部门和各单位贯彻落实。如2000年第九届全国人民代表大会第三次会议通过了《中华人民共和国立法法》,国务院便根据这一法律和其他有关法律于2001年制定和发布了《行政法规制定程序条例》和《规章制定程序条例》,使立法中关于法规和规章的制定有了规范的程序和质量的保证。

（二）保障各项工作有序进行。各机关、团体和企事业单位有健全的规章制度，使各项工作行之有序，要求明确，职责分明，这就能保障工作的顺利开展，避免陷入混乱状态；如果出了问题或事故也便于分清责任，照章处理，吸取教训。比如一个工厂，如果没有出勤、劳动、安全、质量检验等方面的制度，如何能进行正常有序和保质保量的生产？

（三）维护人民群众的合法权益，规章制度固然要求大家遵守执行，对人们的行为有不同程度的约束力，但同时也是为了维护人民群众的合法权益。如关于禁止在公共场所吸烟、严禁在学生宿舍使用明火等类规定和守则，显然对于维护群众的健康和安全具有重要作用。两个行政法规和规章的制定程序条例还规定，制定法规和规章"应当切实保障公民、法人和其他组织的合法权益，在规定其应当履行的义务的同时，应当规定其相应的权利和保障权利实现的途径"，"在赋予有关行政机关必要的职权的同时，应当规定其行使职权的条件、程序和应承担的责任"。这样义务与权利相统一、职权与责任相统一的原则，适用于一切规章制度，有利于维护人民群众的合法权益。

## 第二节　规章制度的种类和写作要求

### 一、规章制度的种类

规章制度的种类主要有如下几种。

（一）条例。

对某一方面的工作作比较全面、系统的规定，称条例。

条例是行政法规的一般称谓，据2003年国务院发布的行政法规统计，以条例命名的占80%。如《工伤保险条例》、《法律援救条例》。《行政法规制定程序条例》规定："国务院各部门和地方人民政府制定的规章不得称'条例'。"

全国人民代表大会及其常务委员会制定的法律一般称为法,如《中华人民共和国草原法》。全国人民代表大会常务委员会制定的法律个别的也有称为条例的,如《中华人民共和国治安管理处罚条例》。地方性法规和民族自治地方的立法也可以称"条例",如北京市第十届人民代表大会常务委员会制定的《北京市信访条例》。

党的机关的公文种类有条例,用于党的中央组织制定规范党组织的工作、活动和党员行为的规章制度,如《中国共产党纪律处分条例(试行)》。

(二)规定。

对某一方面的工作作部分的规定,称规定。

法政法规有的称为规定,如国务院发布的《女职工保护规定》。但是规定主要用作规章的名称,部门规章如中国民用航空总局发布的《中国民用航空监察员规定》,地方政府规章如深圳市人民政府发布的《深圳经济特区私营企业暂行规定》。

党的机关的公文种类有规定,用于对特定范围内的工作和事务制定具有约束力的行为规范,如中共中央印发的《关于实行党风廉政建设责任制的规定》。

(三)办法。

对某一项工作作比较具体的规定,称办法。

行政法规有的称为办法,如国务院发布的《城市生活无着的流浪乞讨人员救助管理办法》。但是办法主要用作规章的名称,部门规章如卫生部发布的《医疗美容服务管理办法》,地方政府规章如北京市人民政府发布的《北京市实施〈中华人民共和国红十字会法〉办法》。

(四)章程。

对一定组织的性质、宗旨、任务、机构及成员的条件、权利、义务等作出规定,称章程。

政党、团体和企事业单位等组织可以用章程,它是本组织的纲领性、根本性的规章制度,经过本组织成员大会或代表大会通过,对本组织成员有约束力。如《中国共产党章程》、《中国工会章程》、《×××公司章程》。国家机关及其所属部门不用章程,但这些单位的群众社团可以用章程,如《×××部机关书法学会章程》。

(五)实施细则。

对实施某一法律、法规或规章作详细、具体的规定,称实施细则。

国务院及其各部门,各省、自治区、直辖市和较大的市的人民政府制定的实施细则,属于法规或规章,用命令发布实施,如《中华人民共和国专利法实施细则》,是国务院为实施全国人大常委会通过的法律制定的;《中华人民共和国国家安全法实施细则》,是国家安全部为实施全国人大常委会通过的法律制定的;《城市生活无着的流浪乞讨人员救助管理办法实施细则》,是民政部为实施国务院的行政法规制定的;《江苏省人民政府关于贯彻执行国务院〈关于职工探亲待遇的规定〉实施细则》,是省人民政府为实施国务院的行政法规制定的。

(六)规则。

对某一事项或活动的规矩作出具体规定,称规则。

各机关、团体和企事业单位都可以制定规则,国务院各部门,各省、自治区、直辖区和较大的市的人民政府制定的规则,是规章的一种,具有法律效力,如国家林业局制定的《林业行政处罚听证规则》、电监会印发的《跨区跨省电力优化调度暂行规则》。一般机关、团体、企事业单位制定的规则,用通知印发施行。

(七)守则。

对一定范围或类别的人员订出的共同遵守的行为准则,称守则。

各机关、团体和企事业单位都可以制定守则,守则在特定的范围和群体具有约束力。如《国务院工作人员守则》《天津市民守则》《中学生守则》。守则用通知印发施行。

(八) 制度。

对工作、学习、生活等方面订出的规程或准则,称制度。

各机关、团体和企事业单位都可以制定制度,包括工作制度、学习制度、作息制度等,都用通知印发施行。国务院各部门,各省、自治区、直辖市和较大的市的人民政府制定的制度,是规章的一种,具有法律效力。如国家计委制定的《全国粮食价格监测报告制度》、教育部制定的《教育收费公示制度》。

(九) 公约。

对文明、道德、卫生等方面协商约定的共同遵守的行为规范,称公约。

各机关、团体、企事业单位和居民社区都可以制定公约,如《首都人民文明公约》《文艺工作者公约》《××小区卫生公约》。

(十) 须知。

对某一范围、工作或活动中的人员应当知晓和遵守的事项作出告知,用须知。

各机关、团体和企事业单位对需要作出这种告知的场合和事项,都可以制定须知,如《游园须知》《校对须知》《阅览须知》。

**二、规章制度的写作要求**

规章制度中的法规和规章,属于法律文书的范畴,其他规章制度的内容和形式也大多接近法律文书。因此它们的写作要求大致相同,主要有以下几点:

(一) 内容备而不繁。

规章制度的内容首先要求完备。为办好某一事项或解决某个问题作出规定、提出措施,应当考虑到方方面面。既看到眼前,又要想到长远;既适应一般需要,又照顾特殊情况。不遗不漏的规章制度,才能长期而普遍适用,避免朝令夕改,顾此失彼。虑事不周到,规定有漏洞,办法有欠缺,执行起来难免出现种种问题甚至被人钻空子而找不到惩处的依据。

内容完备不等于琐细繁复。古人说:"天网恢恢,疏而不漏。"这话概括了法律既完备而无漏洞,又简要而不琐细的两个特点。规章制度都应该如此。繁密、苛刻的规章制度,会使人言行举止都受限制,没有必要,也很难施行。要防止法繁扰民。制定规章制度要达到这样一种境地:常人办正事易记易行,没有负担,十分方便;不守法之人干非法之事或者不遵纪之人干违纪之事,会受到法纪牵制,如不收手止步,会自食苦果,乃至付出惨重的代价。

(二)规定明确具体。

任何规章制度都是对人们应当做什么、不应当做什么和应当怎么做等作出规定。这些规定都是要付诸施行的,所以要明确、具体,具有可操作性。

所谓明确就是清楚明白而确切无疑,不能含混不清、模棱两可。如果一条规定含糊其辞,可以这样理解也可以那样理解,就很难施行,或在施行中出现偏差。

具体是相对原则而言的。规章制度中也会有较为原则性的条款,但其主体内容都要具体化,即使原则性条款也要用具体规定来体现。抽象、笼统的规定很难操作和落实。

(三)语言准确简洁。

所有文章的语言都要求准确、简洁,但准确、简洁的程度却有所不同。规章制度的语言在这方面的要求可以说达到了极致,这是规章制度写作的难点之一。

规章制度的用语准确,是指所用词语与其所表达的意思之间的关系而言。两者必须严丝合缝,毫无二致。起草者的用语要准确传达制定者的意图,准确表达自己所要表达的意思,防止词不达意和产生歧义。

规章制度的用语还要求高度简洁,真正达到一字不可增、一字不可减的地步。规章制度不叙事,不说理,更不抒情,纯纯粹粹是简明扼要的说明文字,这就为语言的干脆、利落、不拖泥带水创造了条件。起草者若能熟读各种法律和规章制度,增强法律文书的语感,就能逐步达到这类文书言简意赅的要求。

(四)结构有条不紊。

所有文章的结构都要求层次分明,条理清楚。公务文书在这方面的要求更高,其中的法律和规章制度达到最高,因此被称为条文式结构。

规章制度,除极简短者外,都要分条表达。条下还可以分款、项、目;条上还可以分章、节。法律在章之上还可以分编。

规章制度的结构不仅条分缕析,而且特别要求条文之间逻辑严密,或总分,或递进,或并列,井然有序;前后统一,首尾衔接,联系紧密。

## 第三节 规章制度的写法

### 一、标题

规章制度的标题有以下四种写法:

(一)内容+种类。即规章制度的主要内容加上规章制度的种类,这是大多数规章制度标题的写法,如《物业管理条例》。这种标题个别的也有像公文标题那样用"关于……的……"来连接的,如《关于受理香港、澳门特别行政区推荐国家科学技术奖的规定》。

(二)组织+种类。即制定规章制度的政党或其他组织的名称加上规章制度的种类。章程都这样写标题,如《中国共产党章程》。

（三）人员＋种类。即应当遵守规章制度的人员加上种类,如《中国民用航空监察员规定》。

（四）单位＋内容＋种类。即制定规章制度的单位名称加规章制度的主要内容和种类,如《中国人民银行假币收缴、鉴定管理办法》。这种标题个别的也有像公文标题那样用《……关于……的……》来连接的,如《审计署关于内部审计工作的规定》。

规章制度如果是暂行或试行的,应在标题中加以注明,如《省级土地开发整理规划审批暂行办法》、《国家司法考试违纪行为处理办法(试行)》。

二、题注

规章制度都要求制定单位用命令或通知发布施行。由于发布命令和印发通知已有签署和日期,所以规章制度本身便无须签署和日期了。但当规章制度单独印发或张贴时,便失掉了签署和日期,因此便需要加题注,即在标题之下居中加圆括号注明印发机关和日期,如：

施放气球管理办法

（中国气象局2003年6月6日发布）

有的还注明批准单位,如：

《北京市城乡集市贸易管理规定》实施办法

（北京市人民政府1991年2月2日批准
市工商行政管理局1991年3月1日发布）

如果是会议通过的规章制度,则注明会议名称和通过日期,如：

## 纪念宋庆龄国家名誉主席基金会章程

(1982年12月28日第一次在京理事会议通过)

### 三、正文

规章制度的正文主要有三种类型,最多有六个层次。

(一) 三种类型举例。

1. 章条式。这种正文的明显标志是有章的划分,章数和章名居中排列。章下分节、条、款、项、目。条为必有,无条不成法,条上的节和条下的款、项、目,可有可无。内容多、篇幅长的规章制度应当采用章条式写法。

〔例文〕

### 婚姻登记条例

(2003年8月8日国务院发布)

#### 第一章 总 则

**第一条** 为了规范婚姻登记工作,保障婚姻自由、一夫一妻、男女平等的婚姻制度的实施,保护婚姻当事人的合法权益,根据《中华人民共和国婚姻法》(以下简称婚姻法),制定本条例。

**第二条** 内地居民办理婚姻登记的机关是县级人民政府民政部门或者乡(镇)人民政府,省、自治区、直辖市人民政府可以按照便民原则确定农村居民办理婚姻登记的具体机关。

中国公民同外国人,内地居民同香港特别行政区居民(以下简称香港居民)、澳门特别行政区居民(以下简称澳门居民)、台湾地区居民(以下简称台湾居民)、华侨办理婚姻登记的机关是省、自治区、直辖市人民政府民政部门或者省、自治区、直辖市人民政府民政部门确定的机关。

**第三条** 婚姻登记机关的婚姻登记员应当接受婚姻登记业务培训,经考核合格,方可从事婚姻登记工作。

婚姻登记机关办理婚姻登记,除按收费标准向当事人收取工本费外,不得收取其他费用或者附加其他义务。

## 第二章 结婚登记

**第四条** 内地居民结婚,男女双方应当共同到一方当事人常住户口所在地的婚姻登记机关办理结婚登记。

中国公民同外国人在中国内地结婚的,内地居民同香港居民、澳门居民、台湾居民、华侨在中国内地结婚的,男女双方应当共同到内地居民常住户口所在地的婚姻登记机关办理结婚登记。

**第五条** 办理结婚登记的内地居民应当出具下列证件和证明材料:

(一)本人的户口簿、身份证;

(二)本人无配偶以及与对方当事人没有直系血亲和三代以内旁系血亲关系的签字声明。

办理结婚登记的香港居民、澳门居民、台湾居民应当出具下列证件和证明材料:

(一)本人的有效通行证、身份证;

(二)经居住地公证机构公证的本人无配偶以及与对方当事人没有直系血亲和三代以内旁系血亲关系的声明。

办理结婚登记的华侨应当出具下列证件和证明材料:

(一)本人的有效护照;

(二)居住国公证机构或者有权机关出具的、经中华人民共和国驻该国使(领)馆认证的本人无配偶以及与对方当事人没有直系血亲和三代以内旁系血亲关系的证明,或者中华人民共和国驻该国使(领)馆出具的本人无配偶以及与对方当事人没有直系血亲和三代以内旁系血亲关系的证明。

办理结婚登记的外国人应当出具下列证件和证明材料:

(一)本人的有效护照或者其他有效的国际旅行证件;

(二)所在国公证机构或者有权机关出具的、经中华人民共和国驻该国使(领)馆认证或者该国驻华使(领)馆认证的本人无配偶的证明,或者所在国驻华使(领)馆出具的本人无配偶的证明。

**第六条** 办理结婚登记的当事人有下列情形之一的,婚姻登记机关不予登记:

(一)未到法定结婚年龄的;

(二)非双方自愿的;

(三)一方或者双方已有配偶的;

(四)属于直系血亲或者三代以内旁系血亲的;

(五)患有医学上认为不应当结婚的疾病的。

**第七条** 婚姻登记机关应当对结婚登记当事人出具的证件、证明材料进行审查并询问相关情况。对当事人符合结婚条件的,应当当场予以登记,发给结婚证;对当事人不符合结婚条件不予登记的,应当向当事人说明理由。

**第八条** 男女双方补办结婚登记的,适用本条例结婚登记的规定。

**第九条** 因胁迫结婚的,受胁迫的当事人依据婚姻法第十一条的规定向婚姻登记机关请求撤销其婚姻的,应当出具下列证明材料:

(一)本人的身份证、结婚证;

(二)能够证明受胁迫结婚的证明材料。

婚姻登记机关经审查认为受胁迫结婚的情况属实且不涉及子女抚养、财产及债务问题的,应当撤销该婚姻,宣告结婚证作废。

## 第三章 离 婚 登 记

**第十条** 内地居民自愿离婚的,男女双方应当共同到一方当事人常住户口所在地的婚姻登记机关办理离婚登记。

中国公民同外国人在中国内地自愿离婚的,内地居民同香港居民、澳门居民、台湾居民、华侨在中国内地自愿离婚的,男女双方应当共同到内地居民常住户口所在地的婚姻登记机关办理离婚登记。

第十一条　办理离婚登记的内地居民应当出具下列证件和证明材料：

（一）本人的户口簿、身份证；

（二）本人的结婚证；

（三）双方当事人共同签署的离婚协议书。

办理离婚登记的香港居民、澳门居民、台湾居民、华侨、外国人除应当出具前款第（二）项、第（三）项规定的证件、证明材料外，香港居民、澳门居民、台湾居民还应当出具本人的有效通行证、身份证，华侨、外国人还应当出具本人的有效护照或者其他有效国际旅行证件。

离婚协议书应当载明双方当事人自愿离婚的意思表示以及对子女抚养、财产及债务处理等事项协商一致的意见。

第十二条　办理离婚登记的当事人有下列情形之一的，婚姻登记机关不予受理：

（一）未达成离婚协议的；

（二）属于无民事行为能力人或者限制民事行为能力人的；

（三）其结婚登记不是在中国内地办理的。

第十三条　婚姻登记机关应当对离婚登记当事人出具的证件、证明材料进行审查并询问相关情况。对当事人确属自愿离婚，并已对子女抚养、财产、债务等问题达成一致处理意见的，应当当场予以登记，发给离婚证。

第十四条　离婚的男女双方自愿恢复夫妻关系的，应当到婚姻登记机关办理复婚登记。复婚登记适用本条例结婚登记的规定。

## 第四章　婚姻登记档案和婚姻登记证

第十五条　婚姻登记机关应当建立婚姻登记档案。婚姻登记档案应当长期保管。具体管理办法由国务院民政部门会同国家档案管理部门规定。

**第十六条** 婚姻登记机关收到人民法院宣告婚姻无效或者撤销婚姻的判决书副本后,应当将该判决书副本收入当事人的婚姻登记档案。

**第十七条** 结婚证、离婚证遗失或者损毁的,当事人可以持户口簿、身份证向原办理婚姻登记的机关或者一方当事人常住户口所在地的婚姻登记机关申请补领。婚姻登记机关对当事人的婚姻登记档案进行查证,确认属实的,应当为当事人补发结婚证、离婚证。

## 第五章 罚 则

**第十八条** 婚姻登记机关及其婚姻登记员有下列行为之一的,对直接负责的主管人员和其他直接责任人员依法给予行政处分:

(一)为不符合婚姻登记条件的当事人办理婚姻登记的;

(二)玩忽职守造成婚姻登记档案损失的;

(三)办理婚姻登记或者补发结婚证、离婚证超过收费标准收取费用的。

违反前款第(三)项规定收取的费用,应当退还当事人。

## 第六章 附 则

**第十九条** 中华人民共和国驻外使(领)馆可以依照本条例的有关规定,为男女双方均居住于驻在国的中国公民办理婚姻登记。

**第二十条** 本条例规定的婚姻登记证由国务院民政部门规定式样并监制。

**第二十一条** 当事人办理婚姻登记或者补领结婚证、离婚证应当交纳工本费。工本费的收费标准由国务院价格主管部门会同国务院财政部门规定并公布。

**第二十二条** 本条例自2003年10月1日起施行。1994年1月12日国务院批准、1994年2月1日民政部发布的《婚姻登记管理条例》同时废止。

2. 条款式。正文分条排列,一贯到底。条下分不分款、项、目,要根据实际需要确定。

〔例文〕

**制止价格垄断行为暂行规定**

(2003年6月18日国家发展和改革委员会发布)

**第一条** 为制止价格垄断行为,促进公平竞争,保护经营者和消费者的合法权益,根据《中华人民共和国价格法》(以下简称《价格法》),制定本规定。

**第二条** 本规定所称价格垄断行为,是指经营者通过相互串通或者滥用市场支配地位,操纵市场调节价,扰乱正常的生产经营秩序,损害其他经营者或者消费者合法权益,或者危害社会公共利益的行为。

**第三条** 市场支配地位主要依据经营者在相关市场占有市场份额、所经营商品的可替代程度和新的竞争者进入市场的难易程度判定。

**第四条** 经营者之间不得通过协议、决议或者协调等串通方式实行下列价格垄断行为:

(一)统一确定、维持或变更价格;

(二)通过限制产量或者供应量,操纵价格;

(三)在招投标或者拍卖活动中操纵价格;

(四)其他操纵价格的行为。

**第五条** 经营者不得凭借市场支配地位,在向经销商提供商品时强制限定其转售价格。

**第六条** 经营者不得凭借市场支配地位,违反法律、法规的规定牟取暴利。

**第七条** 经营者不得凭借市场支配地位,以排挤、损害竞争对手为目的,以低于成本的价格倾销;或者采取回扣、补贴、赠送等手段变相降价,使商品实际售价低于商品自身成本。

**第八条** 经营者不得凭借市场支配地位,在提供相同商品或者服务时,对条件相同的交易对象在交易价格上实行差别待遇。

**第九条** 对经营者有本规定所列价格垄断行为的,由政府价格主管部门依法认定。

**第十条** 对经营者有本规定所列价格垄断行为的,由政府价格主管部门依据《价格法》第四十条和《价格违法行为行政处罚规定》第四条实施处罚。

**第十一条** 有关法规、规章对本规定第六、七条所列行为的处罚及处罚机关另有规定的,可以依照有关法规、规章的规定执行。

**第十二条** 政府及其所属部门应当依法保护经营者的定价自主权,不得对市场调节价进行非法干预。

**第十三条** 政府鼓励、支持、保护一切组织和个人对价格垄断行为进行社会监督。政府价格主管部门可以对价格垄断行为的举报人给予奖励,并应当为举报人保密。

**第十四条** 行业组织应当加强价格自律,不得从事违反本规定的行为。

**第十五条** 本规定由国家发展和改革委员会负责解释。

**第十六条** 本规定自2003年11月1日起施行。

3. 简易式。内容简短的规章制度不用条文式,只列几项内容,有的加几句前言(说明原因和根据),有的写成短语或韵语式,简便易行。

〔例文1〕

## 国务院工作人员守则

（1982年7月7日国务院常务会议讨论通过）

一、拥护中国共产党的领导,努力学习马克思列宁主义、毛泽东思想,坚持人民民主专政,坚持社会主义道路,全心全意为人民服务。

二、模范执行国家的宪法、法律、法令和行政法规,严格遵守纪律,廉洁奉公,不徇私情,勇于同不良倾向作斗争,特别要同官僚主义作斗争。

三、注重调查研究,一切从实际出发,实事求是地反映情况和处理问题。

四、办事认真、负责、准确、迅速,注重质量,讲究效率。自己职责内的事或上级交办的事,要按规定的期限完成,紧急的事,及时处理。

五、坚持民主集中制,服从组织领导,密切联系群众,虚心倾听人民群众和下级机关的意见和建议。

六、树立全局观念,同兄弟单位主动配合,团结协作,不扯皮,不推诿,共同搞好有关工作。

七、努力学习文化科学知识,积极钻研业务,不断提高知识水平和工作能力。

八、生活艰苦朴素,遵守社会公德,讲究文明礼貌。

九、谦虚谨慎,不骄不躁,坚持真理,修正错误,经常开展批评与自我批评。

十、提高革命警惕,严守国家秘密,维护祖国的尊严和荣誉。

〔例文2〕

### 育新花园居民公约

爱育新园　做文明人
家庭和睦　邻里互敬
注意卫生　保护环境
文明乘车　礼貌待人
讲究公德　热心公益
遵纪守法　弘扬正气

(二)六个层次写法。

1. 章。

一份规章制度如果条文较多,需要按条文内容归类分章。条例基本都分章,许多规定、办法、章程、实施细则等也分章。

第一章的章名(小标题)叫"总则",分若干条说明订立本规章制度的目的、根据、适用范围、主管部门、基本原则等。

以下若干章为分则,对有关事项和行为作出具体规范。规范内容要根据实际需要确定。每章都要有简要概括本章内容的章名。

制定规章制度,应体现职权与责任相统一的原则,所以重要的规章制度,特别是关系群众切身利益的规章制度,往往用倒数第二章规定违反本规章制度的主管人员应当承担的责任、受到的处罚,章名叫"罚则"或"法律责任"。

最后一章叫"附则",用来说明本规章制度的解释权归属、施行日期和需要补充说明的其他事项。

关于章的上述写法,参见例文《婚姻登记条例》。

2. 节。

规章制度的某一章如果条数太多,便应划分若干节;否则章下便直接列条,不必分节,如"总则"、"附则"都不分节。分节的规章制度不太多见。

每节都要有概括其下若干条内容的节名,如司法部发布的《外国籍罪犯会见通讯规定》共分四章,其中第二章"会见"便分为四节,节名为"会见的申请"、"会见的答复"、"会见的安排"和"会见的执行",其他各章未分节。

3. 条。

规章制度除简易者外,都要分条,条是大多数规章制度最基本的结构层次,处于基准线的地位。条的划分要做到以下几点:

(1)每条都应当有相对完整的意思,具有相对的独立性。

(2)每条不宜过长或过短。过长则失去分条的意义,过短则不能表达完整的意思。如《制止价格垄断行为暂行规定》每条平均只有60多字。如果某一条内容较多,便应分款、项、目,不能混为一谈,黑压压一片。

(3)各条之间应当在内容上有内在联系,环环相扣,防止断裂、脱节,给人以支离破碎的感觉。

章、节、条的序号都用中文数字,如"第一章"、"第一节"、"第一条"。一份规章制度所有条的序号应当连续排列,不能按章、节单独排列。

4. 款。

规章制度的某一条如果有两个或两个以上意思,便应分款。分款即分段,一条若分两个自然段,便是两款,以此类推。款不标序号。每款都是一个相对完整的意思。在自身引用时称"前款"、"上款"、"本条第×款",在适用引用时称"第×条第×款"。如《婚姻登记条例》第二条、第三条、第四条便都分为两款。

5. 项。

规章制度的某一条或某一款,若有几个并列事体或构成要件,便应分项。每项只应包含一个与引言结合起来才能形成的意思,单独的项不能表达完整的意思。项的序号用中文数字加圆括号,即"(一)"、"(二)"、"(三)"……。项的末尾用分号,最后一项的末尾用句号。参见例文分项各条。

6. 目。

规章制度的某一项如果又有两个或两个以上并列的意思,便应分目。目是最小的结构单位,很少使用。目的序号用阿拉伯数字,如"1."、"2."、"3."……目也不能单独表达一个意思,其末尾的标点符号与项相同。

## 思考和练习题

一、思考题

(一)规章制度有哪些作用?

(二)规章制度主要有哪些种类?

(三)规章制度的写作有哪些要求?

(四)怎样写规章制度的标题和题注?

(五)规章制度的正文有几种类型?

(六)怎样写规章制度正文的六个层次?

二、练习题

根据本单位的需要,起草一份条款式规章制度。

# 第十章 合　　同

## 第一节　合同的含义和作用

### 一、合同的含义

根据《中华人民共和国合同法》(以下简称《合同法》)的规定,合同是"平等主体的自然人、法人、其他组织之间设立、变更、终止民事权利义务关系的协议"。

合同又称契约,是双方(或多方)当事人依法订立的有关权利义务关系的协议。合同通常是由一方当事人提出要约(报价),另一方做出承诺(接受)。合同成立后,双方当事人必须遵守,如果一方未信守其承诺,另一方就有权追究其违约责任。因此订立合同是一种法律行为,依法成立的合同具有法律约束力。正因为如此,订立和撰写合同,必须熟悉有关法律,特别是《合同法》。

《合同法》是1999年3月15日九届全国人大二次会议通过、同年10月1日起施行的。这个《合同法》的诞生,结束了十余年来《经济合同法》、《涉外经济合同法》、《技术合同法》"三足鼎立"的格局,顺应了我国社会改革和发展的潮流,对促进社会主义市场经济秩序的建立和完善,推动建设社会主义法治国家的进程,具有重要的现实意义和深远的历史意义。

### 二、合同的作用

市场经济是一种法制经济。这里所说的法制,一是指国家制定的经济法,二是指发生经济联系的当事人之间签订的合同,因为合同也具有法律约束力。这样看来,合同对于社会主义市场经济的建立和健康发展具有十分重要的作用。

（一）保护合同当事人的合法权益。在经济交往中,双方必须守信用,各自的权益才能得以实现。比如产品买卖,出卖人必须保质、保量、按时供货,买受人的权益才有保障;买受人必须按价、按时付款,出卖人的权益才能得到保障。如果有一方或双方不信守其承诺,那么另一方或双方的生产、经营或使用就会落空。而把双方的承诺签订成合同,就会使当事人的合法权益得到保护,因为依法订立的合同,具有法律约束力,当事人必须全面履行合同规定的义务,任何一方不得擅自变更或解除合同,否则就要承担违约责任。这就保护了合同当事人的合法权益。

（二）维护社会经济秩序。社会经济要能健康发展,必须有良好的秩序。国家法律和法规必须得到遵守;国家利益和社会公共利益不能侵犯;经济交往必须贯彻自愿、平等、诚实、信用的原则,不能以大压小、以强凌弱,更不能搞假冒伪劣、蒙骗欺诈。违背这些原则,社会经济秩序就会紊乱,给国家、集体和个人造成损失。而合同正是按照这些原则签订的。违背这些原则的合同为无效合同,不仅不受法规保护,扰乱了社会经济秩序的,还要受到追究和查处。每年依法订立的数以亿计的合同,对稳定社会经济秩序发挥着重要作用。

（三）促进当事人提高经济和社会效益。当事人要想占领市场,签订足够的合同,就得提高质量和信誉;合同一经确立,当事人就得不折不扣地履行,如有违反就要承担责任。这样争取、签订和履行合同就成为促进当事人改善经营管理、加强经济核算、提高产品质量、创造更好的经济和社会效益的压力和动力。

## 第二节 合同的种类和特点

### 一、合同的种类

合同的种类,因划分标准不同而不同。如从形式划分,有表格式、条款式和表格条款相结合式三种,而按期限划分,则有长期、中期和短期三种,等等。我们着重介绍《合同法》按内容划分的十五种合同。

(一)买卖合同。是出卖人转移标的物所有权于买受人,买受人支付价款的合同。出卖人即卖方、卖主,或称供方;买受人即买方、买主,或称需方。买卖合同是最基本、最常用的合同。

(二)供用电、水、气、热力合同。是供电、水、气、热力人向用电、水、气、热力人供电、水、气、热力,用电、水、气、热力人支付费用的合同。

(三)赠与合同。是赠与人将自己的财产无偿给予受赠人,受赠人表示接受赠与的合同。

(四)借款合同。是借款人向贷款人借款,到期返还借款并支付利息的合同。借款的用途和利率等,应当遵守国家有关规定。又可分为工业借款、农业借款、商业借款、基本建设借款和自然人生活消费借款等合同。

(五)租赁合同。是出租人将租赁物交付承租人使用、收益,承租人支付租金的合同。出租的财产有动产,如车辆、船舶、图书、衣服等;也可以是不动产,如土地、房屋及与房屋不可分离的设备等。

(六)融资租赁合同。是出租人根据承租人对出卖人、租赁物的选择,向出卖人购买租赁物,提供给承租人使用,承租人支付租金的合同。融资租赁合同与租赁合同的主要区别在于租赁到期时,融资租赁合同的承租人除保有续租或退租的权利外,一般都可将租赁物按残值购入。

（七）承揽合同。是承揽人按照定作人的要求完成工作，交付工作成果，定作人付给报酬的合同。包括加工、定作、修理、复制、测试、检验等合同。这种合同使用也比较广泛，包括原材料、半成品的加工，机械设备的修理，房屋的修缮，场地的修整，商标的设计等等，都使用承揽合同。

（八）建设工程合同。是承包人进行工程建设，发包人支付价款的合同。包括工程勘察、设计、施工合同。国家重大建设工程合同，应当按照国家规定的程序和国家批准的投资计划、可行性研究报告等文件订立。建设工程合同的标的仅限于基本建设工程，发包人只能是被批准建设工程的法人，承包人必须是具备相应资质条件的法人。为完成一般工程建设（如建造个人住房）而订立的合同，为承揽合同。

（九）运输合同。是承运人将旅客或者货物从起运地点运输到约定地点，旅客、托运人或者收货人支付票款或者运输费用的合同。按运输对象分类，有客运合同和货运合同；按运输方式分类，有单一运输合同和多式联运合同。

（十）技术合同。是当事人就技术开发、转让、咨询或者服务订立的确立相互之间权利和义务的合同。可分为技术开发合同、技术转让合同、技术咨询合同和技术服务合同四种。

（十一）保管合同。是保管人保管寄存人交付的保管物，并返还该物的合同。保管合同仅指非专营仓储业的人所订立的保管寄存物的合同，分为有偿保管和无偿保管两种。有偿保管，寄存人应当按照约定向保管人支付保管费；当事人对保管费没有约定或者约定不明确，保管是无偿的。

（十二）仓储合同。是保管人储存存货人交付的仓储物，存货人支付仓储费的合同。保管人是经工商行政管理机关依法核准登记的专门从事仓储业的经营性组织，存货人一般为法人、其他经济组织、个体工商户、农村承包经营户等。

（十三）委托合同。是委托人和受托人约定，由受托人处理委托人事务的合同。分为有偿的和无偿的两种。委托他人办理营利性事务，以有偿为宜；委托他人办理非营利性事务，以无偿为宜。有偿的委托合同，因受托人的过错给委托人造成损失的，委托人可以要求赔偿损失；无偿的委托合同，因受托人的故意或者重大过失给委托人造成损失的，委托人可以要求赔偿损失。

（十四）行纪合同。是行纪人以自己的名义为委托人从事贸易活动，委托人支付报酬的合同。接受委托办理代购、代销、寄售等事务的一方称为行纪人。行纪人应是经批准经营行纪业务的法人，主要有信托公司、寄售商店、贸易货栈、生产资料服务公司等。行纪人在与第三人实施上述行为时，是以自己的名义进行的，而不是以委托人的名义进行的，这是行纪合同与委托合同的一个重要区别。

（十五）居间合同。是居间人向委托人报告订立合同的机会或者提供订立合同的媒介服务，委托人支付报酬的合同。居间人未促成合同成立的，不得要求支付报酬，可以要求委托人支付从事居间活动支出的必要费用。

二、合同的特点

合同不是一方制发的文书，而是双方或多方为了实现一定的目的而共同订立的协议；它一经成立，就具有了法律约束力，各方必须履行，如有违反就得承担违约责任；它与当事人权益、社会经济秩序和国家现代化建设都有直接关系。这就决定了合同应具有以下特点。

（一）合法性。订立合同，必须遵守法律、行政法规和规章。任何单位和个人不得利用合同进行违法活动，扰乱社会经济秩序，损害国家利益和社会公共利益，牟取非法收入。比如以国家明令禁止的买卖人口、贩运毒品、私自买卖文物、卖淫嫖娼、制作贩卖淫秽物品等为内容的合同,都是违法的无效的,不仅没有法律约束力,而且要受到法律的追究。

(二)平等性。合同的当事人是平等民事主体,他们在商品经济关系中享有平等的地位和权利。也就是说,合同当事人无论是法人,还是公民;无论是大单位,还是小单位;无论是上级单位,还是下级单位;无论是国有经济单位,还是集体经济、个体经济以及外资、合资单位,他们都有权平等地同其他当事人签订合同,享受平等的权利,不允许以大压小、以强凌弱,任何一方不能要求享有不平等的特殊权利。这就决定了在订立合同时,必须遵循协商一致的原则,一方不得把自己的意志强加给对方,不能以胁迫手段签订合同。

(三)诚信性。在签订合同时,当事人应当诚实地表达自己的意思,在履行合同时应当信守自己的承诺。隐瞒真相、买空卖空、制造推销假冒伪劣产品、拖欠供货或货款等,都是违背诚信性原则的。

(四)明确性。合同每项条款的表达,必须明了确切,不能含糊不清,不能有歧义和漏洞。这样在履行时才不会出差错;如果产生争议,才能作为有效的判明是非、分清责任的依据。

(五)规范性。为了保证合同的完备性、平等性、合法性,撰写合同应当符合规范化要求。为规范合同的体式,国务院已于1990年3月20日批准在全国推行合同示范文本。

## 第三节 合同的条款

明了合同应当有哪些条款,对订立和撰写合同是极其重要的,它可以保证合同的完备性,为履行合同和解决争议提供充分的依据。

根据《合同法》的规定,合同一般包括以下条款。

一、当事人的名称或者姓名和住所

当事人如果是法人,应用自己机关、团体或企事业单位的全称;当事人如果是公民(自然人),则用自己的姓名。

合同当事人必须真实存在,当事人不真实的合同不能认为有合同存在。

二、标的

标的是合同当事人权利义务指向的对象。如买卖合同中的货物,建设工程合同中的工程项目,借款合同中的一定数额的货币等。没有标的或标的不明确的合同,当事人的权利和义务就失掉目标,无法履行和检验。因此,标的是一切合同必须具备的首要条款。

标的用产品、劳务、工程项目等的名称来表示。标的名称要规范。有规定名称的使用规定名称,没有规定名称的使用惯用名称,新产品、新品种的名称应经有关部门或专家鉴定命名或批准才能使用。

三、数量

数量是指标的在量的方面的限度,即标的计量,用数字和计量单位来表示。如买卖合同中的货物数量,建设工程合同中的工程量,借款合同中的货币数量等。合同中没有数量的约定,就会使双方的权利和义务处于不确定不能衡量的状态,因此也难以履行。数量中的数字,除总金额使用大写汉字外,一般应使用阿拉伯数字;计量单位应采用"中华人民共和国法定计量单位"。数量必须写明确,不能使用类似"根据市场需求收货"之类的不确定说法。

四、质量

质量是标的内在素质和外观形态优劣程度的规定,是适应一定用途、满足一定需要的特性,也是绝大多数合同都有的条款。质量的约定和衡量标准,因标的不同而不同。如以货物为标的的买卖合同,其质量包括产品质量和包装质量(因为包装质量影响产品质量)。《合同法》规定,合同中"质量要求不明确的,按照国家标准、行业标准履行;没有国家标准、行业标准的,按照通常标准或者符合合同目的特定标准履行"。借款合同的标的即货币不存在质量问题,这是特殊情况。

### 五、价款或者报酬

价款或者报酬是取得标的的一方向对方提供的代价,都用货币表示。价款是指向提供财产的一方支付的货币;报酬是指向提供劳务的一方支付的酬金。

价款或者报酬由当事人双方协商议定。《合同法》规定:"执行政府定价或者政府指导价的,在合同约定的交付期限内政府价格调整时,按照交付时的价格计价。逾期交付标的物的,遇价格上涨时,按照原价格执行;价格下降时,按照新价格执行。逾期提取标的物或者逾期付款的,遇价格上涨时,按照新价格执行;价格下降时,按照原价格执行。"合同中"价款或者报酬不明确的,按照订立合同时履行地的市场价格履行;依法应当执行政府定价或者政府指导价的,按照规定履行"。

### 六、履行的期限、地点和方式

履行期限,是指双方当事人实现权利、履行义务的时间界限。当事人只有按时履行合同,才能及时满足对方的需要,达到订立合同的预期目的,保证社会经济生活的正常进行。履行期限应根据各类合同的不同性质而确定。如买卖合同是指交(提)货日期,建设工程合同主要是指开工、竣工日期,也指发包人清除场地、提供施工图纸等文件的日期等。

履行地点,是指履行和接受义务的地方。买卖合同是指交(提)货物的地点,建设工程合同是指建筑物所在地,货运合同是指货物到达地等。履行地点关系到一方是否尽到所承担的义务、另一方的费用支出和能否及时满足需要,应在合同中作明确约定。

履行方式,是指当事人采用什么方法来履行合同约定的义务,包括时间方式和行为方式。时间方式是指一次履行完毕,还是分期履行。行为方式是指当事人交付标的物的方法,如货物是送货、提货还是代运,劳务是必须亲自承担还是允许他人代为完成。

## 七、违约责任

违约责任是指由于当事人一方的过错或双方的过错,造成合同不能履行或者不能完全履行,有过错的一方或双方应当承担的责任。

承担违约责任的方式是继续履行、采取补救措施或者赔偿损失等。在履行义务或者采取补救措施后,对方还有其他损失的,应当赔偿损失。《合同法》规定:"当事人可以约定一方违约时应当根据违约情况向对方支付一定数额的违约金,也可以约定因违约产生的损失赔偿额的计算方法。"

《合同法》规定:"因不可抗力不能履行合同的,根据不可抗力的影响,部分或者全部免除责任,但法律另有规定的除外。当事人延迟履行后发生不可抗力的,不能免除责任。"

在合同中明确规定违约责任是十分重要的。合同当事人固然应当诚实信用,说到做到。但是并非所有的人都能信守这种商业信条,违约现象屡有发生,这不仅会损害信守合同一方的合法权益,而且会扰乱社会经济秩序。签订合同时,各方应重视这一条款,"丑话说在前头",作出明确约定,以保证合同的认真履行。

## 八、解决争议的方法

近年来,当事人对合同条款的理解和违约责任的认定等发生争议的现象屡见不鲜,因此《合同法》把解决争议的方法列为合同的条款。

《合同法》规定:"当事人对合同条款的理解有争议的,应当按照合同所使用的词句、合同的有关条款、合同的目的、交易习惯以及诚实信用原则,确定该条款的真实意思。"

解决合同争议的方法可以有以下选择:(一)和解或者调解;

(二)向仲裁机构申请仲裁;(三)向人民法院起诉。

《合同法》规定:"当事人应当履行发生法律效力的判决、仲裁裁决、调解书;拒不履行的,对方可以请求人民法院执行。"

## 第四节 合同的写法和写作要求

### 一、合同的写法

合同有条文式、表格式和条文与表格相结合式三种。一般由以下部分构成:

(一)标题。

合同的标题,可以用按性质划分的合同种类名称,如《买卖合同》、《建设工程合同》、《货物运输合同》。

为了意思更为明确,合同的标题也可采用进一步细分的合同种类名称,如《工矿产品购销合同》、《农副产品定购合同》以及《蔬菜购销合同》等。

(二)双方当事人名称或者姓名。

在标题之下,书写签订合同的双方当事人名称或者姓名。为了正文行文方便,应在当事人名称之前写上"供方"、"需方"或"发包方"、"承包方"等,或者在当事人名称之后加括号注明"甲方"、"乙方"等。这两种写法的样式如下:

发包方:×××××
承包方:×××××××

订立合同人:××××(甲方)
　　　　　　×××××××(乙方)

（三）正文。

合同的正文一般由三部分构成：

1. 开头。

简要说明双方签订合同的依据和目的。例如：

根据《中华人民共和国合同法》及有关规定，为明确出租方与承租方的权利义务，经双方协商一致，签订本合同。

(《房屋租赁合同》)

开头也可以省略根据，只写目的。例如：

为了提高船只使用的经济效益，明确出租方与承租方的权利义务，经双方充分协商，特订立本合同，以便共同遵守。

(《船只租赁合同》)

2. 主体。

分条或列表表达双方协商一致的内容，即上一节所讲的合同应有条款的内容。

〔例文1〕

## 流动资金借款合同

贷款方：_____

借款方：_____

保证方：_____

为明确责任，恪守信用，特签订本合同，共同信守。

一、贷款种类：_____

二、借款金额：(大写)_____

三、借款用途：_____

四、借款利率:借款利率为月息_____‰。按季收息,利随本清。如遇国家调整利率,按调整后的规定计算。

五、借款期限:

借款时间自_____年_____月_____日起,至_____年_____月_____日止。借款实际发放和期限以借据为凭分_____次或一次发放和收回。借据应作为合同附件,同本合同具有同等法律效力。

六、还款资金来源及还款方式:_____
_____

七、保证条款:

借款方请_____作为自己的借款保证方,经贷款方审查,证实保证方具有担保资格和足够代偿的能力,保证方有权检查和督促借款方履行合同。当借款方不履行合同时,由保证方连带承担偿还借款本息的责任。必要时,借款方可以从保证方的存款账户内扣收贷款本息。

八、违约责任:

1. 签订本合同后,贷款方应在借款方提出借据_____日内(假日顺延)将贷款放出,转入借款方账户。如贷款方未按期发放贷款,应按违约数额和延期天数的贷款利息的20%计算向借款方偿付违约金。

2. 借款方如不按合同规定的用途使用借款,贷款方有权收回部分或全部贷款。对违约使用部分,按银行规定加收罚息。借款方如在使用借款中造成物资积压或损失浪费,或进行非法经营,贷款方不负任何责任,并有权按银行规定加收罚息或从存款账户中扣收贷款本息。如借款方有意转移并违约使用资金,贷款方有权商请其他开户行代为扣款清偿。

3. 借款方应按合同规定的时间还款。如借款方需要将借款展期,应在借款到期前5日内向银行提出申请,有保证方的,还应由保证方签署同意延长担保期限,经贷款方审查同意后办理展期手续。如借款方不按期偿还借款,贷款方有权限期追回贷款,并按银行规定加收逾期利息和罚息。如企业经营不善发生亏损或虚盈实亏,危及贷款安全时,贷款方有权提前收回贷款。

九、争议解决:

凡因本合同或与本合同有关的一切争议,如各方协商不成,应提交中国国际经济贸易仲裁委员会仲裁,仲裁裁决是终局的,对各方均有约束力。

十、其他:

除因法律规定允许变更或解除合同的情况外,任何一方当事人不得擅自变更或解除合同。当事人一方依据法律规定要求变更或解除合同时,应及时采用书面形式通知其他当事人,并达成书面协议,本合同变更或解除后,借款方占用的借款和应付的利息,仍应按本合同的规定偿付。

双方协议的附加条款:＿＿＿＿＿＿＿＿＿＿＿＿＿＿＿＿＿
＿＿＿＿＿＿＿＿＿＿＿＿＿＿＿＿＿＿＿＿＿＿＿＿＿＿＿

合同的附件:＿＿＿＿＿＿＿＿＿＿＿＿＿＿＿＿＿＿＿＿
＿＿＿＿＿＿＿＿＿＿＿＿＿＿＿＿＿＿＿＿＿＿＿＿＿＿＿

本合同经各方签字后生效,贷款本息全部清偿后自动失效。

本合同正本一式三份。贷款方、借款方、保证方各执一份;合同副本＿＿＿＿＿＿份,报送＿＿＿＿＿＿有关单位各留一份。

贷款方:＿＿＿＿＿＿(盖章)　　借款方:＿＿＿＿＿＿(盖章)

法定代表人:＿＿＿＿＿＿(签章)　法定代表人:＿＿＿＿＿＿(签章)

保证方:＿＿＿＿＿＿(盖章)

法定代表人:＿＿＿＿＿＿(签章)

开户银行和账号:＿＿＿＿＿＿

签订日期:＿＿＿＿年＿＿＿＿月＿＿＿＿日

〔例文2〕

## 工矿产品购销合同

供方：_____    合同编号：

需方：_____    签订地点：

签订日期：_____年____月____日

一、产品名称、商标、型号、生产厂家、数量、金额、交(提)货时间及数量

| 产品名称 | 牌号商标 | 规格型号 | 生产厂家 | 计量单位 | 数量 | 单价 | 总金额 | 交(提)货时间及数量 | | | | |
|---|---|---|---|---|---|---|---|---|---|---|---|---|
| | | | | | | | | 合计 | | | | |
| | | | | | | | | | | | | |
| | | | | | | | | | | | | |
| | | | | | | | | | | | | |
| | | | | | | | | | | | | |
| 合计人民币金额(大写) | | | | | | | | | | | | |

(注：空格如不够用，可以另接)

二、质量要求、技术标准、供方对质量负责的条件和期限

三、交(提)货地点、方式

四、运输方式及到达站(港)和费用负担

五、合理损耗及计算方法

六、包装标准、包装物的供应与回收和费用负担

七、验收标准、方法及提出异议期限

八、随机备品、配件工具数量及供应办法

九、结算方式及期限

十、如需提供担保，另立合同担保书，作为本合同附件

十一、违约责任

十二、解决合同纠纷的方法

十三、其他约定事项

| 供　方 | 需　方 | 鉴(公)证意见: |
|---|---|---|
| 单位名称(章) | 单位名称(章) | |
| 单位地址: | 单位地址: | |
| 法定代表人: | 法定代表人: | 经办人: |
| 委托代理人: | 委托代理人: | |
| 电　　话: | 电　　话: | |
| 电报挂号: | 电报挂号: | 鉴(公)证机关(章) |
| 开户银行: | 开户银行: | 年　　月　　日 |
| 账　　号: | 账　　号: | (注:除国家另有规定外, |
| 邮政编码: | 邮政编码: | 鉴(公)证实行自愿原则) |

　　有效期限:　　年　月　日至　　年　月　日
　　监制部门:××××工商行政管理局　　印制单位:

　　如例文1《流动资金借款合同》,主体第一、二条写的是标的(种类和数量),一般为人民币若干(大写)元;第三条借款用途是借款合同特有的重要条款,不可忽略;第四条借款利率相当于借款方向贷款方支付的价款;第五、六条是借贷双方履行的期限和方式;第七条保证条款也是借款合同必不可少的;第八条违约责任分三项一一写明……此份借款合同做到了条款齐备。

　　再如例文2《工矿产品购销合同》,与上例不同的是,它的正文省去了开头部分,直接表述主体内容。第一条用表格来开列标的、数量、价款、履行期限和方式等。第二条是质量。第三条是履行地点。第十一条是违约责任。第十二条是解决争议的方法。其他各条是双方当事人根据合同性质约定的条款。表格与条文相结合,看起来清楚醒目。

　　3. 结尾。

　　写明本合同份数和各份保存单位,一般写作:"本合同一式2

份,××方、××方各执1份。"有担保单位和鉴(公)证机关的,还应为它们提供副本。

(四)签署。

正文之后便是签署部分。这部分至少应有当事人双方的盖章(或签字)、住所和签订合同的日期、地点。如果当事人是法人,并有鉴(公)证机关等,其项目则增多。应有哪些项目,参见例文一、二的签署部分。

二、合同的写作要求

(一)条款齐备。

条款是合同的主要内容,是当事人双方权利义务的具体规定,一定要考虑周全,无一遗漏。遗漏了应有的条款,就等于埋下了合同争议的种子,会造成种种不良后果。国内外有些人故意在合同上打埋伏、钻空子,谋取不义之财。因此我们在洽谈和拟定合同条款时,应心明眼亮,料事如神,避免任何疏忽和遗漏。

合同条款的齐备,首先要求具备《合同法》规定的条款,若有遗漏,后果会十分严重。据《经济参考》1983年7月2日报道,安徽歙县供销社与该县枇杷产区社队签订了枇杷收购合同,但到了收获季节,由于本地和外来商贩高价抢购,供销社虽把收购价提高20%,仍无人按合同交货。但因合同中价款和违约责任无明文规定,使供销社有苦无处诉。结果屯溪罐头厂连一个枇杷罐头也未做成,国家损失税利10万元,减少外汇收入3万美元左右。

其次,合同条款的齐备,还要求上述每一主要条款的具体内容周密完善。如西瓜预购合同的标的,不能只写西瓜,而应写北京早花西瓜或郑州一号西瓜等。再如关于产品包装质量的条款,不能只写袋装、箱装、桶装,而应把包装材料和包装方法写全,如袋装,应写明是纸袋装、麻袋装还是塑料袋装等。包装物的供应、回收和费用负担也不应漏写。

(二) 表达准确。

合同的文字表达,要做到准确无误,确定无疑。如果条款齐备了,但文字表达不准确,可以这样解释,也可以那样解释,甚至意思相反,或者因标点、书写、打印有误造成数字差错、意思改变,同样会引起合同争议,产生不良后果。

有一份购销合同把交货日期写作"4月份前",这就会产生两种理解,即3月底交货或4月末交货都说得过去,虽然一月之差,如果是季节性很强的产品,就会给需方造成巨大损失。还有一份承揽合同,把交货日期写作"争1982年四季度",结果承揽方到第二年4月份才交货。定作方认为承揽方严重超过合同约定期限,提出不要所订货物,不付价款和报酬,因而产生合同争议,诉诸法院调解。承揽方认为,"争1982年四季度"的"争"字,是"争取"的意思,争取不到可以顺延;定作方认为,"争"是"力争"的意思,超过4个多月,显然没有做到"力争"。法院认为,无论是"争取"还是"力争",都不是准确的时间概念,合同期限不明确,双方都有责任。结果双方经法院调解达成协议:定作方不要货,但需偿付承揽方经济损失9.49万元;承揽方自负经济损失达20万元。这可真是"一字千金"。它提醒我们:合同的写作必须字斟句酌,努力做到万无一失。

经验证明,许多合同的文字失误出在抄写或打印上。古人说:"书三写,鱼成鲁,虚成虎。"因此凡经抄写和打印的合同,一定要认真校对,消灭文字、标点、数字等一切差错。

(三) 字迹清楚,书面整洁。

手写的不应潦草难认,打印、复印的不能模糊不清。一般不要涂改,不得已的文字修改,应在修改处加盖双方印章。双方协商一致的内容变更,应当采用书面形式(包括文字、电报等),它们也是合同的组成部分,具有同样的法律效力。

## 第五节  常见的合同争议

近些年来,由于在合同订立、撰写和履行中存在种种问题,因此合同争议时有发生,值得各机关、团体、企事业单位签订合同时引为借鉴。下面讲几种常见的合同争议是怎样发生的。

### 一、标的不明确

一单位向另一单位订购两台 14SX—9BH 水泵,价值 2 000 元。需方提货时发现配有两台 260 瓦电动机,加价 2 000 元。需方以合同上未写配件为理由,提出退回电动机,但供方说,按惯例应有配件。双方争执不下,引出一场官司。

### 二、质量未写清

某经营部与某分公司订立购买竹篙的合同,对于竹篙的质量没有在合同中做详细规定,只写了无霉变、虫蛀。交货时,分公司认为竹篙太嫩,使用价值低,只能按废品处理。经营部却认为在合同中没有写明不要嫩竹篙,因而坚持要按正品要钱。矛盾难以解决,只好对簿公堂。

### 三、履行地点有误

某县建筑公司与某市水泥厂签订了购买水泥 100 吨的合同,以满足该公司在某市建筑工地的需要。合同中交货地点一条写作该县"建筑公司"。结果水泥发运到建筑公司无处存放,而该公司在某市的建筑工地却停工待料,造成经济损失 5 万余元。于是,建筑公司向水泥厂提出赔偿要求,被拒绝;又向人民法院起诉,也败诉。

### 四、书写失误

某机械修造厂与某机电公司签订 Y3180T 滚齿机一台,计 45 000 元。但却把标的物写成"Y3180",漏掉了一个"T"字,造成供货与需求不一致,引出了一场争议。

## 五、盲目签订合同

某校办工厂承揽了某工程队的一辆丰田牌运输车的修理业务,双方签订了合同。但由于该厂只有几台车床和电气焊等简单设备,技术力量薄弱,无力修好这辆进口车,从而引起合同争议。

## 六、单方面擅自变更或解除合同

某村将林牧场承包给村民,定期四年,承包人每年向村里上交22 000元。第一年获得好收成,承包人如数完成上交任务。村干部认为"合同指标太低,群众意见大",单方终止了合同,以每年上交村里29 500元的指标包给他人。原承包人不服,引起合同纠纷。

# 思考和练习题

## 一、思考题

(一) 什么是合同?
(二) 合同有什么作用?
(三) 合同有哪些种类?
(四) 合同有什么特点?
(五) 合同一般应有哪些条款?
(六) 合同的结构是怎样的?
(七) 合同有哪些写作要求?

## 二、练习题

按合同的写法和要求,修改下文。

### 合 同

立合同人:××化工厂第×车间(甲方)
　　　　　××第二建筑公司生产科(乙方)

为建筑××化工厂第×车间西厂房,经双方协商,订立本

合同:

1. 甲方委托乙方建造西厂房一座,由乙方全面负责建造。
2. 全部建造费(包括材料、人工)12.7万元。
3. 甲方在订立合同后先交一部分建造费,其余在西厂房建成后抓紧归还所欠部分。
4. 工期待乙方筹备就绪后立即开始,力争3月中旬开工,争取11月左右移交使用。
5. 建筑材料由乙方全面负责筹备。

本合同一式2份,双方各执一份。

立合同人　　××化工厂第四车间(公章)
　　　　　　主任×××(私章)
　　　　　　××第二建筑公司生产科(公章)
　　　　　　科长×××(私章)

　　　　　　　　一九××年×月××日

# 第十一章 诉　　状

## 第一节　诉状概述

诉状,是诉讼当事人为维护自身的合法权益,依照诉讼程序,向人民法院提出诉讼请求或答辩所制作的文书。

诉状,俗称"状子",是当事人为实施诉讼行为而制作文书的总称。当事人在自身合法权益受到侵害或发生争议时,运用法律所赋予的诉讼权利,依照法定程序,向人民法院提出保护自身合法权益的诉讼请求或答辩要求。这种诉讼请求,既是当事人向法院提出,也是通过法院向对方当事人提出的要求。按照法律规定和要求制作的诉状,是公民依法行使诉讼权利,维护自身的合法权益的重要手段,也是法院对案件进行审理和调解的依据和基础。

递送给司法机关(指人民法院和人民检察院)的诉状,按照案件性质可分为刑事诉状类、民事诉状类、行政诉状类。本书讲述的是民事诉状,主要指民事起诉状、上诉状、答辩状、申诉状。按照民事诉讼法的规定,原告起诉应向人民法院递交起诉状;被告收到起诉状副本后,应在法定的期间内提出答辩状。当事人对人民法院的第一审裁判不服,在法定期间内可以提起上诉。上诉用上诉状。对方当事人收到上诉状副本后,应在法定期间内提出答辩状。当事人及其法定代理人对已经发生法律效力的判决、裁定,认为有错误,可以向原审或者上级人民法院提出申诉。申诉要递申诉状。

我国的司法机关处理案件的原则是:"以事实为根据,以法律为准绳"。诉讼的胜败,并不取决于诉状写得好坏,但是,如果诉状写得好,格式和项目符合要求,即符合法律规定的要点,提起诉讼的案件就会被法院受理,因而引起诉讼程序的发生。当事人凭借诉状,反映案情事实,列举证实事实存在的确凿证据,阐明理由,这对人民法院正确断案有着十分重要的作用。所以认真写好诉状,对于诉讼当事人来说,是关系到切身利益的大问题。诉状可以自行书写,也可以委托律师或其他人代书。口头起诉的由法院代写诉状。无论自书,还是代写,写作要求和格式是相同的,法律效果也是一样的。

诉状的特点,一是合法性,诉状的全部内容必须有法可依,以法为准;二是规范性,诉状的写作要符合规范化的要求,项目要齐全,用语要准确,杜绝歧义;三是时效性,有的诉状有法律规定的时限,必须严格遵守这种时限。

现就各种不同类型诉状的写作格式及写作技巧,分别讲解如下。

## 第二节 起 诉 状

### 一、起诉状的含义

原告或其法定代理人因自己的或依法由自己保护的权益受到侵害或发生争议时,以自己的名义,请求人民法院通过裁判给予法律的保护,这种诉讼行为叫起诉。原告向人民法院提起诉讼时,用一种书面形式表明自己的诉讼请求和诉讼理由,并提出请求的根据,引起诉讼程序的发生,这种文书叫起诉状。

民事起诉状写作的法律依据为《中华人民共和国民事诉讼法》,该法于1991年4月9日第七届全国人民代表大会第四次会议通过,并根据2007年10月28日第十届全国人民代表大会常务委员会第三十次会议《关于修改〈中华人民共和国民事诉讼法〉的决定》进行了修正,修正后的《中华人民共和国民事诉讼法》自

2008年4月1日起施行。

民事诉讼法第一百一十条规定:"起诉状应当记明下列事项:(一)当事人的姓名、性别、年龄、民族、职业、工作单位和住所,法人或者其他组织的名称、住所和法定代表人或者主要负责人的姓名、职务;(二)诉讼请求和所根据的事实与理由;(三)证据和证据来源,证人姓名和住所。"

任何机关、团体、企事业单位和公民,认为自己受法律保护的民事权益受到侵害或与他人发生争议时,都依法享有起诉权,请求人民法院通过审理予以保护。起诉必须符合一定条件:一是原告必须是与本案有直接利害关系的公民、法人和其他组织。二是有明确的被告。即侵害原告民事权益或与原告有民事权益争议的被告的基本情况应当明确、具体,要知道被告人的详细情况,被告是法人或其他组织的要知道其名称、住所、法人代表人等,否则不能立案。三是有具体的诉讼请求和事实、理由。即原告起诉要求被告负什么责任,履行什么义务,通过起诉要法院解决什么问题。四是有起诉所需的证据。民事纠纷案件,原告负有举证责任,要有证据证明自己有资格起诉,提出的诉讼请求是有根据的。五是属于人民法院受理民事诉讼的范围和受诉人民法院管辖,即必须向有管辖权的第一审人民法院提起诉讼,案由应是民事权益或其他民事纠纷,如财产所有权、继承权、知识产权、债权、合同纠纷以及婚姻、家庭纠纷等,属于民法、经济法和婚姻法等所调整的范围。按照法律规定,原告除向人民法院提交民事诉状外,还应按被告人数提交该诉状的副本。民事起诉状将直接引起民事诉讼程序的发生,它是人民法院审查立案和审理的根据,也是被告方应诉答辩的依据。因此,民事起诉状在诉讼中具有十分重要的作用。

二、起诉状的内容和写作方法

(一)首部。

1. 标题。写"起诉状"或"民事诉状"。有的也可根据具体案件的类别确定标题,如"经济纠纷起诉状"。

2. 当事人的基本情况。当事人系公民的,要写明原告和被告人的姓名、性别、出生年月日、民族、籍贯、职业或工作单位和职务、住址。当事人系法人或其他组织的,要依次写明原告、被告名称、所在地址,法定代表人姓名、职务、电话,企业性质、工商登记核准号,经营范围和方式,开户银行、账号等。如有若干个原告、被告,应依他们在案中的地位与作用,逐次说明其基本情况。原告有委托代理人的,如果委托代理人系公民的,写其姓名、性别、职业、工作单位和职务、住址;如果委托代理人系律师的,写其姓名、工作单位和职务。

(二)正文。

1. 请求事项。这是原告为达到自己起诉的目的而向人民法院所作的请求。主要写明请求人民法院依法解决原告人一方要求的有关民事权益争议的具体问题,如请求"经济赔偿"、"恢复名誉"、"赡养监护"、"履行合同"、"归还产权"、"债务清偿"、"排除妨碍"等。

诉讼请求是双方当事人争执的焦点,是民事诉状的关键部分。在写作上有以下要求:第一,明确,具体。诉讼请求是对法院审理结果的要求,也是向对方当事人的要求。要求什么,应当明确、具体,不能含糊、笼统。第二,合理合法,切实可行。请求必须合理,并符合有关法律规定,可以付诸执行。

2. 事实与理由。本部分是起诉状的核心部分,是证明自己诉讼请求成立的重要依据。在写作上应围绕着诉讼请求讲明以下三项内容:

(1)事实方面。主要叙述被告人侵权行为的具体事实,写清楚当事人之间纠纷的发生、发展、结局,即纠纷的起因、时间、地点、经过、后果等。写清楚当事人双方争执的焦点和实质性的分歧。说明被告应承担的民事责任。如果原告在纠纷中也有一定过错,应承担一定的责任,也应实事求是地写明。

在写事实方面,对不同的事实,可采用以下几种不同的表述方法。第一,以纠纷发生、发展的时间为序来写。第二,围绕案件的核心问题来写。第三,根据案件的实际内容,对照民事诉讼法中的有关条款逐项分条记叙。

(2)理由方面。根据事实和证据,写明认定被告人侵权或违法行为的性质、所造成的后果以及应承担的责任;写明提出请求的法律、政策依据,援引法律条文,论证其请求事项的合理性、合法性。

事实和理由的写作要求有四点:一是详略得当,以双方争议的焦点为重点,其过程应概述;二是有理有据,观点明确;三是引用法律要准确适当;四是在语言上要做到逻辑严谨。

(3)证据和证据来源。在记叙事实、阐明理由以后,便应举出证据。向法院提供的证据,包括人证、物证、书证及一切证实材料。同时要交代证据的来源,证人的姓名、职业、住址等。证据是认定事实的基础,直接关系到诉讼请求的成立与诉讼的进程,是诉讼成败的关键,因此,要求证据可靠,决不能写虚假的证据。

举证时,如果提交法院的是书证或者物证,一般都应当提交原件,如用抄件或复制件,应注明"经查对,抄件与原件无异,正本在开庭时递交"等字样。有些书证或者物证,由于无法移动或者不便将原件带到法院,或有的时候需要提交的书证或者物证并不为举证人所持有,也可以提交影印件、照片或者复制品。对于原件为他人所持有的书证、物证,或者要求证人证明案件事实的,应当一并在起诉时,向法院提出持有人、证人的姓名、住址和所能证明的事实。

(三)尾部。

主要内容有呈文对象,写"此致""××人民法院";附项,写明本状副本×份,书证×件;具状人签名、盖章;具状年、月、日。

## 三、起诉状样本和例文

（一）起诉状样本。

## 起 诉 状

（法人或其他组织提起民事、行政诉讼用）

| |
|---|
| 原告名称 |
| 所在地址 |
| 法定代表人(或代表人)姓名　　　职务　　　电话 |
| 企业性质　　　工商登记核准号 |
| 经营范围和方式 |
| 开户银行　　　　　　　账号 |
| 被告名称 |
| 所在地址　　　　　　　电话 |
| 诉 讼 请 求 |
| |
| |
| |
| 事 实 与 理 由 |
| |
| |
| |

| | |
|---|---|
| | |
| 证据和证据来源,证人姓名和住址 | |
| | |
| | |
| | |
| | |
| 此致 | |
| 　　人民法院 | |
| 附:本诉状副本　　份 | |
| | 起诉人 |
| | 年　月　日 |
| | |

注:

1. 本诉状供法人或其他组织提起民事、行政诉讼用,用钢笔、毛笔书写或印制。

2. 被告是法人、组织或行政机关的,应写明其名称和所在地址;民事诉讼的被告是公民的,应写明其姓名、性别、出生年月日(或年龄)、民族、籍贯、职业或工作单位和职务、住址等。

3. "事实与理由"部分的空格不够用时,可增加中页。

4. "起诉人"署名栏应写明法人或其他组织全称,加盖单位公章。

(二)起诉状例文。

## 起 诉 状

原告名称　北京太阳锅炉厂
所在地址　北京市海淀区甲1号(邮政编码100088)
法定代表人　刘佳成　职务　厂长(电话2017766)
企业性质　全民所有制
经营范围和方式　压力锅炉制造安装,批发兼零售
开户银行　中国工商银行北京分行海淀办事处大钟寺分理处
账号　0477194
被告名称　北京市顺义县大英锅炉水电安装队
所在地址　北京市顺义县高丽营镇110号(邮政编码101116)
法定代表人　王成富　职务　队长(电话4978899)

诉讼请求

(1)给付货款81 015元。
(2)支付违约金17 073.62元。

事实及理由

1990年6月26日,我厂与被告北京市顺义县大英锅炉水电安装队签订了一份锅炉购销合同。合同规定,被告向我厂订购SZW240—7—95—70型号锅炉一台及附属配件,价款总计96 015元,款到发货。同年8月16日,被告将所订锅炉主体及附属配件全部提走,但未付款。经催要,被告于1991年5月26日将一张顺义县五中的15 000元转账支票交给我厂,尚欠的81 015元,被告以锅炉是顺义县五中委托代购、顺义县五中尚未付款为由拒不偿还。被告作为购货方,在我方按时提供锅炉后应履行合同规定的付款义务,其拒绝付款的行为是违约行为。《经济合同法》第32条规定:"由于当事人一方的过错,造成经济合同不能履行或者不

能完全履行,由有过错的一方承担违约责任。"《工矿产品购销合同条例》第36条第4项规定:"逾期付款的,应按照中国人民银行有关逾期付款的规定向供方偿付逾期付款的违约金。"据此,被告除应支付尚欠的货款81 015元外,还应向我厂支付逾期付款违约金17 073.62元。请人民法院依法作出判决。

     证据和证据来源,证人姓名和住址
 (1)北京市太阳锅炉厂产品订货合同1份
 (2)大英锅炉水电安装队还款计划1份
 (3)北京市太阳锅炉厂产品发货清单2份
 此致
北京市海淀区人民法院
 附:本诉状副本壹份
    起诉人 北京市太阳锅炉厂(盖章)
     一九九二年四月二十二日

## 第三节 上 诉 状

### 一、上诉状的含义

 上诉状,是民事诉讼当事人或其法定代理人不服地方人民法院第一审民事判决、裁定的,根据民事诉讼法的规定,有权向上一级人民法院上诉,请求撤销、变更原审裁判,或重新审判而提出的书状。上诉状是保护民事案件败诉一方当事人合法权益的诉讼文书。

 民事诉讼法第一百四十七条规定:"当事人不服地方人民法院第一审判决的,有权在判决书送达之日起十五日内向上一级人民法院提起上诉。当事人不服地方人民法院第一审裁定的,有权在裁定书送达之日起十日内向上一级人民法院提起上诉。"

 第一百四十八条规定:"上诉应当递交上诉状。上诉状的内容,应当包括当事人的姓名,法人的名称及其法定代表人的姓名或者其他组织的名称及其主要负责人的姓名;原审人民法院名称、案件的编号和案由;上诉的请求和理由。"

在民事诉讼活动中,诉讼的当事人(原告和被告)的诉讼地位和权利、义务是平等的,因此,在法律规定的期限内,双方当事人,如不服地方人民法院第一审判决或裁定,都可以依法向上一级人民法院提出上诉。如果超出法律规定的上诉期限,判决或裁定即发生法律效力,不能再上诉了。

上诉是当事人的一项重要诉讼权利。有权提起上诉的人,除当事人外,还包括他们的法定代理人和有独立请求权的第三人。经特别授权的委托代理人,也可以用被代理人的名义上诉。

提交上诉状,可引起第二审程序的发生,使第二审法院对上诉案件进行全面正确的审理。当事人行使上诉权,对保护自身的合法权益,有着十分重要的作用。

二、上诉状样本和写作要求

(一)上诉状样本。

## 上 诉 状

(民事、行政案件的法人、其他组织或行政机关提出上诉用)

| | | | |
|---|---|---|---|
| 上诉人名称 | | | |
| 所在地址 | | | |
| 法定代表人(或代表人)姓名 | | 职务 | 电话 |
| 企业性质 | 工商登记核准号 | | |
| 经营范围和方式 | | | |
| 开户银行 | | 账号 | |

| | |
|---|---|
| 被上诉人名称 | |
| 所在地址 | |
| 法定代表人(或代表人)姓名　　职务　　电话 | |

　　上诉人因　　　　　　　　　　　　　　　　一案，不服　　　人民法院　　年　月　日( )字第　号，现提出上诉。

上　诉　请　求

上　诉　理　由

　　此致

　　　人民法院

附:本上诉状副本　份

上诉人
年　月　日

注:

1.本诉状供民事、行政案件的法人或其他组织不服一审判决、裁定提起上诉用,用钢笔、毛笔书写或印制。

2.被上诉人是法人、组织或行政机关的,应写明其名称、地址、法定代表人或代表人的姓名;被上诉人是公民的,应写明其姓名、性别、出生年月日(或大概年龄)、民族、籍贯、职业或工作单位和职务、住址等。

3."上诉理由"部分的空格不够用时,可增加中页。

4."上诉人"署名栏,应写明法人或其他组织全称,加盖单位公章。

5.上诉状副本份数应按被上诉人的人数提交。

(二)上诉状写作要求。

由于上诉状是对原审人民法院的判决或裁定不服的书状,是对原裁判中的错误或不妥当、不公正之处给予否定评价的书面形式,因此,它不只是针对对方当事人的,主要是针对原裁判的。所以,书写上诉状时,对已查清的案情,不必再详细叙述,也不要漫无目的地或不着边际地陈述无关紧要的事实与理由,重点应当考虑下面几个方面。

1.针对原裁判的不当之处,有的放矢地反驳。

(1)将原裁判和客观事实相对照,针对原审判在认定事实方面不实或不清、不准、不当的地方进行反驳,提出纠正或否定的依据和证据,陈述正确的事实,摆明其中的道理,提出上诉理由。不论何种民事案件,凡是在认定事实上有错误,都可以据此提出上诉理由。要注意的是,认为原裁判哪一部分有问题,就对哪一部分提出请求纠正的理由;若是全部错,则提出全部否定的根据和理由,切勿笼统、含糊。

(2)将原裁判所引用的法律和应当适用的法律相对照,针对原裁判适用法律方面的错误,提出上诉理由。在这里,应当具体指出其不当之处,如经济案中错误地引用了《合同法》的某条款,债务案中错误地引用了《民法通则》的某条款。在上诉状中明确指出其错误引用的法律条款,说明应当正确引用的法律条款,以使第二审人民法院作出正确的审查、判断。

(3) 将原审诉讼程序与法律规定的诉讼程序相对照,针对原审裁判违反诉讼程序方面的错误,提出纠正的法律依据。上诉人如认为原审裁判有违反诉讼程序的,比如应该公开审判而审判时未公开,或应有辩护人的案件而没有辩护人,或发现当事人无诉讼行为能力,应当通知其法定代理人参加诉讼而未通知等等,可作为上诉的理由提出。

2. 提出一审遗漏的新的事实和证据。当事人在一审中应当提供的某些重要事实,由于疏忽而没有提供,而此事实又是足以影响判决的,在上诉状中就应提出新的事实和证据,阐明理由,便于二审法院审理做出正确处理。

上诉人经过摆事实、讲道理和有理有据的驳论,明确提出自己的主张和要求,即重申诉讼请求中所提出的要求,比如请求依法撤销原判(或裁定),予以改判(或重新审判)。

由于我国是两审终审制,所以第二审的判决是终审判决,事关重大。因此,书写上诉状时,一定要抓住重要事实,充分说理,并尽可能引用所适用的法律条文,力争达到上诉的目的。

### 三、上诉状例文

〔案情简介〕 A县××银行某信用社向个体户于某贷款220万元,扶助他在本县办商贸公司。两年以后,由于国家收紧银根,控制放贷,A县××银行某信用社遂向于某收贷。某信用社发现于某搞不法经营,就警告他迅速还贷,否则就采取强制措施。此时,A县工商局查封了于某的公司,准备对该公司进行整顿。

与A县相邻的B县比较贫困。B县领导听说A县有个"大能人"于某愿意到B县搞经营,于是县政府、县人大与县政协集体协商后,同意请于某来本县办公司,B县××银行并向于某贷款220万元,希望于某能为发展B县的商品经济起带动作用。于某把B县××银行的贷款220万元转到A县××银行某信用社还贷,同时继续搞不法经营。B县发现于某搞不法经营,立即向于某收贷,但于某无力偿还贷款,被B县人民检察院以经济犯罪逮捕。

B县××银行向×地区中级人民法院起诉A县××银行某信用社,诉称A县××银行某信用社与于某恶意串通,骗取了B县××银行贷款。一审法院判决认为,A县××银行某信用社采取胁迫手段让于某还贷,致使于某采用诈骗方法去筹集款项,而且该信用社明知于某用来还贷的220万元是从B县骗取的,但仍然收贷,使B县的贷款无法收回。因此判决A县××银行某信用社将已收贷的220万元全部返还B县××银行。

A县××银行某信用社不服一审法院判决,遂向省高级人民法院上诉。

## 上 诉 状

上诉人:××省A县××银行某信用社

地　　址:A县××街××号

法定代表人:×××主任

被上诉人:××省B县××银行

地　　址:B县××街××号

法定代表人:×××行长

上诉人因B县××银行所诉返还贷款一案,不服××地区中级人民法院×年×月×日×字第×号经济纠纷判决,现提出上诉。

### 上 诉 请 求

1. 要求撤销一审法院判决,重新查清事实,保护我方的合法权益。

2. 要求判令被上诉人承担相应的经济责任。

## 上诉理由

1. 一审法院判决确认,我方(上诉人)采取胁迫手段清贷,致使个体户于某不得不到B县骗取贷款(见附件一)。我方认为,银行有权对逾期贷款进行催要,必要时可以采取强制措施收贷。如果银行对于拖欠贷款的借贷者催收得紧了些,就被认为是"胁迫",那么银行就无法如期收贷,银行合法的收贷权利就得不到保障。况且,我方催收贷款与于某到B县骗取贷款没有因果关系。我方既没有明示也没有暗示于某到B县××银行去骗取贷款。所以,我方认为一审法院在这方面认定事实不清,证据不充分,要求二审法院进行重新认定。

2. 我方在收贷时,没有义务查问借贷者还贷的款项是如何筹措来的。借债还钱,天经地义,只要借贷者如数归还贷款,我方就理应如数收贷。这是××银行信贷规章制度所承认的(见附件二)。

3. 个体户于某在我县搞不法经营被查封,我方正紧追着他收贷时,B县却把于某视为经营管理的"大能人"加以聘用,既不去了解于某的资信程度,不要求借贷方提供担保人,又不去监督于某在B县所办公司的经营,就盲目放贷,因此B县××银行是有过错的,应当承担一定的经济责任。一审判决责令我方全数归还B县××银行贷款220万元,是不符合法律规定的。

为此,特向你院上诉,请求依法撤销原判决,以实现上诉请求。

此致

××省高级人民法院

附:本上诉状副本壹份

附件:一、一审判决书

二、《××银行关于信贷的几项规定》

上诉人 A县××银行某信用社(盖章)

一九××年×月×日

## 第四节 答 辩 状

### 一、答辩状的含义

答辩状是指被告人或被上诉人,在诉讼活动中提出的一种诉讼文书,这种文书是被告人或者被上诉人对原告人或者上诉人向人民法院提出的起诉理由或上诉理由的答复和辩驳。答辩状在两种情况下提出:

(一)原告人向第一审人民法院起诉后,被告人就起诉状提出答辩状,可称为第一审答辩状,或一审程序上的答辩状。按照民事诉讼法第一百一十三条规定:"人民法院应当在立案之日起五日内将起诉状副本发送被告,被告在收到之日起十五日内提出答辩状。被告提出答辩状的,人民法院应当在收到之日起五日内将答辩状副本发送原告。被告不提出答辩状的,不影响人民法院审理。"行政诉讼法第四十三条规定:"人民法院应当在立案之日起五日内,将起诉状副本发送被告。被告应当在收到起诉状副本之日起十日内向人民法院提交作出具体行政行为的有关材料,并提出答辩状。人民法院应当在收到答辩状之日起五日内,将答辩状副本发送原告。被告不提出答辩状的,不影响人民法院审理。"

(二)案件经第一审人民法院审理终结后,一方当事人不服而提出上诉,被上诉人就上诉状提出答辩状,可称为第二审答辩状或二审程序上的答辩状。按照民事诉讼法第一百五十条规定:"原审人民法院收到上诉状,应当在五日内将上诉状副本送达对方当事人,对方当事人在收到之日起十五日内提出答辩状。人民法院应当在收到答辩状之日起五日内将副本送达上诉人。对方当事人不提出答辩状的,不影响人民法院审理。原审人民法院收到上诉状、答辩状,应当在五日内连同全部案卷和证据,报送第二审人民法院。"

答辩状是与起诉状、上诉状相对应的文书。被告人、被上诉人提出答辩状,是一种应诉的法律行为,也是维护自己的合法权益,反驳原告或上诉人的诉讼请求,实现在诉讼上保护自己所采取的一种手段。这既是诉讼中规定的程序,也是一种重要的诉讼权利。

**二、答辩状样本和写作要求**

(一)答辩状样本。

## 民 事 答 辩 状

(法人或其他组织对民事起诉提出答辩用)

| | |
|---|---|
| 答辩人名称 | |
| 所在地址 | |
| 法定代表人(或代表人)姓名　　　　职务　　　　电话 | |
| 企业性质　　　　　　工商登记核准号 | |
| 经营范围和方式 | |
| 开户银行　　　　　　　　账号 | |
| 　　因　　　　　　　　　　　　　　　　　　　　　一案,<br>提出答辩如下: | |
| | |
| | |
| | |
| | |
| | |
| | |

|  |
|---|
|  |
|  |
|  |
|  |
|  |
|  |
|  |
|  |
|  |
| 　　此致 |
| 　　　人民法院 |
| 附：本答辩状副本　　份 |
| 　　　　　　　　　　　答辩人 |
| 　　　　　　　　　　　　年　月　日 |
|  |

注：

　　1.本答辩状供法人或其他组织对民事起诉提出答辩用,用钢笔、毛笔书写或印制。

　　2.答辩中有关举证事项,应具体写明证据和证据来源、证人姓名及其住址。

　　3."答辩人"署名栏应写明法人或其他组织全称,加盖单位公章。

4.答辩状副本的份数,应按原告的人数提交。

## 行政答辩状

(被诉行政机关提出答辩用)

| 答辩人名称 | | |
|---|---|---|
| 所在地址 | | |
| 代表人姓名　　　职务　　　电话 | | |
| 　因　　　　　　　　　　　　　　一案,提出答辩如下: | | |
| | | |
| | | |
| | | |
| | | |
| | | |
| | | |
| | | |
| | | |
| | | |
| | | |
| | | |

|  |
|---|
|  |
|  |
|  |
|  |
|  |
| 　　此致 |
| 　　　人民法院 |
| 附:本答辩状副本　　份 |
| 　　　　　　　　　　　　　　　答辩人 |
| 　　　　　　　　　　　　　　　年　月　日 |
|  |

注:

1.本答辩状供被诉行政机关对行政起诉提出答辩用,用钢笔、毛笔书写或印制。

2.答辩中有关举证事项,应具体写明证据和证据来源、证人姓名及其住址。

3."答辩人"署名栏应写明行政机关全称,加盖单位公章。

4.答辩状副本份数,应按原告的人数提交。

(二)答辩状写作要求。

1. 第一审答辩状是对起诉状的答辩,所以它的内容必须有明确的针对性,即只涉及原告人提出的诉讼材料,针对起诉状所提出的事实和理由,进行答复和辩解。特别要抓住起诉状中那些与事实不符、证据不足、缺少法律依据等内容,进行反驳。在辩驳中,阐明自己的观点,申述自己的理由,提出确凿的事实根据和明确的法律依据,以便法院审理时,辨别原告人的指控、诉讼请求是否有事实和法律依据,从而作出正确的裁决。

2. 第二审答辩状有它的特殊之处,即上诉人不服一审判决,而被上诉人往往尽力维护一审判决。所以,写这种答辩状应该注意两点:(1)上诉人的上诉状与第一审诉状(起诉状或者答辩状)比较,提出了什么新的事实和理由。这些事实和理由,有没有充分的根据。针对这些事实和理由,有理有据地进行答辩,说明对方的诉讼请求不能成立。写答辩状,一定要遵循实事求是的原则,不空发议论,不强词夺理。(2)既然第一审裁决对自己一方有利,那么,在第二审的答辩中,就应该对裁决给予充分的肯定,证明它是公正的裁决,请求第二审人民法院维持原审裁决,特别是上诉状没有提出新的证据和理由,仅仅是重复原审的事实和理由时,更应该强调原判决的正确性,并尽可能地补充必要的证据和理由,以便第二审人民法院作进一步的审核。

### 三、答辩状例文

(一)第一审答辩状例文。

## 答 辩 状

答辩人名称　北京市顺义县大英锅炉水电安装队
所在地址　北京市顺义县高丽营镇110号(邮编101116)
法定代表人　王成富　职务　队长　(电话4978899)
企业性质　集体所有制
工商登记核准号　京顺乡企照字897号
经营范围和方式　压力锅炉及水电安装、维修
开户银行　中国农业银行北京分行顺义支行高丽营营业所

账号 014478

因北京太阳锅炉厂诉北京顺义县大英锅炉水电安装队锅炉购销合同纠纷一案，提出答辩如下：

1. 我队不是原告所提锅炉购销合同的一方，而是该合同一方顺义县五中的委托代理人。我队与原告于1990年6月26日签订的联合协议明确规定："我队负责向用户推荐锅炉厂产品或受用户委托订购锅炉厂产品。"我队就是根据这条协议代顺义县五中与原告签订了这份锅炉购销合同的。我队队长王成富之所以在该合同上签字盖章，是为了表明我队愿帮助原告推销产品，而不是作为合同另一方签字盖章。

2. 我队与原告无经济往来，原告所述"被告将所订锅炉主体及附属配件全部提走"、"被告于1991年5月26日将一张顺义县五中的15 000元的转账支票交给我厂"与事实不符。事实是：锅炉是顺义县五中用部队的汽车和该校的汽车到原告处提走的，转账支票是原告直接到顺义县五中由该校王校长亲手交给原告的。这些事实同时也表明，签订合同的是原告与顺义县五中，我队不是锅炉购销合同的一方当事人。

既然我队不是合同甲、乙方，原告既不应把我队作为被告，更说不上承担违约责任。请人民法院依法驳回原告的诉讼请求。

此致

北京市海淀区人民法院

附：本答辩状副本壹份

附件：(1)北京市顺义县锅炉安装许可证　(2)联合协议

答辩人　北京市顺义县大英锅炉水电安装队(盖章)

一九九二年五月二十四日

（二）第二审答辩状例文。

## 答 辩 状

答辩人：××省B县××银行
地址：××省B县××街×号
法定代表人：×××行长
委托代表人：×××　×市×律师事务所律师

为××省A县××银行某信用社因不服××地区中级人民法院×年×月×日×字第×号经济纠纷判决提出上诉，我方就其上诉理由答辩如下：

1.上诉人A县××银行信用社在收贷时，明知借贷人于某在短时间内不可能合法取得220万元用来还贷，但上诉人仍然收贷，这种做法实际上默认了借贷人以不法手段筹措还贷的行为。上诉人明知道借贷人一时无力还贷，仍胁迫借贷人迅速还贷，从而诱发了借贷人诈骗的动机。因此，对于我方被骗的贷款，上诉人负有不可推卸的责任。根据《民法通则》第五十八条规定，以胁迫手段使对方在违背真实意思的情况下所为的，恶意串通，损坏国家、集体或者第三人利益的行为，属于无效的民事行为。所以，一审法院判决A县××银行某信用社全数返还贷款是符合法律规定的。

2.我方向个体户于某贷款是为了让他办公司，搞合法经营，但他却把这部分钱用来还贷，违反了贷款专款专用的原则。因此，个体户于某的还贷行为属于无效的民事行为，A县××银行某信用社的收贷行为也是无效的民事行为，他们之间的收还贷行为不受法律保护。

3.个体户于某在A县办公司时，其不法经营行为已触犯了刑法，早该绳之以法。但A县××银行某信用社为了收回贷款，不到法院控告个体户于某，害怕他一进监狱，就无力还贷，因此放纵了罪犯，为他到我县进行诈骗行为提供了机会，使不法分子得以继续进行买空卖空的诈骗行为,给我方造成了巨大损失。

我们认为一审法院的判决是公正的,上诉人的上诉理由是没有法律根据的,恳请二审人民法院公正审理,维持原判。

此致
××省高级人民法院

附:本答辩状副本壹份

答辩人　B县××银行(盖章)<br>一九××年×月×日

## 第五节　申　诉　状

### 一、申诉状的含义

申诉状,又称申诉书、再审申请书,它是民事申诉人对已经发生法律效力的民事判决、裁定、调解协议不服,依法向原审人民法院或上一级人民法院要求重新审理所提出的书面请求。

民事诉讼法第一百七十八条规定:"当事人对已经发生法律效力的判决、裁定,认为有错误的,可以向上一级人民法院申请再审,但不停止判决、裁定的执行。"第一百七十九条规定:"当事人的申请符合下列情形之一的,人民法院应当再审:(一)有新的证据,足以推翻原判决、裁定的;(二)原判决、裁定认定的基本事实缺乏证据证明的;(三)原判决、裁定认定事实的主要证据是伪造的;(四)原判决、裁定认定事实的主要证据未经质证的;(五)对审理案件需要的证据,当事人因客观原因不能自行收集,书面申请人民法院调查收集,人民法院未调查收集的;(六)原判决、裁定适用法律确有错误的;(七)违反法律规定,管辖错误的;(八)审判组织的组成不合法或者依法应当回避的审判人员没有回避的;(九)无诉讼行为能力人未经法定代理人代为诉讼或者应当参加诉讼的当事人,因不能归责于本人或者其诉讼代理人的事由,未参加诉讼的;(十)违反法律规定,剥夺当事人辩论权利的;(十一)未经传票传唤,缺席判决的;(十二)原判决、裁定遗漏或者超出诉讼请求的;(十三)据以作出原判决、裁定的法律文书被撤销或者变更的。对违反法定程序可能影响案件正确判决、裁定的情形,或者审判人员在审理该案件时有贪污受贿,徇私舞弊,枉法裁判行为的,人民法院应当再审。"第一百八十条规定:"当事人申请再审的,应当提交再审申请书等材料。人民法院应当自收到再审申请书之日起五日内将再审申请书副本发送对方当事人。对方当事人应当自收到再审申请书副本之日起十五日内提交书面意见;不提交书面意见的,不影响人民法院审查。人民法院可以要求申请人和对方当事人补充有关材料,询问有关事项。"第一百八十二条规定:"当事人对已经发生法律效力的调解书,提出证据证明调解违反自愿原则或者调解协议的内容违反法律的,可以申请再审。经人民法院审查属实的,应当再审。"第一百八十四条规定:"当事人申请再审,应当在判决、裁定发生法律效力后二年内提出;二年后据以作出原判决、裁定的法律文书被撤销或者变更,以及发现审判人员在审理该案件时有贪污受贿,徇私舞弊,枉法裁判行为的,自知道或者应当知道之日起三个月内提出。"这些是制作申诉状的法律依据。

  申诉状是对已经发生法律效力的判决或裁定认为有错误而作的书面申诉,在申诉期间并不停止判决、裁定的执行。申诉状可能引起对案件的再审,也可能不引起对案件的再审,这与上诉状递交之后即可引起第二审程序的发生不同。但是,申诉状毕竟是能使有权提起审判程序再发生的特定机关得知案件处理有无错误的重要材料来源之一,也是群众对审判工作进行监督的一个重要形式。申诉状是运用特殊诉讼程序维护申诉人权益的文书,在一定情况下是纠正已发生法律效力的错误判决或裁定的有效补救办法,通过这种审判监督程序,无罪的人就不至于含冤受罚。

## 二、申诉状样本和写作要求

（一）申诉状样本。

# 申 诉 状

（各类案件通用）

| 申诉人 |
|---|
| |
| |
| 申诉人 对 人民法院 年 月 日 （ ）字第 号 ，提出申诉。 |
| 请 求 事 项 |
| |
| |
| |
| |
| 事 实 与 理 由 |
| |
| |
| |

|  |
|---|
|  |
|  |
|  |
|  |
|  |
|  |
|  |
|  |
| 　　此致 |
| 　　　　人民法院 |
| 附：原审　　　书抄件一份 |
| 　　　　　　　　　　　　申诉人 |
| 　　　　　　　　　　年　月　日 |
|  |

注：

1. 本申诉状供对各类案件提出申诉时通用，用钢笔或毛笔书写。

2. "申诉人"栏，如系公民的，应写明姓名、性别、出生年月日、民族、籍贯、工作单位和职务、住址等；如系法人或其他组织的，应写明名称、所在地址、法定代表人或代表人的姓名和职务。

3. "事实与理由"部分的空格不够用时，可增加中页。

4. "申诉人"署名栏，如系法人或其他组织的，应写明全称，由法定代表人或代表人签名，加盖单位公章。

（二）写作要求。

申诉状是针对已经发生法律效力的判决或裁定认为有错误而提出的，要使申诉状递交后能发生审判监督程序，在写作时，应考虑下面几个方面：

1. 如果原裁判不是依据全面事实裁判的，申诉状应对案情事实，原来的处理经过及最后处理结果进行归纳叙述，使受理的法院对整个案情有全面的了解。然后，阐明不服之点，针对原处理决定的不当之处，具体说明。

2. 如果认为原处理决定是认定事实有错误，应列举事实证据加以澄清。原处理决定认定事实属实，应承认其恰当而不应反驳，这是一种实事求是的态度。

3. 申诉人应将与请求目的相符的人证、物证、书证等在申诉状里明确列示，具体加以说明，以有利于受理机关正确地查明案件的真实情况和正确地认定案件性质，如能提供帮助说明申诉事实的新的证据，将更有说服力。

4. 在申诉状中对法律的适用情况可作两方面说明：一是原裁判如果所适用的法律不当，对案件性质认定有错误，应在申诉状中说明应正确适用的法律及其条款；二是如果原裁判违反诉讼程序，申诉人应在申诉状中说明正确执行诉讼程序的作法和规定。

5. 申诉状可采用证明和反驳的写法。所谓证明法即以正确的事实证明申诉有据，以正确的逻辑推理证明申诉有理；所谓反驳法，即抓住原裁判中的关键性错误，建立反驳的论点，用确凿的事实和证据，充分地加以辩驳。

如果申诉有新的事实，有确实的证据，那么以证明法写申诉状颇为得力；如果抓准了原裁判中的关键性错误，以用反驳法为好。也有证明法和反驳法并用的，主要是根据案情事实和诉讼要求来决定。

## 三、申诉状例文

### 申 诉 状

申诉人:××省 A 县××银行信用社
地址:A 县××街××号
法定代表人:××× 主任

申诉人 A 县××银行某信用社因与 B 县××银行贷款纠纷一案,现对××省高级人民法院×年×月×日×字第×号经济纠纷判决不服,现提出申诉。

#### 请求事项

请求重新审理 A 县××银行某信用社与 B 县××银行贷款纠纷案,纠正××省高级人民法院×年×月×日×字第×号经济纠纷判决。

#### 申诉理由

1. 你院终审判决认为,我方不是与借贷人于某串通,骗取 B 县××银行的贷款,也不是明知个体户于某拿 B 县××银行的贷款来抵贷,因而在收贷时并没有过错。但事后知道此还贷之款系 B 县××银行的贷款,就应该退还 B 县××银行,而保留向个体户于某追收贷款的权利。我方认为,既然收贷时没有过错,应该保护我方合法的收贷行为,保护我方的合法权益。

2. B 县××银行在向个体户于某放贷时,没有进行资信调查,也没有令其提供贷款担保单位,就将大笔款项借贷给他,事后又不监督其用贷,有很大过错。依照法律规定,有过错的一方对造成的经济损失也应承担一定的经济责任。而终审法院令我方全数归还 B 县××银行贷款,没有体现 B 县××银行因过错而负经济责任的法律要求,这样,使得早一步积极清贷、控制不法分子于某行为的我方反而大受损失,在国家已经收紧银根的时候仍毫无顾忌地向不法分子于某贷款的 B 县××银行,反而不承担丝毫经济损失,违反了有过错则有责任的基本法律原则。

根据上述理由,请求再审此案,重新作出公正合法的裁判。

此致

××省高级人民法院

申诉人 A县××银行某信用社(盖章)

一九××年×月×日

**附:法律名词解释**

**诉讼** 诉,告诉,诉说;讼,争论是非。诉讼,指法院、检察机关以及民事、刑事案件的当事人在法院处理案件时进行的活动。俗称打官司。

**诉讼法** 关于诉讼程序的法律,有刑事诉讼法、民事诉讼法和行政诉讼法,分别规定刑事案件、民事案件和行政案件的侦查(调查)、起诉、审判、上诉、申诉、再审、执行等程序。

**当事人** 指因民事权益发生纠纷,以自己的名义进行诉讼并且受人民法院裁判拘束的人。公民、法人和其他组织可以作为民事诉讼的当事人。

**法人** 依照法律程序成立的企业、农村乡镇、国家机关、事业单位、社会团体等具有民事权利主体资格的社会组织。法人由其法定代表人进行诉讼。

**法定代理人** 指那些没有诉讼行为能力人的监护人,如其父母、养父养母、配偶、子女、近亲属及被代理人的所在单位。

**委托代理人** 指受当事人、法定代理人委托代为参与诉讼的人。律师、当事人的近亲属、有关的社会团体或者所在单位推荐的人,经人民法院许可的其他公民,都可以被委托为诉讼代理人。按照法律规定,委托他人代为诉讼,必须向人民法院提交由委托人签名或者盖章的授权委托书。授权委托书必须记明委托事项和权限。

**证据** 据以认定案情的材料。当事人对自己提出的主张,有责任提供证据。证据有下列几种:(1)书证;(2)物证;(3)视听资料;(4)证人证言;(5)当事人的陈述;(6)鉴定结论;(7)勘验笔录。这些证据必须查证属实,才能作为认定事实的根据。

**证人证言** 证人向人民法院说明自己了解的对案件有意义的事实材料,叫证人证言。证人提供证言,一般是以口头方式向人民法院陈述。开庭审理时,证人应当出庭,真实地公开陈述自己所能证明的问题。确有正当理由不能出庭的证人,也可以提出书面证言,或者由审判人员就地进行询问,作出询问笔录,开庭时当庭宣读。有的证人在外地,可以委托有关人民法院代为询问,并制作证言笔录,或者由证人提供书面证言。

**书证** 凡是能够以书面材料的内容或涵义,证明案件事实的,都叫书证。书证应当提交原件,提交原件确有困难的,可以提交复制品、照片、副本、节录本。

**物证** 凡是以物体的存在、形状、质量、规格、特征等,来证明和确定对案件有意义的一定事实,就是物证。简单地说,物证是用物的特征来证明一定的法律事实的存在或者不存在。比如,用物体的体积、面积、位置、痕迹、损坏情况等,证明案件某一事实,这一物体就是物证。物证应当提交原物,可以由当事人提出,也可以由人民法院根据当事人的申请或者主动向物证持有人索取。凡是不能携带、搬运的物证,应当进行现场勘验、拍照,或者用其他方法作成记录。

# 思考和练习题

一、思考题

(一)诉状有哪些特点?

(二)起诉状必须符合哪几个条件?

（三）起诉状格式包括哪几部分？
（四）什么是上诉状？
（五）书写上诉状的事实与理由部分应考虑哪几个方面？
（六）简述答辩状的写作要求。
（七）制作申诉状有哪些法律依据？

二、练习题

现摘录一份起诉状正文中的一段内容，请你据此写出这份起诉状的"请求事项"。

19××年4月我公司与被告签订了一份28台热水器的购销合同，总货款为8万元，交货日期为6月10日。合同签订后，我公司预付款4万元。6月10日后，被告未能如约交货。为此，我公司三次派人去某地商量解决，但被告既不供货，也不退还预付货款。

# 第十二章 说 明 书

## 第一节 说明书的含义和特点

### 一、说明书的含义

说明书是主要用说明的表达方式,对事物的内容、构造、特点、功能、作用等进行解说、介绍的实用性文体。"简介"、"内容提要"、"产品说明书"、"使用说明书"等都属于这种文体。说明书的内容繁简不一,形式多样,有印成单页的,也有编辑成册子或书籍的。说明书的功效在于让读者获得知识,并促使他们与说明对象进行接触和交流。因此,说明书是一种实用性很强的应用文体,在市场经济条件下,说明书也是参与市场竞争,加强与公众联系并影响公众行为的一个非常重要的手段。比如,销售产品要向消费者介绍产品的性能、特点、成分、构造、保管和使用方法等。有了一份对产品进行客观、充分、明确介绍的说明书,既能给消费者提供选择余地,也能提高消费者购买的兴趣,还为消费者正确、方便地使用产品提供指南。在商界有"以文促销"之说,此"文"主要指的是说明书。再如向观众听众介绍戏曲影视的情节梗概,向读者推荐文学美术作品或报纸杂志,向游人客户介绍游览胜地、饭店旅馆,向公众向社会介绍宣传某地某单位等等,也都少不了说明书的帮助。说明书在社会生活中的用途越来越广泛,使用频率越来越高。不仅各生产企业普遍使用说明书,各机关、团体和事业单位也常用说明书。好的说明书可以加深读者对说明对象的印象和好感,进而激发起公众亲试其物、亲临其境、亲与交往的愿望和行为,从而达到促销、招揽、吸引、指导等目的,并树立信誉,扩大知名度。

**二、说明书的特点**

说明书作为一种介绍、解释、揭示性的文体,其主要的特点有以下几个方面:

(一)知识性。

说明书的写作目的重在让人有所"知",即通过对说明对象的解说介绍,使人获得有关知识。这些知识既有关于说明对象本身的,也有从说明对象延伸出来的相关知识。例如,对位于河北省易县的清西陵作导游说明的《清西陵纵横》,将清西陵陵区中的皇家墓葬群和胜地八景,以及价值非凡的古建筑,如牌坊、门户、桥梁、殿宇、神道、华表、燎炉、祭台、宝顶、地宫、行宫、寺庙、祠堂、雕刻等等都一一做了解说,并对陵史、墓主、传说、逸事做了介绍。这种以陵区现存文物的解说为横,以帝后的传略的介绍为纵的全面说明,使读者大开眼界,获得许多有关西陵的历史、建筑、民俗等方面的知识。再比如,有些煤气灶具的说明书,除了说明灶具的构造、性能、特点外,还附带介绍了城市煤气的分类、人工煤气的特性以及煤气中毒的急救知识。有的化妆品的说明书除了说明产品本身的情况以外,还介绍一些健康肌肤的常识。这些都充分体现了说明书具有知识性的特点。

(二)说明性。

说明书以客观解说作为表达特征。它介绍事物的存在、性质、功能、用途、内部构成、外在形式等等,不是用形象刻画或逻辑论证,而是用客观述说的方法。请看下例:

**中国工商银行成立十周年仿币纪念章说明书**

1994年1月1日是中国工商银行成立十周年纪念日,为此,特精制一枚仿币纪念章。仿币纪念章A面图案刊"中国工商银行"标准行书字和"1984—1994"字样,中间以盛开的牡丹花为主体,取"牡丹富贵、国色天香"意,喻工商银行建行十年在祖国建设中的出色贡献;同时取意工商银行发行的牡丹信用卡。B面图案刊英文"中国工商银行"全称,以一只巨大的飞鸟图形作底纹,中心为工商银行行徽,比喻工商银行十年发展,犹如中国古代传说中的"太阳鸟",象征银行在国民经济中的重要地位。仿币纪念章采用纯银质地,重一盎司,直径38.7毫米,由新加坡造币厂制造,中国工商银行新加坡分行监制,共限铸10000枚,顺序编号,其中00001—00010号已由中国工商银行总行收藏。【规格】 成分:925纯银 重量:31.104克 直径:38.70毫米 表面:精制霜状光面 铸造量:10000枚

这份仿币纪念章说明书,客观地、直白地解说了纪念章的特征,如两面的图案、寓意、质地、颜色、直径、数量等,这里的解说性很明显。把握说明书的"说明性"特点,对于如何写作说明书十分重要,否则写出来的东西就会混淆文体界限,不伦不类,失去说明书应该起的作用。

(三) 科学性。

说明书要给读者以正确的认识和指导,因此对事物的解说应是科学的,符合事物实际的。在介绍事物的状况、特征和形式时,要做到实实在在,不能变形虚夸;在解说事物的性质、功用、原因和事理时,要有科学的依据,不能无中生有;在说明演变、制作、使用程序时,要先后有序,符合科学原理。例如《卡西欧SF—8800D中文电脑记事簿操作说明书》,它分为使用前注意事项、本机的说明、文字输入、电话簿功能、名片簿功能、备忘录功能、行程表功能、周历功能、月历功能、时间显示、密码功能、计算功能、文字输入功能、IC卡、资料传输、附录16个部分依次作了介绍。它首先是强调使用前的注意事项,提醒用户不要盲目动用机器,以免在无知的

情况下使用不当造成无法补救的损坏,然后陆续介绍电脑记事簿的外观、标记、功能、操作规程。这种介绍方法正确反映了这种电脑簿的结构、性能和操作程序,也符合人们了解认识过程,因而具有科学性。科学的说明能保证使用者充分了解说明对象的特点和功能,以获取使用的最佳效果。

(四)实用性。

实用性是指说明书具有直接的实用价值。物品的性能、特点和使用、保养、维修的方法;药物的功能主治、适应病症、副作用和服法用量;食品的营养成分、营养价值和食用方法;书籍和影剧的主要内容、背景和意义;饭店旅馆的设施、服务项目和价格;游览风景点的路线示意图等等,包含这些内容的商品说明、购物指南、影剧戏剧简介、服务说明书、旅游介绍册,是具有指导和服务性质的,是使用者、购买者、观众、旅客、游客的"向导",它介绍的有关知识,其目的不仅是为了让读者长知识,更是为了帮读者选择、享用和使用的,因而它具有明显的实用意义。

目前有的产品说明书,不仅仅是围绕产品本身进行说明,而且还介绍与产品有关的其他内容,比如天洋牌冰淇淋机的说明书,除了介绍该机的构造、装拆方法、操作过程等项目外,还附有牛奶冰淇淋、香蕉奶油冰淇淋、榛子冰淇淋、草莓冰淇淋的配方及制作方法。再比如治疗咳嗽的念慈庵川贝枇杷膏说明书,除了说明其历史、药性、功能主治、服法外,还列有一项"摄生"的内容,它从食、居、行等日常生活方面指导了人们如何增强抗病能力。又比如有的海产品生产厂家,在海干货的说明书里除了介绍营养成分、分量、保质期外,还详细介绍了其炮制的方法和技巧。这样的说明介绍,更扩大了说明书的实用性。

随着经济的繁荣发展,文化生活的日益丰富,说明书的功能不仅表现在对事物本身起说明作用,也表现在提供者对消费者的尊重,真正做到竭诚地为消费者服务,这些都有利于提高提供者的信誉,因此,说明书也成了调整公众关系、树立良好形象的公共关系活动的重要工具。

## 第二节 说明书的写作要求

### 一、物质产品说明书的写作要求

这一类说明书,有的称为"××说明书"、"××使用及安装说明书",有的称为"用户手册"、"使用手册",即介绍各种物质产品组成(或称配件明细)、附件清单(通常配图)、性能、特点、原理、制作工艺、主要技术参数、作用以及使用、维修和贮存方法等的说明书。它的主要任务是帮助用户了解产品、选择产品,指导用户按照正确的安装操作程序使用产品。

产品和安装及使用说明书一般由生产单位编写,印成单页或装订成册,还有的印在包装、标签上,随产品发出。

物质类产品说明书写作的基本要求如下。

(一)针对性要强。

一是针对产品,从实际出发,抓住产品的特点进行说明介绍;二是针对用户,为用户着想,设身处地地考虑用户在使用时会遇到的问题。例如:

**伊达电话机使用说明书**

1. 配件(略)
2. 装置方法(略)
3. 基本功能(略)
4. 各部分名称及功能说明(略)
5. 各功能键的使用方法(略)
6. 保养方法(略)
7. 简易故障排除方法

(1) 无声：话筒及传输线是否脱落，将脱落点接回或换线。

(2) 只能接听打不出去：T/P 开关选择是否错误，将开关拨到正确位置。

(3) 铃声不响：铃声开关是否切掉，将开关拨到正确位置。

(4) 杂音：线路是否有松动或脱皮现象，接线盒是否潮湿生锈。更换线路，更换接线盒。

本电话机在使用过程中如遇故障时，请先依以上步骤检查，若仍无法排除故障，再判断是外线故障或电话机本身故障，倘遇电话机故障，请勿自行拆开，送至当地服务站修理即可。

这份说明书，从"配件"直到"保养方法"这六项内容，主要是就产品本身来写的，有针对性地介绍了本电话机的特点；第七项内容"简易故障排除方法"，主要是针对用户来写的，为用户在使用时遇到的难题开了处方。

(二) 要有所侧重。

一份完备的产品说明书，其内容较全面，包括产品构造、成分、性能、特点、适用范围、技术参数、安装和使用方法、注意事项等等，所以有的说明书真的成为一本书了。但在实际写作中，并不是每种产品说明书都要写出上述所有内容，而是有所选择和侧重，有的侧重说明产品本身，有的侧重说明产品的使用、维修、保养、存放的方法。例如，新苗牌皮质童鞋所附的《产品保养说明》，它只讲保养一面，全文不足 50 个字，而前面列举的《卡西欧 SF—8800D 中文电脑记事簿操作说明书》却写了 16 个部分，有十几万字。这是因为鞋子该如何穿用是众所周知的，不必赘言，但人们未必知晓该如何保养不同质地的鞋子，而适宜的保养关系到鞋子的舒适、美观和寿命，因此成为需要说明的重点。新苗牌鞋子单一地写了保养方法："1. 请勿与酸、碱及油类接触。2. 严禁雨浸、水刷、曝晒、火烤。3. 皮面经常擦皮鞋油，保持柔和光亮。"与之不同的卡西欧中文电脑记事簿,由于是高科技新产品,功能较多,操作复杂,所以其说明书的内容对它的功能与操作方法做了详细介绍。

说明书侧重介绍什么内容,要根据产品的种类、特点、性质和作用。如有的产品是半成品,其说明书就应侧重于介绍如何加工;有的产品易损、易碎,其说明书就要偏重于介绍如何装运安置;易于变质的产品,其说明书应侧重于如何存放和标明保质期限;有毒、易燃、易爆的产品,其说明书就应侧重于如何防止意外事故的发生。

**二、精神产品说明书的写作要求**

精神产品,指影视剧、戏剧、文学、学术、美术、音乐、雕塑等作品,其说明书,主要是介绍这些作品的内容、特点、表现形式和艺术、学术价值,它的主要作用是帮助观众、听众、读者对作品有个大致了解。"内容提要"、"内容简介"、"故事梗概"、"剧情介绍"、"出版说明"等都属于这种说明书。

精神产品说明书写作的基本要求如下。

(一)充分熟悉、理解作品。

不仅要了解作品的全部内容,包括人物、情节、观点等,而且要理解作品的主旨,才能正确地进行介绍。这就要求在写作前,认真阅读作品。如果是写戏剧或影视剧的介绍,要观看彩排或试映;如果是写文学作品、学术著作的介绍,要通读全文,把握主要情节、主要论点,对作者、背景、版本、现状等方面的情况也要有所了解。例如人民文学出版社出版的中译本《尤利西斯》(上卷),书末简介是这样写的:

詹姆斯·乔伊斯(1882—1941)是爱尔兰著名的现代派小说家,他历时七载完成了代表作《尤利西斯》(1922)。小说的主人公布卢姆是都柏林一家报纸的广告推销员,作者用许多逼真的细节描写这个彷徨苦闷的小市民和他的寻欢作乐的妻子莫莉以及寻找精神上的父亲的青年学生斯蒂芬这三人一昼夜中的经历,实质上是现代西方社会中人的孤独与绝望的写照。作者把小说的主人公和荷马史诗《奥德修记》中的英雄尤利西斯的十年漂泊相比拟。

乔伊斯在《尤利西斯》中广泛运用了"意识流"的创作手法,形成了一种崭新的风格,成为现代派小说的先驱。他不仅在遣词造句方面刻意创新,而且运用了大量的典故、引语和神话。小说出版后,其中某些词句被认为"淫荡"而受到指摘,因此长期被禁止在英美发行,直到1933年这部巨著才得以公开与英美读者见面。

译者研究本书多年,这个中译本不但译文忠实流畅,还对众多典故、引语等作了详尽的注释。

假如写介绍的作者没有阅读和理解作品,是不可能对小说的人物、内容、艺术特点做出这样精简而恰当的介绍的,也不可能一针见血地指出"实质上是现代西方社会中人的孤独与绝望的写照"。

(二)全面概括、重点突出。

对影视剧、戏剧、文学、美术作品的介绍,篇幅不能长,但同时又要让读者了解作品全貌,因此,介绍的内容必须全面概括、重点突出。如电影《千里走单骑》的剧情简介:

高田(高仓健饰)接到儿子健一患病的消息,从所居住的渔村赶往东京探望。但多年来的父子隔阂使儿子拒绝见他。但高田仍然决定帮助儿子去完成他的心愿。高田独自来到中国云南,在帮助儿子完成心愿的过程中,他遇到了很多意想不到的困难,也结识了很多纯朴善良的中国人。短暂的中国之行充满了意外的经历和从未有过的生活体验,这一切都使高田对儿子健一的内心世界有了很深的理解,产生了强烈的父子共鸣。他完成了与儿子在精神世界上的彼此沟通,也同时获得了对亲情与人生更多新的感悟。

(摘自黑龙江文化电子音像出版的DVD影碟
《千里走单骑》剧情简介)

这篇简介两百字左右,有头有尾,有人物,有情节,反映了影片故事的全貌。

(三)多用说明和叙述的表达方式。

介绍作品的人物、情节,通常以说明或叙述的表达方式为主。介绍中可以引用作品中生动、典型、有代表性的语言,但不能过多,要选择能点出主旨的。为了让读者理解作品,介绍中可以有一些对作品的评论,但也要适当,写多了就变成议论文了。如上海译文出版社出版的中译本《红与黑》(1979年4月新1版)的介绍:

## 内 容 提 要

《红与黑》是19世纪法国杰出的现实主义作家司汤达的代表作。叙述一个木匠的儿子于连·索黑尔,个性倔强,因精通拉丁文,成为当地市长的家庭教师。他与市长夫人发生了恋情,被迫进了与人世生活隔绝的修道院。修道院的主持人看重他,把他介绍给巴黎的一个侯爵做私人秘书。他又与侯爵的女儿发生恋情,但因阶级的悬殊及反对者的破坏,不能与侯爵小姐正式结婚。于连·索黑尔愤激之下,去暗杀他以前的情人市长夫人。她虽然没有因刺致命,但于连却因此被敌对阶级的嫉妒者判处了死刑。

本书主要反映了法国19世纪20年代,特别是1824—1830年查理第十反动王朝的上层社会生活和阶级矛盾,谴责了当时法国社会中贵族和僧侣的反动与专横、资产阶级的庸俗与卑劣。

上文的主要笔墨是放在介绍小说的内容上,但也有少量的评说,如上文的最后一段便是提要作者基于对小说的理解而概括出来的看法。

# 第三节 说明的方法

在说明书中要把产品介绍明白,把产品的使用方法讲清楚,并不是简单的事情,说明书是很讲究说明方法的。考察写作实践,其说明的技巧和方法,在说明书中发挥着重要的作用,是写好说明书的关键。下面介绍说明书中较常用的几种说明方法。

**一、概括说明**

概括说明,是概括地说明对象的基本情况,其目的是为让读者对所要认识、购买、使用或将要观看的对象有个比较全面的了解。例如,在爱国者USB迷你王(智能备份型)产品的用户手册中,作者具体讲解安装说明之前,用了一段名为"产品介绍"的文字,概括地介绍了该产品的主要特点:

爱国者USB迷你王(智能备份型)采用了目前市面上最先进的快闪内存作为储存媒介,并且具有最新的无缝嵌入结构,对于数据安全性提供了更好的保障,具有极强的防震防潮性能,使用方便、可靠性高。擦写次数可达100万次以上,数据可保存10年之久,存储速度至少较软驱快15倍以上,且容量可依用户需求进行调整,对于大容量数据的储存或携带提供了更大的便利及更好的选择。使用者可以放心地将数据保存在迷你王(智能备份型)上,而不用担心迷你王(智能备份型)中的数据因磁场或环境因素而造成损坏或消失。

作为数据存储与保护的产品,爱国者迷你王(智能备份型)具有加密、数据备份、收发邮件的超强功能,使您在存储数据时,对于人机分离、误删除、误格式化等打击,都具有强有力的防卫。

USB迷你王(智能备份型)所使用的USB接口是支持即插即用和热插拔的接口,信号灯慢闪后拔插硬件数据不丢失,其先进的电子写保护功能提供给了用户一个安全可靠的使用环境,杜绝了因错误操作而造成的数据损坏或丢失,可有效地确保迷你王(智能备份型)内资料的安全。

爱国者 USB 迷你王(智能备份型)使用方便,在 Windows ME/2000/XP 以及 MAC.OS9.0 以上版本不需要使用外挂驱动,真正做到了即插即用,通用性高,不受主机影响,充分满足数据移动储存的目的。

概括介绍,不要求把某种产品、某本书、某个单位的方方面面都点到,要有取有舍,有详有略,主要根据写作意图的需要。

## 二、解释说明

解释是对事物或概念的含义、范围、属性、原因等进行说明。解释说明的方法,有以下几种:

(一)下定义。即对事物所含的本质特征用简要的语言概括起来解释。比如:"矿泉水是含有较多溶解了的矿物质或气体的水。""磁化水是通过磁场的作用,使其物理性能发生改变的水。"像这种"××是×××"的形式,就是下定义。

下定义是一种比较准确的、严密的科学解释方法,它能帮助人们认清这一事物和另一事物的不同的性质和特点,使它们的含义不相混淆。

下定义,必须对事物有深刻的分析研究,确保定义能正确解释事物的本质。对于那些比较复杂的事物,不容易下定义的,不要轻易下定义。

(二)诠释。诠释说明是揭示说明对象部分内涵的方法。诠释法有利于深入浅出地介绍事物、解说事物。比如,某公司在介绍其产品"卵磷脂软胶囊"时,开端写到:

卵磷脂是人体细胞膜的主要成分,尤其在脑神经系统、肝脏等重要组织中,其含量特别多,故有人称卵磷脂是生命的基础物质。人体细胞一方面吸取氧气及营养素,另一方面排出二氧化碳及废物,不论养分或废物进出细胞,都必须经过细胞膜,这么说来,为了保持细胞膜的正常,就非得有充足的卵磷脂,因此,卵磷脂就成为保持人体年轻、维护健康的守门员。

上文是对"卵磷脂"的诠释,说明了卵磷脂在人体中的功用,它通俗地解释了这一为大家所不熟悉的事物。

诠释说明有时也可以用"××是×××"的形式,但诠释与下定义不一样。定义要求揭示事物的本质,能体现事物确定的意义;诠释则不要求这么严格、深刻,只要通俗易懂地解释需要说明的部分即可,例如上文,只是解说了卵磷脂的部分作用,并未揭示全部内涵。

诠释法比较灵活,选择解释的角度时自由性比较大,可以介绍事物发生发展情况,可以描述事物外部特征,也可以解说事物某方面的性质、特点、功能、状态等,因此,诠释在说明书中运用较广泛。

(三)注解。即对说明对象的出处和源流的解释,或是对某个词语、事物、问题、情况等等有难点、有疑惑的地方进行补充解释。请看下面二例:

(1)广东省佛山市驰名的特产有盲公饼,始于清嘉庆年间,在佛山鹤园街教善坊有一个姓何的失明老人,开设"乾乾堂"卜易馆占卦算命。何某别具心裁,以锅巴研磨成粉,采用油、糖、花生、芝麻等物以炭火烘烤成饼,由于质优价廉,买者日众,辗转相传,远近驰名。到盲公处买饼的人顺口称之为"盲公饼","乾乾堂"渐变为"合记饼店",佛山合记盲公饼亦因而得名。

(摘自盲公饼介绍)

(2) 未经冲洗的软片,由塑料包装盒拿出或一直置于相机内而放置在含有福尔马林气(新制木材家具的粘着剂会产生强烈的福尔马林气)或汽车排气等瓦斯气之处,将引起不良后果,故软片在未冲洗前务必使用塑料包装盒装妥。

(摘自富士彩色胶卷说明书)

例文(1)运用注解法解释了"盲公饼"之名从何而来。例文(2)括号内的文字,也是一个注解说明:在一般家庭里,从哪儿会冒出"福尔马林气"呢?人们会感到不解,看了括号里的注解说明,就能消除疑惑。

注解说明法,通常以两种形式在说明书中出现:一种形式是把注解部分用括号括起来,比如上文的例(2),这种形式的好处是醒目并且直接释疑;另一种形式是不用括号标出来,完全与行文融为一体,比如上文的例(1),这种形式的好处是文句连贯,阅读流利。

### 三、比喻说明

事物与事物之间,往往有许多相似之处,用比喻做说明,就是利用两个事物的相似之点,以甲事物来说明乙事物的方法,也就是用打比方的方法来说明事物,以便把复杂的事物或抽象的东西说得简明、生动、具体。请看下例:

地球内部大致分为地壳、地幔和地核三大部分。整个地球,打个比方,它就像一个鸡蛋,地壳好比是鸡蛋壳,地幔好比是蛋白,地核好比是蛋黄。

鸡蛋是大家都熟悉的,将地球的地壳、地幔、地核比作鸡蛋的蛋壳、蛋白和蛋黄,非常通俗、形象地说明了地球构造。对有的事物,若单纯讲原理、构成,一般读者很难明白,用比喻加以说明,深奥的就变得浅显易懂了。这就是比喻说明的功效。

再看下例：

飞鹰牌油棒采用优质蜡料、油料和颜料配制而成，其外形很像蜡笔，又像粉笔，但用它绘画出的作品却具有油画的效果。它的使用范围很广，可在纸、布、玻璃、木板、塑料及金属光面直接绘用，胶着力良好，愈久愈牢固，不因风吹、日晒、雨淋而影响效果。

（摘自飞鹰牌美术颜料说明书）

上文中"很像蜡笔，又像粉笔"便是一个比喻，通过这个比喻，读者就能知道飞鹰牌油棒的外形和性能。既然像蜡笔又像粉笔，那么使用起来也是很方便的，蜡笔、粉笔都不用蘸水蘸粉，是能直接绘用的，飞鹰牌油棒就具有这个优点，上文中"可在纸、布、玻璃、木板、塑料及金属光面直接绘用"的说明证实了这一点。

比喻法，是通过用人们熟知的事物来说明不熟知的事物，容易为人们所理解，所以在解释新生的、陌生的和复杂的事物，以及难以理解的抽象事物时，它是十分有效的，可以使未知变感知，抽象变具体，枯燥变生动。说明书中的比喻，与文学作品中的比喻有所不同。文学作品中的比喻可以夸张、可以含蓄，而说明书中运用比喻，其目的是更清晰、更具体、更形象地说明事物，必须实事求是，不可以夸张和含蓄，夸张、含蓄不能确切明了地解释事物。

### 四、描写说明

描写说明是通过对事物形态、色彩等的描摹进行说明，能给人以立体感，使读者易于感知。请看下例：

北京啤酒厂所生产的北京啤酒色泽淡黄，清亮透明，泡沫洁白、细腻丰实，持久挂杯，二氧化碳气充足，杀口力强，口感柔和醇厚，有馥郁的酒花香味和麦芽的清香。

（摘自北京啤酒说明）

描写说明,可以选用一些形象化的、富有表现力的语言,把可以感知的东西描绘出来,诸如外形、色彩、味道等等,但切忌夸张、渲染和隐晦难懂。

## 五、分类说明

分类说明,就是把说明对象所包含的内容,根据其性质、形状、成因、关系或功能等的差别一类一类地划分开,然后逐类加以说明。它的好处是方便读者一项一项地了解事物,能得到一个具体的清晰的认识。请看下例:

从酿制方式来讲,中国酒分为蒸馏酒(白酒)、发酵酒(如黄酒)、露酒等。昭皇酒属于露酒类……

昭皇酒家族分为三大系列,以适应消费者不同的需要:

滋补型(52°、38°)　口感美好,功能显著,按照产品说明书的用量用法饮用,功效最奇,境界最妙。

浓香型(52°、38°)　香型突出,色泽晶莹。或知己相对,浅斟慢饮,或豪气干云,开怀一饮,总以尽兴为乐,不知不觉中喝出了健康。

果香型(27°)　高度数酒的韵味犹存,而增加了"维 C 之王"——贵州野生刺梨原汁的果香,不胜酒力者,亦可开怀畅饮。

(摘自昭皇酒产品介绍)

上文通过分类说明,使读者对昭皇酒在中国酒中的从属关系,以及昭皇酒系列品种有了清楚的认识。

分类有一次分类和多次分类。多次分类是在大类别下面,再分若干小类,一直分到满足介绍清楚为止。

划分类别,有两点必须注意:

第一,每次分类只能根据一个标准。比如,中国酒分为蒸馏酒、发酵酒、露酒等,这是根据酒的酿制方式的不同来划分的。昭皇酒分为滋补型、浓香型、果香型,是根据其特点来划分的。

第二,要从说明书写作的目的出发,确定分类的角度。可以选择按性质、程度、结构、型号、范围、时间、功能或规格等角度进行分类。

分类说明是一种说明的技法,同时又是一种结构形式,因为分类说明时,自然就形成了分类逐项排列材料的结构。

## 六、举例说明

举例,是通过个别认识一般的一种说明方法,也是说明中最具体的方法,能给人以实感,具有说服力并有启发性。就产品而言,他人试用后的意见,便可归入举例之列。这种说明方法,经常被用于对保健品、化妆品、药品等的介绍。例如:

证一:王××,男,13岁,患口腔溃疡多年,近年来尤为严重,牙龈口唇红肿且溃烂,用多种中西药无效,进食口腔痛,以致不愿进食,尿黄便结,舌苔黄,诊为口腔溃疡。用××西瓜霜喷于患处,每日三次,连续用药五天,溃疡愈合。

证二:(略)

证三:(略)

(摘自××西瓜霜说明书)

该西瓜霜说明书用了三个例证说明药品的效用。举例说明要注意选用有一定代表性的事例,这样的事例能起到以一当十的作用。另外,在介绍时,要贴切客观,给人以实感,少用笼统形容词。

## 七、引用说明

引用说明是指引用一些有关资料来说明事物。为了把事物介绍清楚,说明书经常引述相关材料,如专家、学者、名人、权威人士的解释或评语,也可引述文献资料、历史故事、神话传说、诗歌谚语、成语俗语等。请看下面例子:

敦煌夜光杯系用祁连美玉精工雕琢而成,自古以来就是很名贵的饮酒器皿。相传,西周穆王应西王母之邀,赴瑶池盛会,席间,西王母馈赠周穆王一只碧粼粼的酒杯,杯系"白玉之精,光明夜照",周穆王如获珍宝。唐代诗人王翰一曲"葡萄美酒夜光杯",更使夜光杯名扬千古。

(摘自敦煌夜光杯说明书)

玉乃稀世之宝。玉对人体的医疗健身作用很早就被人类所发现。我国著名的中医药巨著《神农本草》、《唐本草》、《本草纲目》中都有过记述。《本草纲目·金石部》中记载,玉具有除胃中热、止渴、润心肺、助声喉、滋发毛、滋养五脏、柔筋强骨、安魂魄、利血脉、明耳目等疗效。

(摘自长寿牌保健玉枕说明书)

上面二例均运用了引用说明,一是引用历史传说和诗人名句,来说明夜光杯的悠久历史和名贵;一是引用经典著作来说明玉的价值。这些引用不仅有助于说明事物,而且扩大了读者的知识面。

无论引用什么资料,都是为了加强说明性,因此对所引的资料,要求适合需要,针对性强,能够帮助读者加深对事物的了解。所以对资料必须有所选择,应选择那些具有一定权威性的、为人们所公认的、有较强说服力的资料,这样才能够恰当地说明事物,起到影响读者,使读者信服的效果。

运用引用说明法,要认真核对所引资料,尤其是经典著作、科学结论,需格外慎重,必要时应说明出处。

**八、比较说明**

比较说明,是将两种相同或不相同事物加以对照比较来突出事物特点的一种说明方法。例如,某厂家以海苔为原料,制作成了某种新型绿色食品。为了表明其营养价值比较高,在说明书中特别作了如下比较：

### 海苔主要营养成分比较表

（以100克食品计）

| 食品名<br>营养成分 | 海苔 | 鸡蛋 | 牛奶 | 鱼类 | 肉类 | 柑橘 | 米饭 |
|---|---|---|---|---|---|---|---|
| 蛋白质(g) | 35.6 | 11.1 | 3.0 | 18.2 | 14.6 | 1.0 | 2.8 |
| 脂肪(g) | 0.6 | 11.4 | 3.6 | 3.6 | 31.6 | 0.2 | 0.4 |
| 维生素A<br>国际单位IU | 11 000 | 810 | 85 | 0 | 0 | 1 018 | 0 |
| 维生素B1（mg） | 0.25 | 0.12 | 0.04 | 0.06 | 0.65 | 0.11 | 0.01 |
| 维生素B2（mg） | 1.24 | 0.25 | 0.14 | 0.08 | 0.12 | 0.05 | 0.01 |
| 维生素C（mg） | 20 | 0 | + | 3 | 0 | 68 | 0 |
| 磷(mg) | 510 | 212 | 85 | 226 | 123 | 17 | 51 |
| 钙(mg) | 510 | 53 | 110 | 34 | 12 | 25 | 4 |
| 铁(mg) | 36 | 2.8 | 0.1 | 0.8 | 1.5 | 0.2 | 0.9 |

海苔通过和鸡蛋、牛奶、鱼类、肉类、柑橘、米饭的比较，其营养价值得以突出。

这样把几种不同的物品放在一起加以对照比较，是横向比较。若将同一事物的先后情况进行比较，则是纵向比较，如要说明新产品的优越性，把它与旧产品一比较，便显示出来了。

### 九、数字说明

数字说明，是指用数字来解说事物的方法。这是一种精确、简洁的说明方法。例如：

本产品为0.26L不锈钢双层真空保温杯，盖为旋塞结构，密封性能好，便于旅游携带。保温性能：室温20℃时，注入95℃以上开水,5小时后,水温为50℃以上。

(摘自荆江牌真空双层不锈钢保温杯说明书)

这是用数字说明该保温杯的保温性能,使读者对它有较精确的了解。

故宫占地72万平方米,殿室9000多间,四周筑有高10米的城墙,城外还有52米宽的护城河。

(摘自故宫简介)

上文的数字说明,使我们确切地知道了故宫及其城墙和护城河的大小、高低、宽窄情况。

数字说明是精确说明的基本手段,事物的性质、状态、特征、作用往往在一连串的数字中显示得清清楚楚。

运用数字说明法,可用确数,也可用约数、倍数、百分比等等。不管运用哪一种数字进行说明,数据的统计都应该是准确无误的,有根有据的,或是亲自观察、调查所得,或是依据实验、检测手段所得。

## 十、表格说明

表格说明,是将说明对象的有关内容制成表格加以介绍。这种方法的优越性是:文字不多,眉目清楚,令读者一目了然。例如,某压力锅说明书,为说明不同食物的烹调时间,就运用了表格。

**烹调时间表**

| 品 种 | 食物量 | 水 量 | 水开时间 | 扣阀时间 | 熟的程度 |
|---|---|---|---|---|---|
| 炖当年鸡 | 1公斤 | 1公斤 | 4分钟 | 8分钟 | 肉脱骨 |
| 炖老公鸡 | 1 | 1.5 | 6 | 20 | 肉脱骨 |

续表

| 品　种 | 食物量 | 水　量 | 水开时间 | 扣阀时间 | 熟的程度 |
|---|---|---|---|---|---|
| 炖黄花鱼 | 1 | 0.5 | 3 | 10 | 肉酥 |
| 炖猪肘子 | 1.5 | 1.5 | 7 | 20 | 肉烂 |
| 炖猪排骨 | 1 | 1 | 4 | 15 | 肉烂 |
| 炖牛肉 | 1 | 1 | 4 | 20 | 肉烂 |
| 焖大米饭 | 1.5 | 1 | 5 | 8 | 熟 |
| 煮马铃薯 | 1.5 | 1 | 5 | 10 | 熟 |
| 炖猪肉块 | 1 | 1 | 4 | 15 | 肉烂 |

（仅供平原地区参考）

这个表格，文字不多，却表达出许多内容，便于读者比较、记忆。如果改用文字去叙述，那会很难阅读，不易记忆。

表格往往同数字相关，所以也可以说，列表说明是数字说明的另一种形式，说明书中数字较多时通常列出表格。列表说明，内容要按一定顺序排列，要反映事物的内在联系，条理分明，便于阅读。

十一、图画说明

图画说明，是用图画来解释事物。有些事物仅用文字说明很难讲清楚，如果用绘图加上文字便能解决这个问题。图画具有直观性，能给读者以实物模式的真实感，便于掌握。

比如，风油精的说明书，指出要针对疾病，按有关穴位搽抹，疗效才显著。如伤风鼻塞、感冒中暑、头晕目眩、舟车晕浪的症状，应把风油精搽在人体的风池、印堂、人中、身柱、太阳穴上；腰脊酸痛要搽在肾俞、委中；风火牙痛要搽在颊车、牙痛点。此类说明，配有人体图，标出穴位所在，才能方便使用者，否则，没有人体穴位常识的人就难以"对号入座"进行使用。比如文字上说的牙痛点，恐怕会被理解为在牙痛之处，岂料是在手心手背上！有了图画指点，这个误解就不会发生了。

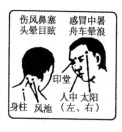 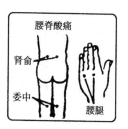 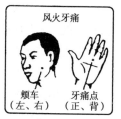

上面这个说明,其图画具有直观性,文字起注解作用,两者结合,相得益彰,解说效果很好。

电视机、收录机、电子琴等产品,对其复杂构造的最好说明方式,就是提供线路图。还有的说明对象,要正确地介绍其方位,说明其布局,可以画示意图,使读者一看就清楚明白。绘制示意图,不需按严格的比例,能用线条、符号显示,其主旨突出、清楚易懂即可。日本的产品说明书,在使用方法和注意事项两款中经常使用漫画,给人以幽默和情趣,使用户在欣赏漫画的同时加深了对使用方法的记忆。这种穿插漫画进行解说的形式,是可以借鉴的。

图画、表格、数字说明,通常是配合文字说明而出现的,是一种辅助性的手段,但是其作用不容忽视,在某些情况下,它甚至比其他说明方法的表现力更强。

上面介绍了说明书中十一种常用的说明方法,写作时究竟采用哪种方法,要根据说明的对象、内容和目的来决定。当然,说明的方法并不止这些。常言道:写作有法,但无定法。方法多种多样,可以灵活运用,但目的都是一个:说明事物,给人以知,教人以用。

## 第四节 说明书的写法

### 一、标题

说明书的标题常见写法有:

（一）由名称（被说明的对象）、说明内容和说明种类（如"简介"、"说明"、"说明书"等）组成，如《丰华牌食物搅拌机使用说明书》、《便携式多用桌安装说明书》。

（二）由名称和说明种类组成，如《同源牌坛子食品简介》、《北京烤鸭简介》。

（三）由说明内容和说明种类组成，如《使用说明书》、《产品介绍》。

（四）只用名称作标题，如《天津凯悦饭店》、《郁金香牌90—3型药物鞋垫》。

二、正文

说明书说明的事物千差万别，撰写说明书的目的不尽相同，因此，说明书正文的写法也灵活多样。常用的写法有以下几种：

（一）条款式。

把要说明的事物，根据写作主旨的要求，分成若干条款项目，然后逐条、逐项加以说明。例如《××牌家用煤气灶淋浴热水器说明书》中对使用方法的介绍：

1. 灶口三爪平放，把本热水器放在煤气灶上。
2. 打开自来水阀门，喷头少量出水即可。
3. 点燃煤气灶的两灶眼，将火门开大。
4. 根据需要的水温微量调节自来水阀门，通常点火后约半分钟即可洗澡。调节时水量增大则水温降低，水量减少则水温升高。
5. 擦肥皂时若不关火，则不准关闭水阀门，否则再开水阀门时，可能发生烫伤。
6. 洗完澡后先关闭煤气灶。
7. 最后关闭水阀门。

条款式说明也有不用序数而用细项名称的。例如，为纪念北京2008年奥运会,有关部门发行了一枚第29届奥运会吉祥物花型纪念章,吉祥物为5个可爱的福娃,名为"贝贝"、"晶晶"、"欢欢"、"迎迎"、"妮妮",他们的造型融入了鱼、大熊猫、藏羚羊、燕子以及奥林匹克圣火的形象。每个福娃都隐含着中国文化内涵和美好的祝福。说明文按细项名称逐个介绍:

福娃贝贝:传递的祝福是繁荣。在中国传统文化艺术中,"鱼"和"水"的图案是繁荣与收获的象征,人们用"鲤鱼跳龙门"寓意事业有成就和梦想的实现,"鱼"还有吉庆有余、年年有余的蕴涵。贝贝的头部纹饰使用了中国新石器时代的鱼纹图案。贝贝温柔纯洁,是水上运动的高手,和奥林匹克五环中的蓝环相互辉映。

福娃晶晶:是一只憨态可掬的大熊猫,无论走到哪里都会带给人们欢乐。作为中国国宝,大熊猫深得世界人民的喜爱。晶晶来自广袤的森林,象征着人与自然的和谐与共存。他的头部纹饰源自宋瓷上的莲花瓣造型。晶晶憨厚乐观,充满力量,代表奥林匹克五环中黑色的一环。

福娃欢欢:是福娃中的大哥哥,他是一个火娃娃,象征奥林匹克圣火。欢欢是运动激情的化身,他将激情散播世界,传递更快、更高、更强的奥林匹克精神。欢欢所到之处,洋溢着北京2008对世界的热情。欢欢的头部纹饰源自敦煌壁画中火焰的纹样。他性格外向奔放,熟稔各项球类运动,代表奥林匹克五环中红色的一环。

福娃迎迎:是一只机敏灵活、驰骋如飞的藏羚羊,他来自中国辽阔的西部大地,将健康的美好祝福传向世界。迎迎是青藏高原特有的保护动物藏羚羊,是绿色奥运的展现。迎迎的头部纹饰融入了青藏高原和新疆等西部地区的装饰风格。他身手敏捷,是田径好手,代表奥林匹克五环中黄色的一环。

福娃妮妮:来自天空,是一只展翅飞翔的燕子,其造型创意来自北京传统的沙燕风筝。"燕"还代表燕京(古代北京的称谓)。妮妮把春天和喜悦带给人们,飞过之处播撒"祝你好运"的美好祝福。天真无邪、欢快矫捷的妮妮将在体育比赛中闪亮登场,她代表奥林匹克五环中绿色的一环。

这种说明书,是按被说明的对象所包含的细项,逐项进行说明的。

一般产品说明书常常分为规格型号、性能特点、功能用途、使用方法、保养方法、维修方法等项目。

药品、食品、日用化学品的说明书,一般按成分配方、食用方法、有效期限、储藏方法、注意事项等内容来分项。

服务性内容的说明书,可按服务项目、设施、送货、代办、咨询、价格、地址、联络办法等类别来立项。

(二)短文式。

这种写法不分条款,只用一段短文介绍说明对象。地方风貌、名胜古迹、企业事业单位概况,以及文学作品、影视戏剧等的说明,较多采用这种写法。例如:

### 八达岭长城简介

八达岭长城位于北京市延庆县,距北京50公里。为长城的一个重要关口,因交通地位重要得名。长城是古代为抵御北方少数民族而修筑的高大城墙,始建于春秋战国时代,秦始皇统一六国后,将各段长城连接起来,形成了万里长城。现存的长城,是明代加以大规模改筑的,西起嘉峪关,东达山海关,全长6700公里。八达岭是长城经过北京的著名地段,依山而筑,条石为基,青砖包砌,平均高约7.8米,墙基平均宽6.5米,墙顶平均宽5.8米,可容五马并进,十人并行。登上八达岭长城眺望,山峰重叠,一望无尽,万里长城犹如一条长龙翻山越岭,不见首尾,气势磅礴,成为国内外游人向往的游览胜地。

采用短文式写法,需注意内容的条理性。如戏剧、电影、小说等作品的内容简介,应按故事发生的时间先后安排材料,如前面所举电影《千里走单骑》的剧情简介就是如此。这样的结构,脉络清楚,连贯自然。如果说明对象不是按时间演进,而是存在于一定空间,则可按内外、远近、上下等顺序,逐次加以说明。比如介绍一个建筑物的外景内貌,一个产品的形状构造,一个地方的位置环境,均可采用这种方法。请看下面的例子:

这里有一些建筑方式比较独特的住宅小区。这种小区都呈环形,从空中看,就像练习射击用的靶圈一样层次分明:最外层是较宽的环形马路,可供公共交通工具行驶;第二层是公寓式住宅楼,一栋楼就是一长串,有的长达十几个单元;第三层又是马路,但比较窄,只供小汽车和自行车行驶;内层是公共生活区,包括商店、饮食店、综合服务中心、学校、幼儿园、儿童游戏场、花园和休息娱乐场所。各层之间有树木花草。一个生活小区构成一个自成体系的居民区。

上文是关于德国柏林市环形住宅小区的介绍,是按从外到内的顺序安排材料的。

北海位于北京内城中央稍偏西一点,南面卧在波上的,是著名的金鳌玉蛛桥,隔桥便望见中南海里的水云榭,明湖若境,杰阁凉亭,别致多姿。桥东头是团城,隔城能看到承光殿的屋脊,飞檐耸峙,散碧流金。东南角是从前的紫禁城——故宫博物院;正东是景山公园,西面是存放着文津阁所藏《四库全书》的北京图书馆。北面出了后门又是什刹海和游泳池。北海就处在这样一个风景区的中心地带。

上文是依照南东西北的方位顺序,逐面介绍北海公园的地理环境。

华盛顿像是一座胸像,头部圆雕,从衣领部分开始往浮雕过渡,右边衣领转成浮雕线刻,领部保留原来的山形,左衣领刻成浮雕,肩与胸部依山形而粗刻,只具备立体的雏形,因此圆雕部分十分突出,头脸五官形象清晰而集中,吸引观众。……杰斐逊像雕在华盛顿的左边,他弯曲的头发,突出的前额,明朗的双眼,微闭的嘴和微抬的头,在悠闲中包含坚决。杰斐逊左边是西奥多·罗斯福像,雕像的特征明显,他下颌略收,髭粗而浓,锁眉深目,骨架粗壮,但他所戴的眼镜却很秀丽,它和前两座雕刻的形象与造型,成了鲜明的对照。罗斯福的左边是林肯石像,这个下巴留胡子的总统,受到美国广大被压迫者的欢迎,林肯的名字与"解放黑奴"早已成为同义语。

在美国南达科他州黑山地区,有一个拉什莫尔国家博物馆,该馆同时是一个国家公园。在园内一座高六千英尺的山峰上,刻有华盛顿、杰斐逊、罗斯福和林肯四个巨大的石像。上文便是从右向左介绍四总统石像的。

(三) 综合式。

一份说明书不一定只采用一种写法,也可以综合运用几种写法,这就称为综合式。比如对万家乐燃气快速热水器,因为需要说明的内容比较多,其说明书成了多页的册子,从宏观看,它将说明对象的内容分成十三个项目,这可归为条款式写法;从微观看,说明不同内容时,又采用了不同的写法,有的是用短文式,有的是用条款式,还有的用图表式。可见,写法是为内容服务的,只要能表达好内容,写法可以灵活安排,还可以开创新的方式,只要自然、合理,符合事物的实际状况,便于人们的接受就行。

## 第五节　说明书写作的注意事项

### 一、内容真实可靠

说明必须符合事物的本来面貌。内容不实,会造成种种不良后果,甚至会影响人们生命财产的安全。报载:某化工助剂厂发明了一种"PVE 海绵发泡剂",它本是易燃物,但是为了促销,该厂在说明书中却称这一产品是替代二氯甲烷的理想材料。而二氯甲烷是一种阻燃物。武汉一塑料厂见到有关宣传后,为了节省资金,大量购买这种产品,把它当作原料使用。由于说明书的误导,易燃物被当作阻燃物搬进了车间,结果造成了重大火灾。1995 年 3 月,北京一家餐厅发生一起卡式炉爆炸事故,事后发现:那个肇事罐上的英文说明是:"Never refill gas into empty can",意思是:空罐绝不能再次充气。而罐上的中文说明却写着"本罐使用无损坏可再次补充"。结果,再次补充的非专用燃气使旧罐爆炸,一位 17 岁少女的容颜被毁。(见《中国质量万里行》第 11 期)。这些说明书造成的灾难警示人们:写说明书决不能掺假。

### 二、态度严谨精细

对于一些使用不当便会产生严重后果的产品,比如电器、燃器具、药品等,说明书写作一定要严肃慎重,不可马虎大意。国内发生的首例病家告药厂案,便是由说明书引起的。上海某胡姓女会计师,因面部神经疼痛到医院就医,医生依照三叉神经痛的病情开出处方,服用"卡马西平"药。该药为上海黄海制药厂产品。胡某遵医嘱服药 7 天后,出现皮疹,此时她反复阅读该药品的说明书,未见其中有关皮疹反应的副作用,便继续服药到第 10 天。病势加重,人进入昏迷状态时被送进医院,确诊为"卡马西平引起的重症多型红斑药疹"。此时胡某已是体无完肤,奄奄一息,经20多天抢救才脱离危险。患者以民事伤害赔偿案由控告药厂。诉状指出,造成这起人身伤害事件的直接原因,是被告上海黄海制药厂擅自删改药品说明书引起的。据了解,上海市卫生局于1988年发文批准上海黄海制药厂生产卡马西平药片,随文核准该药的《说明书》,其中详列该药的不良反应有"眩晕、思睡、不安、恶心呕吐、皮疹、荨麻疹、白细胞减少、粒细胞缺乏、再生障碍性贫血、肝功能异常等"32项之多,然而在该厂上市的该种药品说明书中,不良反应一栏内改为"最常见的眩晕、思睡、不安、恶心呕吐等",其余一概略而不提(厂家辩解为受药品说明书篇幅的限制,删去了"不重要"的内容)。病人胡某容貌、视力、形体都受到了严重损伤,留下了很多后遗症,她提出了索赔的要求(详见1995年11月28日《北京晚报》)。这起案子让我们深思,假如厂家多为民众着想,而不是从自身的利益和方便出发,写作说明书时就不会"删繁就简",把重要的内容看成是"不重要"了。

### 三、语言准确,文字规范

准确,是指说明书的语言要准确地揭示事物的真实面目,准确地表达作者的意思;规范,指说明书的文字、词句要遵循规范化要求,多用书面语,少用时髦语、俚语、方言。需要指出的是,某些出口商品,要格外注意说明文字的外文翻译,否则,说明书会成为外贸的绊脚石。报载:据调查,我国产品的英文说明书没有错误的不到50%,如果将修辞、逻辑上的错误统计在内,完全没错的还不到10%。某广告翻译公司专门收集了几百家工矿企业的产品外文说明书、包装袋等资料,发现拙译、怪译、错译和错印的比比皆是。有家企业生产了一种蟹方便面,但它的英文说明书中汤料并无蟹肉成份,倒是有一个令人心惊肉跳的词——癞蛤蟆肉(Taod Meat)。一种国产矿泉水的产品说明书本想说明其产品水源岩层深厚,水龄久远,然而译成英文后,竟成"古潭死水"。但愿这种蹩脚、错误的翻译文字不要再出现在说明书里。

# 思考和练习题

### 一、思考题

(一)简述说明书的特点和常用的说明方法。

(二)结合本章内容,找几份不同类型的说明书进行分析,指出运用了哪些说明方法和写作方法。

### 二、练习题

(一)画一幅简单的本单位平面图,再用文字介绍说明本单位的地理环境。

(二)运用有关素材,写一篇500字左右的电影说明书,要求结构合理,语言流畅。

(三)根据下列内容,写一篇产品说明书。

**海浪牌洗衣粉**

这种超效浓缩洗衣粉,含高科技 LIPO 去除顽垢成分。先瓦解表面油渍层,再深入衣物纤维,将污渍连根拔除,洗尽普通洗衣粉难以洗净的顽垢,如汤汁、果汁、衣领袖口污渍及酱油渍等。洗时用盒中所附量匙盛适量洗衣粉(洗衣机洗一平匙,手洗只需1/2匙),倒入水中充分溶解,再放入衣物洗涤(浸泡30—60分钟后洗涤,效果更佳)。适应于棉、麻、化纤及混纺等织品。丝织、毛料衣物慎用。请先认明衣物上的洗涤指示。待洗衣粉充分溶解后,再将衣物放入浸泡。若有容易褪色衣物,请将深、浅颜色衣物分开洗涤。洗衣粉不可放在小孩易拿到的地方。万一不慎误食或误入眼中,请即用大量清水冲洗。使用后请盖好盒盖并存放于干燥处,避免受潮。

# 附 录

# 国家行政机关公文处理办法

(2000年8月24日国务院发布)

## 第一章 总 则

**第一条** 为使国家行政机关(以下简称行政机关)的公文处理工作规范化、制度化、科学化,制定本办法。

**第二条** 行政机关的公文(包括电报,下同),是行政机关在行政管理过程中形成的具有法定效力和规范体式的文书,是依法行政和进行公务活动的重要工具。

**第三条** 公文处理指公文的办理、管理、整理(立卷)、归档等一系列相互关联、衔接有序的工作。

**第四条** 公文处理应当坚持实事求是、精简、高效的原则,做到及时、准确、安全。

**第五条** 公文处理必须严格执行国家保密法律、法规和其他有关规定,确保国家秘密的安全。

**第六条** 各级行政机关的负责人应当高度重视公文处理工作,模范遵守本办法并加强对本机关公文处理工作的领导和检查。

**第七条** 各级行政机关的办公厅(室)是公文处理的管理机构,主管本机关的公文处理工作并指导下级机关的公文处理工作。

**第八条** 各级行政机关的办公厅(室)应当设立文秘部门或者配备专职人员负责公文处理工作。

## 第二章 公文种类

**第九条** 行政机关的公文种类主要有：

（一）命令（令）

适用于依照有关法律公布行政法规和规章；宣布施行重大强制性行政措施；嘉奖有关单位及人员。

（二）决定

适用于对重要事项或者重大行动做出安排，奖惩有关单位及人员，变更或者撤销下级机关不适当的决定事项。

（三）公告

适用于向国内外宣布重要事项或者法定事项。

（四）通告

适用于公布社会各有关方面应当遵守或者周知的事项。

（五）通知

适用于批转下级机关的公文，转发上级机关和不相隶属机关的公文，传达要求下级机关办理和需要有关单位周知或者执行的事项，任免人员。

（六）通报

适用于表彰先进，批评错误，传达重要精神或者情况。

（七）议案

适用于各级人民政府按照法律程序向同级人民代表大会或人民代表大会常务委员会提请审议事项。

（八）报告

适用于向上级机关汇报工作，反映情况，答复上级机关的询问。

（九）请示

适用于向上级机关请求指示、批准。

（十）批复

适用于答复下级机关的请示事项。

（十一）意见

适用于对重要问题提出见解和处理办法。

（十二）函

适用于不相隶属机关之间商洽工作、询问和答复问题、请求批准和答复审批事项。

（十三）会议纪要

适用于记载、传达会议情况和议定事项。

## 第三章 公 文 格 式

第十条 公文一般由秘密等级和保密期限、紧急程度、发文机关标识、发文字号、签发人、标题、主送机关、正文、附件说明、成文日期、印章、附注、附件、主题词、抄送机关、印发机关和印发日期等部分组成。

（一）涉及国家秘密的公文应当标明密级和保密期限，其中，"绝密"、"机密"级公文还应当标明份数序号。

（二）紧急公文应当根据紧急程度分别标明"特急"、"急件"。其中电报应当分别标明"特提"、"特急"、"加急"、"平急"。

（三）发文机关标识应当使用发文机关全称或者规范化简称；联合行文，主办机关排列在前。

（四）发文字号应当包括机关代字、年份、序号。联合行文，只标明主办机关发文字号。

（五）上行文应当注明签发人、会签人姓名。其中，"请示"应当在附注处注明联系人的姓名和电话。

（六）公文标题应当准确简要地概括公文的主要内容并标明公文种类，一般应当标明发文机关。公文标题中除法规、规章名称加书名号处,一般不用标点符号。

（七）主送机关指公文的主要受理机关,应当使用全称或者规范化简称、统称。

（八）公文如有附件,应当注明附件顺序和名称。

（九）公文除"会议纪要"和以电报形式发出的以外,应当加盖印章。联合上报的公文,由主办机关加盖印章;联合下发的公文,发文机关都应当加盖印章。

（十）成文日期以负责人签发的日期为准,联合行文以最后签发机关负责人的签发日期为准。电报以发出日期为准。

（十一）公文如有附注(需要说明的其他事项),应当加括号标注。

（十二）公文应当标注主题词。上行文按照上级机关的要求标注主题词。

（十三）抄送机关指除主送机关外需要执行或知晓公文的其他机关,应当使用全称或者规范化简称、统称。

（十四）文字从左至右横写、横排。在民族自治地方,可以并用汉字和通用的少数民族文字(按其习惯书写、排版)。

**第十一条** 公文中各组成部分的标识规则,参照《国家行政机关公文格式》国家标准执行。

**第十二条** 公文用纸一般采用国际标准 A4 型(210 mm×297 mm),左侧装订。张贴的公文用纸大小,根据实际需要确定。

## 第四章 行 文 规 则

**第十三条** 行文应当确有必要,注重效用。

**第十四条** 行文关系根据隶属关系和职权范围确定,一般不得越级请示和报告。

**第十五条** 政府各部门依据部门职权可以相互行文和向下一

级政府的相关业务部门行文;除以函的形式商洽工作、询问和答复问题、审批事项外,一般不得向下一级政府正式行文。

部门内设机构除办公厅(室)外不得对外正式行文。

**第十六条** 同级政府、同级政府各部门、上级政府部门与下一级政府可以联合行文;政府与同级党委和军队机关可以联合行文;政府部门与相应的党组织和军队机关可以联合行文;政府部门与同级人民团体和具有行政职能的事业单位也可以联合行文。

**第十七条** 属于部门职权范围内的事务,应当由部门自行行文或联合行文。联合行文应当明确主办部门。须经政府审批的事项,经政府同意也可以由部门行文,文中应当注明经政府同意。

**第十八条** 属于主管部门职权范围内的具体问题,应当直接报送主管部门处理。

**第十九条** 部门之间对有关问题未经协商一致,不得各自向下行文。如擅自行文,上级机关应当责令纠正或撤销。

**第二十条** 向下级机关或者本系统的重要行文,应当同时抄送直接上级机关。

**第二十一条** "请示"应当一文一事;一般只写一个主送机关,需要同时送其他机关的,应当用抄送形式,但不得抄送其下级机关。

"报告"不得夹带请示事项。

**第二十二条** 除上级机关负责人直接交办的事项外,不得以机关名义向上级机关负责人报送"请示"、"意见"和"报告"。

**第二十三条** 受双重领导的机关向上级机关行文,应当写明主送机关和抄送机关。上级机关向受双重领导的下级机关行文,必要时应当抄送其另一上级机关。

## 第五章 发 文 办 理

**第二十四条** 发文办理指以本机关名义制发公文的过程,包括草拟、审核、签发、复核、缮印、用印、登记、分发等程序。

**第二十五条** 草拟公文应当做到:

(一)符合国家的法律、法规及其他有关规定。如提出新的政策、规定等,要切实可行并加以说明。

(二)情况确实,观点明确,表述准确,结构严谨,条理清楚,直述不曲,字词规范,标点正确,篇幅力求简短。

(三)公文的文种应当根据行文目的、发文机关的职权和与主送机关的行文关系确定。

(四)拟制紧急公文,应当体现紧急的原因,并根据实际需要确定紧急程度。

(五)人名、地名、数字、引文准确。引用公文应当先引标题,后引发文字号。引用外文应当注明中文含义。日期应当写明具体的年、月、日。

(六)结构层次序数,第一层为"一、",第二层为"(一)",第三层为"1.",第四层为"(1)"。

(七)应当使用国家法定计量单位。

(八)文内使用非规范化简称,应当先用全称并注明简称。使用国际组织外文名称或其缩写形式,应当在第一次出现时注明准确的中文译名。

(九)公文中的数字,除成文日期、部分结构层次序数和在词、词组、惯用语、缩略语、具有修辞色彩语句中作为词素的数字必须使用汉字外,应当使用阿拉伯数字。

**第二十六条** 拟制公文,对涉及其他部门职权范围内的事项,主办部门应当主动与有关部门协商,取得一致意见后方可行文;

如有分歧,主办部门的主要负责人应当出面协调,仍不能取得一致时,主办部门可以列明各方理据,提出建设性意见,并与有关部门会签后报请上级机关协调或裁定。

第二十七条　公文送负责人签发前,应当由办公厅(室)进行审核。审核的重点是:是否确需行文,行文方式是否妥当,是否符合行文规则和拟制公文的有关要求,公文格式是否符合本办法的规定等。

第二十八条　以本机关名义制发的上行文,由主要负责人或者主持工作的负责人签发;以本机关名义制发的下行文或平行文,由主要负责人或者由主要负责人授权的其他负责人签发。

第二十九条　公文正式印制前,文秘部门应当进行复核,重点是:审批、签发手续是否完备,附件材料是否齐全,格式是否统一、规范等。

经复核需要对文稿进行实质性修改的,应按程序复审。

## 第六章　收文办理

第三十条　收文办理指对收到公文的办理过程,包括签收、登记、审核、拟办、批办、承办、催办等程序。

第三十一条　收到下级机关上报的需要办理的公文,文秘部门应当进行审核。审核的重点是:是否应由本机关办理;是否符合行文规则;内容是否符合国家法律、法规及其他有关规定;涉及其他部门或地区职权的事项是否已协商、会签;文种使用、公文格式是否规范。

第三十二条　经审核,对符合本办法规定的公文,文秘部门应当及时提出拟办意见送负责人批示或者交有关部门办理,需要两个以上部门办理的应当明确主办部门。紧急公文,应当明确办理时限。对不符合本办法规定的公文,经办公厅(室)负责人批准后,可以退回呈报单位并说明理由。

**第三十三条** 承办部门收到交办的公文后应当及时办理,不得延误、推诿。紧急公文应当按时限要求办理,确有困难的,应当及时予以说明。对不属于本单位职权范围或者不宜由本单位办理的,应当及时退回交办的文秘部门并说明理由。

**第三十四条** 收到上级机关下发或交办的公文,由文秘部门提出拟办意见,送负责人批示后办理。

**第三十五条** 公文办理中遇有涉及其他部门职权的事项,主办部门应当主动与有关部门协商;如有分歧,主办部门主要负责人要出面协调,如仍不能取得一致,可以报请上级机关协调或裁定。

**第三十六条** 审批公文时,对有具体请示事项的,主批人应当明确签署意见、姓名和审批日期,其他审批人圈阅视为同意;没有请示事项的,圈阅表示已阅知。

**第三十七条** 送负责人批示或者交有关部门办理的公文,文秘部门要负责催办,做到紧急公文跟踪催办,重要公文重点催办,一般公文定期催办。

## 第七章　公　文　归　档

**第三十八条** 公文办理完毕后,应当根据《中华人民共和国档案法》和其他有关规定,及时整理(立卷)、归档。

个人不得保存应当归档的公文。

**第三十九条** 归档范围内的公文,应当根据其相互联系、特征和保存价值等整理(立卷),要保证归档公文的齐全、完整,能正确反映本机关的主要工作情况,便于保管和利用。

**第四十条** 联合办理的公文,原件由主办机关整理(立卷)、归档,其他机关保存复制件或其他形式的公文副本。

**第四十一条** 本机关负责人兼任其他机关职务,在履行所兼职务职责过程中形成的公文,由其兼职机关整理(立卷)、归档。

第四十二条 归档范围内的公文应当确定保管期限,按照有关规定定期向档案部门移交。

第四十三条 拟制、修改和签批公文,书写及所用纸张和字迹材料必须符合存档要求。

## 第八章 公 文 管 理

第四十四条 公文由文秘部门专职人员统一收发、审核、用印、归档和销毁。

第四十五条 文秘部门应当建立健全本机关公文处理的有关制度。

第四十六条 上级机关的公文,除绝密级和注明不准翻印的以外,下一级机关经负责人或者办公厅(室)主任批准,可以翻印。翻印时,应当注明翻印的机关、日期、份数和印发范围。

第四十七条 公开发布行政机关公文,必须经发文机关批准。经批准公开发布的公文,同发文机关正式印发的公文具有同等效力。

第四十八条 公文复印件作为正式公文使用时,应当加盖复印机关证明章。

第四十九条 公文被撤销,视作自始不产生效力;公文被废止,视作自废止之日起不产生效力。

第五十条 不具备归档和存查价值的公文,经过鉴别并经办公厅(室)负责人批准,可以销毁。

第五十一条 销毁秘密公文应当到指定场所由二人以上监销,保证不丢失、不漏销。其中,销毁绝密公文(含密码电报)应当进行登记。

第五十二条 机关合并时,全部公文应当随之合并管理。机关撤销时,需要归档的公文整理(立卷)后按有关规定移交档案部门。

工作人员调离工作岗位时,应当将本人暂存、借用的公文按照有关规定移交、清退。

第五十三条 密码电报的使用和管理,按照有关规定执行。

## 第九章 附　　则

第五十四条 行政法规、规章方面的公文,依照有关规定处理。外事方面的公文,按照外交部的有关规定处理。

第五十五条 公文处理中涉及电子文件的有关规定另行制定。统一规定发布之前,各级行政机关可以制定本机关或者本地区、本系统的试行规定。

第五十六条 各级行政机关的办公厅(室)对上级机关和本机关下发公文的贯彻落实情况应当进行督促检查并建立督查制度。有关规定另行制定。

第五十七条 本办法自2001年1月1日起施行。1993年11月21日国务院办公厅发布,1994年1月1日起施行的《国家行政机关公文处理办法》同时废止。

# 国家行政机关公文格式

(1999年12月27日国家质量技术监督局发布,
2000年1月1日施行)

## 1 范 围

本标准规定了国家行政机关公文通用的纸张要求、印制要求、公文中各要素排列顺序和标识规则。

本标准适用于国家各级行政机关制发的公文。其他机关公文可参照执行。

使用少数民族文字印制的公文,其格式可参照本标准按有关规定执行。

## 2 引用标准

下列标准所包含的条文,通过在本标准中引用而构成为本标准的条文。本标准出版时,所示版本均为有效。所有标准都会被修订,使用本标准的各方应探讨使用下列标准最新版本的可能性。

GB/T 148—1997 印刷、书写和绘图纸幅面尺寸

## 3 定　　义

本标准采用下列定义。

### 3.1　字 word

标识公文中横向距离的长度单位。一个字指一个汉字所占空间。

### 3.2　行 line

标识公文中纵向距离的长度单位。本标准以 3 号字高度加 3 号字高度 7/8 倍的距离为一基准行。

## 4　公文用纸主要技术指标

公文用纸一般使用纸张定量为 60 g/m$^2$—80 g/m$^2$ 的胶版印刷纸或复印纸。纸张白度为 85%—90%，横向耐折度≥15 次，不透明度≥85%，pH 值为 7.5—9.5。

## 5　公文用纸幅面及版面尺寸

### 5.1　公文用纸幅面尺寸

公文用纸采用 GB/T 148 中规定的 A4 型纸，其成品幅面尺寸为：210 mm×297mm，尺寸的允许偏差见 GB/T 148。

### 5.2　公文页边与版心尺寸

公文用纸天头（上白边）为：37 mm±1 mm

公文用纸订口（左白边）为：28 mm±1 mm

版心尺寸为：156 mm×225 mm（不含页码）

## 6 公文中图文的颜色

未作特殊说明公文中图文的颜色均为黑色。

## 7 排版规格与印制装订要求

7.1 排版规格

正文用 3 号仿宋体字,一般每面排 22 行,每行排 28 个字。

7.2 制版要求

版面干净无底灰,字迹清楚无断划,尺寸标准,版心不斜,误差不超过 1 mm。

7.3 印刷要求

双面印刷;页码套正,两面误差不得超过 2 mm。黑色油墨应达到色谱所标 BL100% ,红色油墨应达到色谱所标 Y80% ,M80%。印品着墨实、均匀;字面不花、不白、无断划。

7.4 装订要求

公文应左侧装订,不掉页。包本公文的封面与书芯不脱落,后背平整、不空。两页页码之间误差不超过 4 mm。骑马订或平订的订位为两钉钉锯外订眼距书芯上下各 1/4 处,允许误差 ± 4 mm。平订钉锯与书脊间的距离为 3 mm—5 mm;无坏钉、漏钉、重钉,钉脚平伏牢固;后背不可散页明订。裁切成品尺寸误差 ± 1 mm,四角成 90°,无毛茬或缺损。

## 8 公文中各要素标识规则

本标准将组成公文的各要素划分为眉首、主体、版记三部分。置于公文首页红色反线(宽度同版心,即 156 mm)以上的各要素统称眉首;置于红色反线(不含)以下至主题词(不含)之间的各要素统称主体;置于主题词以下的各要素统称版记。

8.1 眉首

8.1.1 公文份数序号

公文份数序号是将同一文稿印制若干份时每份公文的顺序编号。如需标识公文份数序号,用阿拉伯数码顶格标识在版心左上角第 1 行。

8.1.2 秘密等级和保密期限

如需标识秘密等级,用 3 号黑体字,顶格标识在版心右上角第 1 行,两字之间空 1 字;如需同时标识秘密等级和保密期限,用 3 号黑体字,顶格标识在版心右上角第 1 行,秘密等级和保密期限之间用"★"隔开。

8.1.3 紧急程度

如需标识紧急程度,用 3 号黑体字,顶格标识在版心右上角第 1 行,两字之间空 1 字;如需同时标识秘密等级与紧急程度,秘密等级顶格标识在版心右上角第 1 行,紧急程度顶格标识在版心右上角第 2 行。

8.1.4 发文机关标识

由发文机关全称或规范化简称后加"文件"组成;对一些特定的公文可只标识发文机关全称或规范化简称。发文机关标识上边缘至版心上边缘为 25 mm。对于上报的公文,发文机关标识上边缘至版心上边缘为 80 mm。

发文机关标识推荐使用小标宋体字,用红色标识。字号由发文机关以醒目美观为原则酌定,但一般应小于 22 mm × 15mm。

联合行文时应使主办机关名称在前,"文件"二字置于发文机关名称右侧,上下居中排布;如联合行文机关过多,必须保证公文首页显示正文。

#### 8.1.5 发文字号

发文字号由发文机关代字、年份和序号组成。发文机关标识下空 2 行,用 3 号仿宋体字,居中排布;年份、序号用阿拉伯数码标识;年份应标全称,用六角括号"〔　〕"括入;序号不编虚位(即 1 不编为 001),不加"第"字。

发文字号之下 4 mm 处印一条与版心等宽的红色反线。

#### 8.1.6 签发人

上报的公文需标识签发人姓名,平行排列于发文字号右侧。发文字号居左空 1 字,签发人姓名居右空 1 字;签发人用 3 号仿宋体字,签发人后标全角冒号,冒号后用 3 号楷体字标识签发人姓名。

如有多个签发人,主办单位签发人姓名置于第 1 行,其他签发人姓名从第 2 行起在主办单位签发人姓名之下按发文机关顺序依次顺排,下移红色反线,应使发文字号与最后一个签发人姓名处在同一行并使红色反线与之的距离为 4 mm。

### 8.2 主体

#### 8.2.1 公文标题

红色反线下空 2 行,用 2 号小标宋体字,可分一行或多行居中排布;回行时,要做到词意完整,排列对称,间距恰当。

#### 8.2.2 主送机关

标题下空 1 行,左侧顶格用 3 号仿宋体字标识,回行时仍顶格;最后一个主送机关名称后标全角冒号。如主送机关名称过多而使公文首页不能显示正文时,应将主送机关名称移至版记中的主题词之下、抄送之上,标识方法同抄送。

#### 8.2.3 公文正文

主送机关名称下一行,每自然段左空 2 字,回行顶格。数字、年份不能回行。

#### 8.2.4 附件

公文如有附件,在正文下空一行左空 2 字用 3 号仿宋体字标识"附件",后标全角冒号和名称。附件如有序号使用阿拉伯数码(如"附件:1.××××× ");附件名称后不加标点符号。附件应与公文正文一起装订,并在附件左上角第 1 行顶格标识"附件",有序号时标识序号;附件的序号和名称前后标识应一致。如附件与公文正文不能一起装订,应在附件左上角第 1 行顶格标识公文的发文字号并在其后标识附件(或带序号)。

#### 8.2.5 成文时间

用汉字将年、月、日标全;"零"写为"〇";成文时间的标识位置见8.2.6。

#### 8.2.6 公文生效标识

##### 8.2.6.1 单一发文印章

单一机关制发的公文在落款处不署发文机关名称,只标识成文时间。成文时间右空 4 字;加盖印章应上距正文 2 mm～4 mm,端正、居中下压成文时间,印章用红色。

当印章下弧无文字时,采用下套方式,即仅以下弧压在成文时间上;

当印章下弧有文字时,采用中套方式,即印章中心线压在成文时间上。

##### 8.2.6.2 联合行文印章

当联合行文需加盖两个印章时,应将成文时间拉开,左右各空 7 字;主办机关印章在前;两个印章均压成文时间,印章用红色。只能采用同种加盖印章方式,以保证印章排列整齐。两印章间互不相交或相切,相距不超过 3 mm。

当联合行文需加盖 3 个以上印章时,为防止出现空白印章,应将各发文机关名称(可用简称)排在发文时间和正文之间。主办机关印章在前,每排最多排 3 个印章,两端不得超过版心;最后一排如余一个或两个印章,均居中排布;印章之间互相不相交或相切;在最后一排印章之下右空 2 字标识成文时间。

8.2.6.3　特殊情况说明

当公文排版后所剩空白处不能容下印章位置时,应采取调整行距、字距的措施加以解决,务使印章与正文同处一面,不得采取标识"此页无正文"的方法解决。

8.2.7　附注

公文如有附注,用 3 号仿宋体字,居左空 2 字加圆括号标识在成文时间下一行。

8.3　版记

8.3.1　主题词

"主题词"用 3 号黑体字,居左顶格标识,后标全角冒号;词目用 3 号小标宋体字;词目之间空 1 字。

8.3.2　抄送

公文如有抄送,在主题词下一行;左空 1 字用 3 号仿宋体字标识"抄送",后标全角冒号;抄送机关间用顿号隔开,回行时与冒号后的抄送机关对齐;在最后一个抄送机关后标句号。如主送机关移至主题词之下,标识方法同抄送机关。

8.3.3　印发机关和印发时间

位于抄送机关之下(无抄送机关在主题词之下)占 1 行位置;用 3 号仿宋体字。印发机关左空 1 字,印发时间右空 1 字。印发时间以公文付印的日期为准,用阿拉伯数码标识。

8.3.4　版记中的反线

版记中各要素之下均加一条反线,宽度同版心。

8.3.5　版记的位置

版记应置于公文最后一页(封四),版记的最后一个要素置于最后一行。

## 9　页　　码

用4号半角白体阿拉伯数码标识,置于版心下边缘之下一行,数码左右各放一条4号一字线,一字线距版心下边缘7 mm。单页码居右空1字,双页码居左空1字。空白页和空白页以后的页不标识页码。

## 10　公文中表格

公文如需附表,对横排A4纸型表格,应将页码放在横表的左侧,单页码置于表的左下角,双页码置于表的左上角,单页码表头在订口一边,双页码表头在切口一边。

公文如需附A3纸型表格,且当最后一页为A3纸型表格时,封三、封四(可放分送,不放页码)应为空白,将A3纸型表格贴在封三前,不应贴在文件最后一页(封四)上。

## 11　公文的特定格式

11.1　信函式格式

发文机关名称上边缘距上页边的距离为30 mm,推荐用小标宋体字,字号由发文机关酌定;发文机关全称下4 mm处为一条武文线(上粗下细),距下页边20 mm处为一条文武线(上细下粗),两条线长均为170 mm。每行居中排28个字。发文机关名称及双线均印红色。两线之间各要素的标识方法从本标准相应要素说明。

11.2　命令格式

命令标识由发文机关名称加"命令"或"令"组成,用红色小标宋体字，字号由发文机关酌定。命令标识上边缘距版心上边缘20 mm，下边缘空2行居中标识令号；令号下空2行标识正文；正文下一行右空4字标识签发人签名章，签名章左空2字标识签发人职务；联合发布的命令或令的签发人职务应标识全称。在签发人签名章下一行右空2字标识成文时间。分送机关标识方法同抄送机关。其他要素从本标准相关要素说明。

11.3　会议纪要格式

会议纪要标识由"×××××会议纪要"组成。其标识位置同8.1.4，用红色小标宋体字，字号由发文机关酌定。会议纪要不加盖印章。其他要素从本标准相关要素说明。

# 12　式　　样

A4型公文用纸页边及版心尺寸见图1；公文首页版式见图2；上报公文首页版式见图3；公文末页版式见图4；联合行文公文末页版式1见图5；联合行文公文末页版式2见图6。

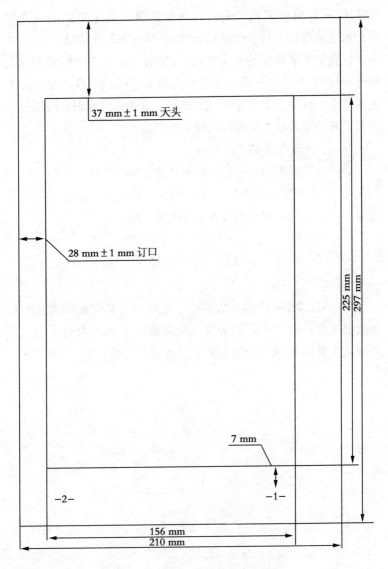

**图1  A4型公文用纸页边及版心尺寸**

| 01 | | 机密★一年 |
| --- | --- | --- |
| | | 特　急 |

# ×××××文件

×××〔2000〕1号

## 关于×××××××通知

×××××××××：
　　××××××××××××××××××××××××
××××××××××××××××××××××××××
××××××××××××××××××××××××××
××××××××××××××××××××××××××
××。
　　×××××××××××××××××××××××
××××××××××××。
　　××××××××××。
　　××××××××。××××××××××××××
××××××××××××××××××××××××××

图2　公文首页版式(版心)

01

秘密
特急

# ×××××文件

×××〔2000〕××号　　　　　　　　　签发人：×××
　　　　　　　　　　　　　　　　　　　　　　　×××

## ×××××请示

××××：
　　××××××××××××××××××××××
××××××××××××××××××××××××
××××××××××××××××××××××××

图3　上报公文首页版式（版心）

××××××××××××××××。

　　附件：1. ××××××××××××
　　　　　2. ××××××××××××

二〇〇〇年一月一日

（×××××）

主题词：×× 　×× 　××

抄送：××××××、××××××××、×××××、
　　　××××××,×××××。

××××××××　　　　　2000年×月××日印发

图4　公文末页版式(版心)

××××××××××××××××。

　　附件：1. ×××××××××××
　　　　　2. ××××××××××

主题词：×× 　×× 　××

抄送：×××××××、××××××××，×××××、
　　　××××××，×××××。

×××××××××　　　　　　　2000年×月××日印发

图5　联合行文公文末页版式1(版心)

××××××××××××××××。

　　附件：1. ××××××××××
　　　　　2. ×××××××××

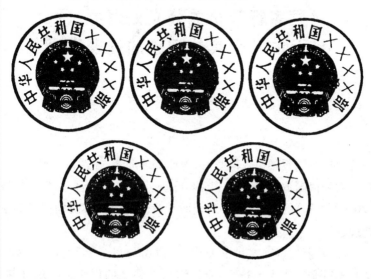

　　　　　　　　　　　二〇〇〇年一月一日

| 主题词：×× 　×× 　×× |
|---|
| 抄送：××××××××、××××××××，×××××、×××××，×××××。 |
| ×××××××× 　　　　　　2000年×月××日印发 |

**图6　联合行文公文末页版式2(版心)**
注：版心实线仅为示意，在印制公文时并不印出。

# 国务院办公厅关于实施《国家行政机关公文处理办法》涉及的几个具体问题的处理意见

国办函〔2001〕1号

各省、自治区、直辖市人民政府,国务院各部委、各直属机构:

为确保国务院发布的《国家行政机关公文处理办法》(国发〔2000〕23号)的贯彻施行,现就所涉及的几个具体问题提出如下处理意见:

1. 关于"意见"文种的使用。"意见"可以用于上行文、下行文和平行文。作为上行文,应按请示性公文的程序和要求办理。所提意见如涉及其他部门职权范围内的事项,主办部门应当主动与有关部门协商,取得一致意见后方可行文;如有分歧,主办部门的主要负责人应当出面协调,仍不能取得一致时,主办部门可以列明各方理据,提出建设性意见,并与有关部门会签后报请上级机关决定。上级机关应当对下级机关报送的"意见"做出处理或给予答复。作为下行文,文中对贯彻执行有明确要求的,下级机关应遵照执行;无明确要求的,下级机关可参照执行。作为平行文,提出的意见供对方参考。

2. 关于"函"的效力。"函"作为主要文种之一,与其他主要文种同样具有由制发机关权限决定的法定效力。

3. 关于"命令"、"决定"和"通报"三个文种用于奖励时如何区分的问题。各级行政机关应当依据法律的规定和职权,根据奖励的性质、种类、级别、公示范围等具体情况,选择使用相应的文种。

4. 关于部门及其内设机构行文问题。政府各部门(包括议事协调机构)除以函的形式商洽工作、询问和答复问题、审批事项外,一般不得向下一级政府正式行文;如需行文,应报请本级政府批转或由本级政府办公厅(室)转发。因特殊情况确需向下一级政府正式行文的,应当报经本级政府批准,并在文中注明经政府同意。

部门内设机构除办公厅(室)外,不得对外正式行文的含义是:部门内设机构不得向本部门机关以外的其他机关(包括本系统)制发政策性和规范性文件,不得代替部门审批下达应当由部门审批下达的事项;与相应的其他机关进行工作联系确需行文时,只能以函的形式行文。

"函的形式"是指公文格式中区别于"文件格式"的"信函格式"。以"函的形式"行文应注意选择使用与行文方向一致、与公文内容相符的文种。

5. 关于联合行文时发文机关的排列顺序和发文字号。

行政机关联合行文,主办机关排列在前。行政机关与同级或相应的党的机关、军队机关、人民团体联合行文,按照党、政、军、群的顺序排列。

行政机关之间联合行文,标注主办机关的发文字号;与其他机关联合行文原则上应使用排列在前机关的发文字号,也可以协商确定,但只能标注一个机关的发文字号。

6. 关于联合行文的会签。联合行文一般由主办机关首先签署意见,协办单位依次会签。一般不使用复印件会签。

7. 关于联合行文的用印。行政机关联合向上行文,为简化手续和提高效率,由主办单位加盖印章即可。

8. 关于保密期限的标注问题。涉及国家秘密的公文如有具体保密期限应当明确标注,否则按照《国家秘密保密期限的规定》(国家保密局1990年第2号令)第九条执行,即"凡未标明或者未通知保密期限的国家秘密事项,其保密期限按照绝密级事项三十年、机密级事项二十年、秘密级事项十年认定。"

9. 关于"附注"的位置。"附注"的位置在成文日期和印章之下,版记之上。

10. 关于"主要负责人"的含义。"主要负责人"指各级行政机关的正职或主持工作的负责人。

11. 关于公文用纸采用国际标准A4型问题。各省(区、市)人民政府和国务院各部门已做好准备的,公文用纸可于2001年1月1日起采用国际标准A4型;尚未做好准备的,要积极创造条件尽快采用国标标准A4型。省级以下人民政府及其所属机关和国务院各部门所属单位何时采用国际标准A4型,由各省(区、市)人民政府和国务院各部门自行确定。

国务院办公厅<br>二〇〇一年一月一日

# 国务院公文主题词表

(国务院办公厅秘书局 1997年12月修订)

## 国务院主题词表使用说明

为适应办公现代化的要求,便于计算机检索和管理公文,特编制《国务院公文主题词表》(以下简称词表)。词表主要用于标引国务院、国务院办公厅印发的文件和各地区、各部门上报国务院及其办公厅的文件。

一、编制原则

(一)词表结构务求合乎逻辑,具有较宽的涵盖面,便于使用。

(二)词表体现文档管理一体化的原则,即词表中主题词的区域分类和类别词可分别作为档案分类中的大类和属类。

二、体系结构

(一)词表共由15类1 049个主题词组成,分为主表和附表两个部分,主表有13类、751个主题词,附表有2类298个主题词。词表分为三个层次。第一层是对主题词区域的分类,如"综合经济"、"财政、金融"类等。第二层是类别词,即对主题词的具体分类,如"工交、能源、邮电"类中的"工业"、"交通"、"能源"和"邮电"等。第三层是类属词,如"体制"、"职能"、"编制"等。第二层和第三层统称为主题词,用于文件的标引。

(二)1988年12月和1994年4月修订的词表中曾列入本词

表中不再继续作标引的主题词,用黑体单列在区域分类的最后部分。

三、标引方法

（一）一份文件的标引,除类别词外最多不超过 5 个主题词。主题词标在文件的抄送栏之上,顶格写。

（二）标引顺序是先标类别词,再标类属词。在标类属词时,先标反映文件内容的词,最后标反映文件形式的词。如《国务院关于加强水土保持工作的通知》,先标类别词"农业",再标类属词"水土保持",最后标上"通知"。

（三）一份文件如有两个以上的主题内容,先集中对一个主题内容进行标引,再对第二个主题内容进行标引。如《国务院关于在若干城市试行国有企业兼并破产和职工再就业有关问题的通知》,先标反映第一个主题内容的类别词"经济管理",再标类属词"企业"、"破产";然后标反映第二个主题内容的类别词"劳动",再标类属词"就业",最后标"通知"。

（四）根据需要,可将不同类的主题词进行组配标引。如《国务院关于"九五"期间深化科学技术体制改革的决定》,可标"科技、体制、改革、决定"。

（五）当词表中找不出准确反映文件主题内容的类属词时,可以在类别词中选择适当的词标引。同时将能够准确反映文件内容的词标在类别词的后面,并在该词的后面加"△"以便区别。

（六）列在区域分类最后,用黑体标出的主题词只供检索用,不再用作标引。

（七）附表中的主题词与主表中的主题词具有同等效力,标引方法相同,不同的是,如果附表中所列的国家、地区的实际名称发生了变化,使用本表的各单位可先按照变化后的标准名称进行修改和使用。国务院办公厅秘书局将定期修订附表。

**四、词表管理**

（一）本词表由国务院办公厅秘书局负责管理和解释,具体工作由档案数据处承办。

（二）本词表自 1998 年 2 月 1 日起执行,1994 年 4 月修订的词表同时废止。

# 国务院公文主题词表

**01．综合经济(77 个)**

01A 计划

规划 统计 指标 分配 统配 调拨

01B 经济管理

经济 管理 调整 调控 控制 结构 制度 所有制 股份制 责任制 流通 产业 行业 改革 改造 竞争 兼并 开放 开发 协作 资源 土地 资产 资料 产权 物价 价格 投资 招标 经营 生产 转产 项目 产品 质量 承包 租赁 合同 包干 国有 国营 私营 集体 个体 企业 公司 集团 合作社 普查 工商 商标 注册 广告 监督 增产 效益 节约 浪费 破产 亏损 特区 开发区 保税区 展销 展览
**商品化 横向联系 第三产业 生产资料**

**02．工交、能源、邮电(69 个)**

02A 工业

冶金 钢铁 地矿 机械 汽车 电子 电器 仪器 仪表 化工 航天 航空 核工 船舶 兵器 军工 轻工 有色金属 盐业 食品 印刷 包装 手工业 纺织 服装 丝绸 设备 原料 材料 加工

02B 交通
　　　铁路　公路　桥梁　民航　机场　航线　航道　空中管制
　　　飞机　港口　码头　口岸　车站　车辆　运输　旅客

02C 能源
　　　石油　煤炭　电力　燃料　天然气　煤气　沼气

02D 邮电
　　　通信　电信　邮政　网络　数据
　　　**民品　厂矿　空运　三线　通讯　水运　运费**

## 03．旅游、城乡建设、环保(42个)

03A 旅游

03B 服务业
　　　饮食业　宾馆

03C 城乡建设
　　　城市　乡镇　基建　建设　建筑　建材　勘察　测绘　设
　　　计　市政　公用事业　监理　环卫　征地　工程　房地产
　　　房屋　住宅　装修　设施　出让　转让　风景名胜　园林
　　　岛屿

03D 环保
　　　保护区　植物　动物　污染　生态　生物
　　　**风景　饭店　城乡　国土　沿海**

## 04．农业、林业、水利、气象(56个)

04A 农业
　　　农村　农民　农民负担　农场　农垦　粮食　棉花　油料
　　　生猪　蔬菜　糖料　烟草　水产　渔业　水果　经济作物
　　　农副产品　副业　畜牧业　乡镇企业　农膜　种子　化肥
　　　农药　饲料　灾害　以工代赈　扶贫

04B 林业
　　　绿化　木材　森林　草原　防沙治沙

04C 水利
　　河流　湖泊　滩涂　水库　水域　流域　水土保持　节水
　　防汛　抗旱　三峡

04D 气象
　　气候　预报　预测
　　**烟酒　土特产　有机肥　多种经营　牧业**

## 05．财政、金融(57个)

05A 财政
　　预算　决算　核算　收支　财务　会计　税务　税率　审计　债务　积累　经费　集资　收费　资金　基金　租金　拨款　利润　补贴　折旧费　附加费　固定资产

05B 金融
　　银行　货币　黄金　白银　存款　贷款　信贷　贴现　通货膨胀　交易　期货　利率　利息　贴息　外汇　外币　汇率　债券　证券　股票　彩票　信托　保险　赔偿　信用社
　　**现金　留成　流动资金　储蓄　费用　侨汇　折旧率**

## 06．贸易(52个)

06A 商业
　　商品　物资　收购　定购　购置　市场　集贸　酒类　副食品　日用品　销售　消费　批发　供应　零售　拍卖　专卖　订货　营业　仓库　储备　储运　货物

06B 外贸
　　对外援助　军贸　进口　出口　引进　海关　缉私　仲裁　商检　外商　外资　合资　合作　关贸　许可证　驻外企业
　　**贸易　倒卖　外向型　议购　议售　垄断　经贸　贩运　票证　外经　交易会**

**07．外事(42个)**

　　07A　外交
　　　　对外政策　对外关系　领土　领空　领海　外交人员　建交　公约　大使　领事　条约　协定　协议　议定书　备忘录　照会　国际　涉外事务　抗议

　　07B　外事
　　　　国际会议　国际组织　对外宣传　出访　出国　出入境　签证　护照　邀请　来访　谈判　会谈　会见　接见　招待会　宴会　外国人　外宾　对外友协　外国专家　**涉外**

**08．公安、司法、监察(46个)**

　　08A　公安
　　　　警察　武警　警衔　治安　非法组织　安全　保卫　禁毒　消防　防火　检查　扫黄　案件　处罚　户口　证件　事件　危险品　游行　海防　边防　边界　边境

　　08B　司法
　　　　政法　法制　法律　法院　律师　检察　程序　公证　劳改　劳教　监狱

　　08C　监察
　　　　廉政建设　审查　纪检　执法　行贿　受贿　贪污　处分　**侦破**

**09．民政、劳动人事(85个)**

　　09A　民政
　　　　基层政权　选举　行政区划　地名　人口　双拥工作　社会保障　社团　救灾　救济　募捐　婚姻　移民　抚恤　慰问　调解　老龄问题　烈士　纠纷　残疾人　墓地　殡葬　社区服务

　　09B　机构

驻外机构　体制　职能　编制　精简　更名

09C　人事

行政人员　干部　公务员　考核　录用　职工　家属　子女　知识分子　专家　参事　院士　文史馆员　履历　聘任　任免　辞退　退职　职称　待遇　离休　退休　交流　安置　调配　模范　表彰　奖励

09D　劳动

就业　失业　招聘　合同制　工人　保护　劳务　第二职业　事故

09E　工资

津贴　奖金　福利　收入

**老年　简历　劳资　人才　招工　待业　补助　拥军优属　丧葬　奖惩**

## 10．科、教、文、卫、体(73个)

10A　科技

科学　技术　科普　科研　鉴定　标准　计量　专利　发明　实验　情报　计算机　自动化　信息　卫星　地震　海洋

10B　教育

学校　教师　招生　学生　培训　毕业　学位　留学　教材　校办企业

10C　文化

文字　文史　文学　语言　艺术　古籍　图书　宣传　广播　电视　电影　出版　版权　报刊　新闻　音像　文物　古迹　纪念物　电子出版物

10D　卫生

医院　中医　医疗　医药　药材　防疫　疾病　计划生育　妇幼保健　检验　检疫

10E 体育
　　　运动员　教练员　运动会　比赛
　　　馆所　院校　校舍　地方志　软科学　社科

## 11. 国防(24个)

11A 军事
　　　军队　国防　空军　海军　征兵　服役　转业　民兵　预备役　军衔　复员　文职　后勤　装备　战略　作战　训练　防空　军需　武器　弹药　人武
　　　退伍

## 12. 秘书、行政(74个)

12A 文秘工作
　　　机关　国旗　国徽　机要　印章　信访　督查　保密　公文　档案　会议　文件　秘书　电报　提案　议案　谈话　讲话　总结　批示　汇报　建议　意见　文章　题词　章程　条例　办法　细则　规定　方案　布告　决议　命令　决定　指示　公告　通告　通知　通报　报告　请示　批复　函　会议纪要

12B 行政事务
　　　行政　工作制度　纪念活动　庆典活动　休假　节假日　着装　参观　接待　措施　调查　视察　考察　礼品　馈赠　服务
　　　出席　发言　转发　名单　批准　审批　信函　事务　活动　纪要　督察

## 13. 综合党团(54个)

13A 党派团体
　　　共产党　民主党派　共青团　团体　工会　协会　学会　民间组织　文联　学联　妇女　儿童　基金会

13B 统战

　　　　政协　民主人士　爱国人士
13C　民族
　　　　民族区域自治　民族事务
13D　宗教
　　　　寺庙
13E　侨务
　　　　外籍华人　归侨　侨乡
13F　港澳台
　　　　香港问题　澳门问题　台湾问题
13G　综合
　　　　整顿　形势　社会　精神文明　法人　发展　其他　试点
　　　　**推广**　**青年**　**政治**　**范围**　**党派**　**组织**　**领导**　**方针**
　　　　**政策**　**党风**　**事业**　**咨询**　**中心**　**清除**


附表

## 01．中国行政区域(54个)

01A　华北地区
　　　　北京　天津　河北　山西　内蒙古
01B　东北地区
　　　　辽宁　吉林　黑龙江
01C　华东地区
　　　　上海　江苏　浙江　安徽　福建　江西　山东
01D　中南地区
　　　　河南　湖北　湖南　广东　广西　海南
01E　西南地区
　　　　四川　贵州　云南　西藏　重庆
01F　西北地区
　　　　陕西　甘肃　青海　宁夏　新疆

01G 台湾
01H 香港
01I 澳门
　　哈尔滨　沈阳　大连　青岛　厦门　宁波　武汉　广州
　　深圳　海南岛　西安　单列市　省市　自治区

02. 世界行政区域(244个)

02A 亚洲
　　中国　蒙古　朝鲜　韩国　日本　越南　老挝　柬埔寨
　　缅甸　泰国　马来西亚　新加坡　文莱　菲律宾　印度尼
　　西亚　东帝汶　尼泊尔　锡金　不丹　孟加拉国　印度
　　斯里兰卡　马尔代夫　哈萨克斯坦　古尔吉斯斯坦　塔吉
　　克斯坦　乌兹别克斯坦　土库曼斯坦　格鲁吉亚　阿塞拜
　　疆　亚美尼亚　巴基斯坦　阿富汗　伊朗　科威特　沙特
　　阿拉伯　巴林　卡塔尔　阿联酋　阿曼　也门　伊拉克
　　叙利亚　黎巴嫩　约旦　巴勒斯坦　以色列　塞浦路斯
　　土耳其

02B 欧洲
　　冰岛　法罗群岛　丹麦　挪威　瑞典　芬兰　爱沙尼亚
　　拉脱维亚　立陶宛　俄罗斯　白俄罗斯　乌克兰　摩尔多
　　瓦　波兰　捷克　斯洛伐克　匈牙利　德国　奥地利　列
　　支敦士登　瑞士　荷兰　比利时　卢森堡　英国　爱尔兰
　　法国　摩纳哥　安道尔　西班牙　葡萄牙　意大利　梵蒂
　　冈　圣马力诺　马耳他　南斯拉夫　斯洛文尼亚　克罗地
　　亚　波黑　马其顿　罗马尼亚　保加利亚　阿尔巴尼亚
　　希腊

02C 非洲
　　埃及　利比亚　突尼斯　阿尔及利亚　摩洛哥　西撒哈拉
　　毛里塔尼亚　塞内加尔　冈比亚　马里　布基纳法索　佛

得角　几内亚比绍　几内亚　塞拉利昂　利比里亚　科特迪瓦　加纳　多哥　贝宁　尼日尔　尼日利亚　喀麦隆　赤道几内亚　乍得　中非　苏丹　埃塞俄比亚　吉布提　索马里　肯尼亚　乌干达　坦桑尼亚　卢旺达　布隆迪　刚果民主共和国　刚果　加蓬　厄立特里亚　圣多美和普林西比　安哥拉　赞比亚　马拉维　莫桑比克　科摩罗　马达加斯加　塞舌尔　毛里求斯　留尼汪　津巴布韦　博茨瓦纳　纳米比亚　南非　斯威士兰　莱索托　圣赫勒拿

02D　大洋洲

澳大利亚　新西兰　巴布亚新几内亚　所罗门群岛　瓦努阿图　新喀里多尼亚　斐济　基里巴斯　瑙鲁　密克罗尼西亚联邦　马绍尔群岛共和国　帕劳　北马里亚纳群岛自由联邦　关岛　图瓦卢　瓦利斯群岛和富图纳群岛　西萨摩亚　美属萨摩亚　纽埃　托克劳　库克群岛　汤加　法属波利尼西亚　皮特凯恩群岛

02E　美洲

格陵兰　加拿大　圣皮埃尔和密克隆　美国　百慕大　墨西哥　危地马拉　伯利兹　萨尔瓦多　洪都拉斯　尼加拉瓜　哥斯达黎加　巴拿马　巴哈马　特克斯群岛和凯科斯群岛　古巴　开曼群岛　牙买加　海地　多米尼加　波多黎各　美属维尔京群岛　英属维尔京群岛　圣基茨和尼维斯　安圭拉　安提瓜和巴布达　蒙特塞拉特　瓜德罗普　多米尼克　马提尼克　圣卢西亚　圣文森特和格林纳丁斯　巴巴多斯　格林纳达　特立尼达和多巴哥　荷属安的列斯　阿鲁巴　哥伦比亚　委内瑞拉　圭亚那　苏里南　法属圭亚那　厄瓜多尔　秘鲁　巴西　玻利维亚　智利　阿根廷　巴拉圭　乌拉圭

**苏联　民主德国　联邦德国　捷克斯洛伐克　扎伊尔　留**

尼汪岛　圣赫勒拿岛和阿森松岛等　贝劳　马绍尔群岛　北马里亚纳群岛　东萨摩亚　圣皮埃尔和密克隆群岛　百慕大群岛　多米尼加共和国　多米尼加联邦　荷属安的列斯群岛

# 行政法规制定程序条例

(2001年11月16日国务院发布)

## 第一章 总 则

**第一条** 为了规范行政法规制定程序,保证行政法规质量,根据宪法、立法法和国务院组织法的有关规定,制定本条例。

**第二条** 行政法规的立项、起草、审查、决定、公布、解释,适用本条例。

**第三条** 制定行政法规,应当遵循立法法确定的立法原则,符合宪法和法律的规定。

**第四条** 行政法规的名称一般称"条例",也可以称"规定"、"办法"等。国务院根据全国人民代表大会及其常务委员会的授权决定制定的行政法规,称"暂行条例"或者"暂行规定"。

国务院各部门和地方人民政府制定的规章不得称"条例"。

**第五条** 行政法规应当备而不繁,逻辑严密,条文明确、具体,用语准确、简洁,具有可操作性。

行政法规根据内容需要,可以分章、节、条、款、项、目。章、节、条的序号用中文数字依次表述,款不编序号,项的序号用中文数字加括号依次表述,目的序号用阿拉伯数字依次表述。

## 第二章 立 项

**第六条** 国务院于每年年初编制本年度的立法工作计划。

**第七条** 国务院有关部门认为需要制定行政法规的,应当于每年年初编制国务院年度立法工作计划前,向国务院报请立项。

国务院有关部门报送的行政法规立项申请,应当说明立法项目所要解决的主要问题、依据的方针政策和拟确立的主要制度。

**第八条** 国务院法制机构应当根据国家总体工作部署对部门报送的行政法规立项申请汇总研究,突出重点,统筹兼顾,拟订国务院年度立法工作计划,报国务院审批。

列入国务院年度立法工作计划的行政法规项目应当符合下列要求:

(一)适应改革、发展、稳定的需要;

(二)有关的改革实践经验基本成熟;

(三)所要解决的问题属于国务院职权范围并需要国务院制定行政法规的事项。

**第九条** 对列入国务院年度立法工作计划的行政法规项目,承担起草任务的部门应抓紧工作,按照要求上报国务院。

国务院年度立法工作计划在执行中可以根据实际情况予以调整。

## 第三章 起 草

**第十条** 行政法规由国务院组织起草。国务院年度立法工作计划确定行政法规由国务院的一个部门或者几个部门具体负责起草工作,也可以确定由国务院法制机构起草或者组织起草。

**第十一条** 起草行政法规,除应当遵循立法法确定的立法原

则,并符合宪法和法律的规定外,还应当符合下列要求:

(一)体现改革精神,科学规范行政行为,促进政府职能向经济调节、社会管理、公共服务转变;

(二)符合精简、统一、效能的原则,相同或者相近的职能规定由一个行政机关承担,简化行政管理手续;

(三)切实保障公民、法人和其他组织的合法权益,在规定其应当履行的义务的同时,应当规定其相应的权利和保障权利实现的途径;

(四)体现行政机关的职权与责任相统一的原则,在赋予有关行政机关必要的职权的同时,应当规定其行使职权的条件、程序和应承担的责任。

第十二条　起草行政法规,应当深入调查研究,总结实践经验,广泛听取有关机关、组织和公民的意见。听取意见可以采取召开座谈会、论证会、听证会等多种形式。

第十三条　起草行政法规,起草部门应当就涉及其他部门的职责或者与其他部门关系紧密的规定,与有关部门协商一致;经过充分协商不能取得一致意见的,应当在上报行政法规草案送审稿(以下简称行政法规送审稿)时说明情况和理由。

第十四条　起草行政法规,起草部门应当对涉及有关管理体制、方针政策等需要国务院决策的重大问题提出解决方案,报国务院决定。

第十五条　起草部门向国务院报送的行政法规送审稿,应当由起草部门主要负责人签署。几个部门共同起草的行政法规送审稿,应当由该几个部门主要负责人共同签署。

第十六条　起草部门将行政法规送审稿报送国务院审查时,应当一并报送行政法规送审稿的说明和有关材料。

行政法规送审稿的说明应当对立法的必要性,确立的主要制度,各方面对送审稿主要问题的不同意见,征求有关机关、组织和公民意见的情况等作出说明。有关材料主要包括国内外的有关立法资料、调研报告、考察报告等。

## 第四章 审 查

第十七条 报送国务院的行政法规送审稿,由国务院法制机构负责审查。

国务院法制机构主要从以下方面对行政法规送审稿进行审查：

（一）是否符合宪法、法律的规定和国家的方针政策；

（二）是否符合本条例第十一条的规定；

（三）是否与有关行政法规协调、衔接；

（四）是否正确处理有关机关、组织和公民对送审稿主要问题的意见；

（五）其他需要审查的内容。

第十八条 行政法规送审稿有下列情形之一的,国务院法制机构可以缓办或者退回起草部门：

（一）制定行政法规的基本条件尚不成熟的；

（二）有关部门对送审稿规定的主要制度存在较大争议,起草部门未与有关部门协商的；

（三）上报送审稿不符合本条例第十五条、第十六条规定的。

第十九条 国务院法制机构应当将行政法规送审稿或者行政法规送审稿涉及的主要问题发送国务院有关部门、地方人民政府、有关组织和专家征求意见。国务院有关部门、地方人民政府反馈的书面意见,应当加盖本单位或者本单位办公厅(室)印章。

重要的行政法规送审稿,经报国务院同意,向社会公布,征求意见。

第二十条 国务院法制机构应当就行政法规送审稿涉及的主

要问题,深入基层进行实地调查研究,听取基层有关机关、组织和公民的意见。

**第二十一条** 行政法规送审稿涉及重大、疑难问题的,国务院法制机构应当召开由有关单位、专家参加的座谈会、论证会,听取意见,研究论证。

**第二十二条** 行政法规送审稿直接涉及公民、法人或者其他组织的切身利益的,国务院法制机构可以举行听证会,听取有关机关、组织和公民的意见。

**第二十三条** 国务院有关部门对行政法规送审稿涉及的主要制度、方针政策、管理体制、权限分工等有不同意见的,国务院法制机构应当进行协调,力求达成一致意见;不能达成一致意见的,应当将争议的主要问题、有关部门的意见以及国务院法制机构的意见报国务院决定。

**第二十四条** 国务院法制机构应当认真研究各方面的意见,与起草部门协商后,对行政法规送审稿进行修改,形成行政法规草案和对草案的说明。

**第二十五条** 行政法规草案由国务院法制机构主要负责人提出提请国务院常务会议审议的建议;对调整范围单一、各方面意见一致或者依据法律制定的配套行政法规草案,可以采取传批方式,由国务院法制机构直接提请国务院审批。

## 第五章 决定与公布

**第二十六条** 行政法规草案由国务院常务会议审议,或者由国务院审批。

国务院常务会议审议行政法规草案时,由国务院法制机构或者起草部门作说明。

**第二十七条** 国务院法制机构应当根据国务院对行政法规草

案的审议意见,对行政法规草案进行修改,形成草案修改稿,报请总理签署国务院令公布施行。

签署公布行政法规的国务院令载明该行政法规的施行日期。

**第二十八条** 行政法规签署公布后,及时在国务院公报和在全国范围内发行的报纸上刊登。国务院法制机构应当及时汇编出版行政法规的国家正式版本。

在国务院公报上刊登的行政法规文本为标准文本。

**第二十九条** 行政法规应当自公布之日起30日后施行;但是,涉及国家安全、外汇汇率、货币政策的确定以及公布后不立即施行将有碍行政法规施行的,可以自公布之日起施行。

**第三十条** 行政法规在公布后的30日内由国务院办公厅报全国人民代表大会常务委员会备案。

## 第六章 行政法规解释

**第三十一条** 行政法规条文本身需要进一步明确界限或者作出补充规定的,由国务院解释。

国务院法制机构研究拟订行政法规解释草案,报国务院同意后,由国务院公布或者由国务院授权国务院有关部门公布。

行政法规的解释与行政法规具有同等效力。

**第三十二条** 国务院各部门和省、自治区、直辖市人民政府可以向国务院提出行政法规解释要求。

**第三十三条** 对属于行政工作中具体应用行政法规的问题,省、自治区、直辖市人民政府法制机构以及国务院有关部门法制机构请求国务院法制机构解释的,国务院法制机构可以研究答复;其中涉及重大问题的,由国务院法制机构提出意见,报国务院同意后答复。

## 第七章　附　　则

第三十四条　拟订国务院提请全国人民代表大会或者全国人民代表大会常务委员会审议的法律草案,参照本条例的有关规定办理。

第三十五条　修改行政法规的程序,适用本条例的有关规定。行政法规修改后,应当及时公布新的行政法规文本。

第三十六条　行政法规的外文正式译本和民族语言文本,由国务院法制机构审定。

第三十七条　本条例自2002年1月1日起施行。1987年4月21日国务院批准、国务院办公厅发布的《行政法规制定程序暂行条例》同时废止。

# 中华人民共和国保守国家秘密法

(1988年9月5日第七届全国人民代表大会
常务委员会第3次会议通过)

## 第一章 总 则

**第一条** 为保守国家秘密,维护国家的安全和利益,保障改革开放和社会主义建设事业的顺利进行,制定本法。

**第二条** 国家秘密是关系国家的安全和利益,依照法定程序确定,在一定时间内只限一定范围的人员知悉的事项。

**第三条** 一切国家机关、武装力量、政党、社会团体、企业事业单位和公民都有保守国家秘密的义务。

**第四条** 保守国家秘密的工作,实行积极防范、突出重点、既确保国家秘密又便利各项工作的方针。

**第五条** 国家保密工作部门主管全国保守国家秘密的工作。县级以上地方各级保密工作部门在其职权范围内,主管本行政区域保守国家秘密的工作。

中央国家机关在其职权范围内,主管或者指导本系统保守国家秘密的工作。

**第六条** 县级以上国家机关和涉及国家秘密的单位,根据实际情况设置保密工作机构或者指定人员,管理本机关和本单位保守国家秘密的日常工作。

**第七条** 在保守、保护国家秘密以及改进保密技术、措施等方面成绩显著的单位或者个人,应当给予奖励。

## 第二章 国家秘密的范围和密级

**第八条** 国家秘密包括符合本法第二条规定的下列秘密事项:

(一)国家事务的重大决策中的秘密事项;

(二)国防建设和武装力量活动中的秘密事项;

(三)外交和外事活动中的秘密事项以及对外承担保密义务的事项;

(四)国民经济和社会发展中的秘密事项;

(五)科学技术中的秘密事项;

(六)维护国家安全活动和追查刑事犯罪中的秘密事项;

(七)其他经国家保密工作部门确定应当保守的国家秘密事项。

不符合本法第二条规定的,不属于国家秘密。

政党的秘密事项中符合本法第二条规定的,属于国家秘密。

**第九条** 国家秘密的密级分为"绝密"、"机密"、"秘密"三级。

"绝密"是最重要的国家秘密,泄露会使国家的安全和利益遭受特别严重的损害;"机密"是重要的国家秘密,泄露会使国家的安全和利益遭受严重的损害;"秘密"是一般的国家秘密,泄露会使国家的安全和利益遭受损害。

**第十条** 国家秘密及其密级的具体范围,由国家保密工作部门分别会同外交、公安、国家安全和其他中央有关机关规定。

国防方面的国家秘密及其密级的具体范围,由中央军事委员会规定。

关于国家秘密及其密级的具体范围的规定,应当在有关范围内公布。

**第十一条** 各级国家机关、单位对所产生的国家秘密事项,应当按照国家秘密及其密级具体范围的规定确定密级。

对是否属于国家秘密和属于何种密级不明确的事项,由国家保密工作部门,省、自治区、直辖市的保密工作部门,省、自治区政府所在地的市和经国务院批准的较大的市的保密工作部门或者国家保密工作部门审定的机关确定。在确定密级前,产生该事项的机关、单位应当按照拟定的密级,先行采取保密措施。

**第十二条** 属于国家秘密的文件、资料,应当依照本法第九条、第十条、第十一条的规定标明密级,不属于国家秘密的,不应标为国家秘密文件、资料。

**第十三条** 对是否属于国家秘密和属于何种密级有争议的,由国家保密工作部门或者省、自治区、直辖市的保密工作部门确定。

**第十四条** 机关、单位对国家秘密事项确定密级时,应当根据情况确定保密期限。确定保密期限的具体办法由国家保密工作部门规定。

**第十五条** 国家秘密事项的密级和保密期限,应当根据情况变化及时变更。密级和保密期限的变更,由原确定密级和保密期限的机关、单位决定,也可以由其上级机关决定。

**第十六条** 国家秘密事项的保密期限届满的,自行解密;保密期限需要延长的,由原确定密级和保密期限的机关、单位或者其上级机关决定。

国家秘密事项在保密期限内不需要继续保密的,原确定密级和保密期限的机关、单位或者其上级机关应当及时解密。

## 第三章 保密制度

**第十七条** 属于国家秘密的文件、资料和其他物品的制作、收发、传递、使用、复制、摘抄、保存和销毁,由国家保密工作部门制定保密办法。

采用电子信息等技术存取、处理、传递国家秘密的方法,由国家保密工作部门会同中央有关机关规定。

**第十八条** 对绝密级的国家秘密文件、资料和其他物品,必须采取以下保密措施:

(一)非经原确定密级的机关、单位或者其上级机关批准,不得复制和摘抄;

(二)收发、传递和外出携带,由指定人员担任,并采取必要的安全措施;

(三)在设备完善的保险装置中保存。

经批准复制、摘抄的绝密级的国家秘密文件、资料和其他物品,依照前款规定采取保密措施。

**第十九条** 属于国家秘密的设备或者产品的研制、生产、运输、使用、保存、维修和销毁,由国家保密工作部门会同中央有关机关制定保密办法。

**第二十条** 报刊、书籍、地图、图文资料、声像制品的出版和发行以及广播节目、电视节目、电影的制作和播放,应当遵守有关保密规定,不得泄露国家秘密。

**第二十一条** 在对外交往与合作中需要提供国家秘密事项的,应当按照规定的程序事先经过批准。

**第二十二条** 具有属于国家秘密内容的会议和其他活动,主办单位应当采取保密措施,并对参加人员进行保密教育,规定具体要求。

第二十三条　军事禁区和属于国家秘密不对外开放的其他场所、部位,应当采取保密措施,除依照国家有关规定经过批准外,不得擅自决定对外开放或者扩大开放范围。

第二十四条　不准在私人交往和通信中泄露国家秘密。

携带属于国家秘密的文件、资料和其他物品外出不得违反有关保密规定。

不准在公共场所谈论国家秘密。

第二十五条　在有线、无线通信中传递国家秘密的,必须采取保密措施。

不准使用明码或者未经中央有关机关审查批准的密码传递国家秘密。

不准通过普通邮政传递属于国家秘密的文件、资料和其他物品。

第二十六条　未经有关主管部门批准,禁止将属于国家秘密的文件、资料和其他物品携带、传递、寄运至境外。

第二十七条　国家秘密应当根据需要,限于一定范围的人员接触。绝密级的国家秘密,经过批准的人员才能接触。

第二十八条　任用经管国家秘密事项的专职人员,应当按照国家保密工作部门和人事主管部门的规定予以审查批准。

经管国家秘密事项的专职人员出境,应当经过批准任命的机关批准;国务院有关主管机关认为出境后将对国家安全造成危害或者对国家利益造成重大损失的,不得批准出境。

第二十九条　机关、单位应当对工作人员进行保密教育,定期检查保密工作。

第三十条　国家工作人员或者其他公民发现国家秘密已经泄露或者可能泄露时,应当立即采取补救措施并及时报告有关机关、单位;有关机关、单位接到报告后,应当立即作出处理。

## 第四章 法律责任

**第三十一条** 违反本法规定,故意或者过失泄露国家秘密,情节严重的,依照刑法第一百八十六条的规定追究刑事责任。

违反本法规定,泄露国家秘密,不够刑事处罚的,可以酌情给予行政处分。

**第三十二条** 为境外的机构、组织、人员窃取、刺探、收买、非法提供国家秘密的,依法追究刑事责任。

## 第五章 附 则

**第三十三条** 国家保密工作部门根据本法制定实施办法,报国务院批准后施行。

**第三十四条** 中央军事委员会根据本法制定中国人民解放军保密条例。

**第三十五条** 本法自1989年5月1日起施行。1951年6月公布的《保守国家机密暂行条例》同时废止。

# 国家秘密保密期限的规定

(1990年9月19日国家保密局发布)

**第一条** 根据《中华人民共和国保守国家秘密法》(以下简称《保密法》)第十四条,制定本规定。

**第二条** 各机关、单位在依照国家秘密及其密级具体范围的规定(以下简称保密范围)确定国家秘密事项的密级时,应当同时确定保密期限。

**第三条** 国家秘密的保密期限,除有特殊规定外,绝密级事项不超过30年,机密级事项不超过20年,秘密级事项不超过10年。

保密期限在1年及1年以上的,以年计;保密期限在1年以内的,以月计。

国家秘密的保密期限,自标明的制发日起算;不能标明制发日的国家秘密,自通知密级和保密期限之日起算。

**第四条** 确定国家秘密事项的保密期限,确需长于本规定第三条所限定的保密期限的,应当上报有关中央国家机关批准;有关机关应当在接到报告的30日内作出答复。

**第五条** 根据主管业务工作的实际需要,有关中央国家机关可以对保密范围中的某类事项规定保密的最短期限;有关机关、单位在确定、变更该类事项的保密期限或者决定解密时,不得短于规定的最短期限。确需使保密期限短于规定的最短期限的,应当上报有关中央国家机关批准;有关机关应当在接到报告的30日内作出答复。

第六条　制定保密范围的中央国家机关可以规定有关保密范围中某类事项的保密期限为"长期"。在有关中央国家机关或者其授权的机关作出解密决定以前,其他机关、单位应当对保密期限为"长期"的事项长期采取保密措施,不得擅自决定解密。

第七条　对是否属于国家秘密和属于何种密级不明确的事项,应当依照《保密法实施办法》第十一条规定的程序拟定和确定保密期限。

第八条　国家秘密事项的保密期限应当根据情况的变化及时变更。

第九条　国家秘密事项的保密期限确定或者变更后,应当分别依照《保密法实施办法》第十三条和第十八条规定的程序及时标明和通知。

如果保密期限与本规定第三条第一款所限定的最长期限相一致,可以免除标明或者通知。凡未标明或者未通知保密期限的国家秘密事项,其保密期限按照绝密级事项30年、机密级事项20年、秘密级事项10年认定。

第十条　国家秘密事项的保密期限届满即自行解密。

第十一条　国家秘密事项经主管机关、单位正式公布后,即视为解密并免除通知。

第十二条　各机关、单位确定、变更国家秘密事项的保密期限或者决定解密的内部工作程序,依照《保密法实施办法》第十七条的规定办理。

第十三条　复制属于国家秘密的文件、资料和其他物品,或者摘录、引用、汇编其属于国家秘密的内容,不得擅自改变原件的保密期限。

第十四条　上级机关和有关政府保密工作部门发现有关机关、单位确定、变更保密期限不符合本规定或者不适合实际工作需要的,应当及时通知其纠正。

**第十五条** 上级机关和有关政府保密工作部门认为某一国家秘密事项应当解密时,可通知原确定密级的机关、单位进行解密。

**第十六条** 本规定由国家保密局负责解释。

**第十七条** 本规定自1991年1月1日起施行。

# 标点符号用法

(1995年12月13日国家技术监督局
发布1996年6月1日施行)

## 1 范 围

本标准规定了标点符号的名称、形式和用法。本标准对汉语书写规范有重要的辅助作用。

本标准适用于汉语书面语。外语界和科技界也可参考使用。

## 2 定 义

本标准采用下列定义。

句子 sentence

前后都有停顿,并带有一定的句调,表示相对完整意义的语言单位。

陈述句 declarative sentence

用来说明事实的句子。

祈使句 imperative sentence

用来要求听话人做某件事情的句子。

疑问句 interrogative sentence

用来提出问题的句子。

感叹句　exclamatory sentence

用来抒发某种强烈感情的句子。

复句、分句　complex sentence, clause

意思上有密切联系的小句子组织在一起构成一个大句子。这样的大句子叫复句,复句中的每个小句子叫分句。

词语　expression

词和短语(词组)。词,即最小的能独立运用的语言单位。短语,即由两个或两个以上的词按一定的语法规则组成的表达一定意义的语言单位,也叫词组。

## 3　基 本 规 则

3.1　标点符号是辅助文字记录语言的符号,是书面语的有机组成部分,用来表示停顿、语气以及词语的性质和作用。

3.2　常用的标点符号有 16 种,分点号和标号两大类。

点号的作用在于点断,主要表示说话时的停顿和语气。点号又分为句末点号和句内点号。句末点号用在句末,有句号、问号、叹号 3 种,表示句末的停顿,同时表示句子的语气。句内点号用在句内,有逗号、顿号、分号、冒号 4 种,表示句内的各种不同性质的停顿。

标号的作用在于标明,主要标明语句的性质和作用。常用的标号有 9 种,即:引号、括号、破折号、省略号、着重号、连接号、间隔号、书名号和专名号。

## 4　用 法 说 明

4.1　句号

4.1.1　句号的形式为"。"。句号还有一种形式,即一个小圆点"．"，一般在科技文献中使用。

  4.1.2 陈述句末尾的停顿，用句号。例如：

  a）北京是中华人民共和国的首都。

  b）虚心使人进步，骄傲使人落后。

  c）亚洲地域广阔，跨寒、温、热三带，又因各地地形和距离海洋远近不同，气候复杂多样。

  4.1.3 语气舒缓的祈使句末尾，也用句号。例如：
请您稍等一下。

4.2 问号

  4.2.1 问号的形式为"？"。

  4.2.2 疑问句末尾的停顿，用问号，例如：

  a）你见过金丝猴吗？

  b）他叫什么名字？

  c）去好呢，还是不去好？

  4.2.3 反问句的末尾，也用问号。例如：

  a）难道你还不了解我吗？

  b）你怎么能这么说呢？

4.3 叹号

  4.3.1 叹号的形式为"！"。

  4.3.2 感叹句末尾的停顿，用叹号。例如：

  a）为祖国的繁荣昌盛而奋斗！

  b）我多么想看看他老人家呀！

  4.3.3 语气强烈的祈使句末尾，也用叹号。例如：

  a）你给我出去！

  b）停止射击！

  4.3.4 语气强烈的反问句末尾，也用叹号。例如：
我哪里比得上他呀！

4.4 逗号

4.4.1 逗号的形式为","。

4.4.2 句子内部主语与谓语之间如需停顿,用逗号。例如:
我们看得见的星星,绝大多数是恒星。

4.4.3 句子内部动词与宾词之间如需停顿,用逗号。例如:
应该看到,科学需要一个人贡献出毕生的精力。

4.4.4 句子内部状语后边如需停顿,用逗号。例如:
对于这个城市,他并不陌生。

4.4.5 复句内各分句之间的停顿,除了有时要用分号外,都要用逗号。例如:
据说苏州园林有一百多处,我到过的不过十多处。

4.5 顿号

4.5.1 顿号的形式为"、"。

4.5.2 句子内部并列词语之间的停顿,用顿号。例如:
a) 亚马孙河、尼罗河、密西西比河和长江是世界四大河流。
b) 正方形是四边相等、四角均为直角的四边形。

4.6 分号

4.6.1 分号的形式为";"。

4.6.2 复句内部并列分句之间的停顿,用分号。例如:
a) 语言,人们用来抒情达意;文字,人们用来记言记事。
b) 在长江上游,瞿塘峡像一道闸门,峡口险阻;巫峡像一条迂回曲折的画廊,每一曲,每一折,都像一幅绝好的风景画,神奇而秀美;西陵峡水势险恶,处处是急流,处处是险滩。

4.6.3 非并列关系(如转折关系、因果关系等)的多重复句,第一层的前后两部分之间,也用分号。例如:
我国年满十八周岁的公民,不分民族、种族、性别、职业、家庭出身、宗教信仰、教育程度、财产状况、居住期限,都有选举权和被选举权;但是依照法律被剥夺政治权利的人除外。

4.6.4 分行列举的各项之间,也可以用分号。例如:

中华人民共和国的行政区域划分如下：

（一）全国分为省、自治区、直辖市；

（二）省、自治区分为自治州、县、自治县、市；

（三）县、自治县分为乡、民族乡、镇。

4.7　冒号

4.7.1　冒号的形式为":"。

4.7.2　用在称呼语后边，表示提起下文。例如：

同志们，朋友们：

　　现在开会了。……

4.7.3　用在"说、想、是、证明、宣布、指出、透露、例如、如下"等词语后边，表示提起下文。例如：

他十分惊讶地说："啊，原来是你！"

4.7.4　用在总说性话语的后边，表示引起下文的分说。例如：

北京紫禁城有四座城门：午门、神武门、东华门和西华门。

4.7.5　用在需要解释的词语后边，表示引出解释或说明。例如：

外文图书展销会

日期：10月20日至11月10日

时间：上午8时至下午4时

地点：北京朝阳区工体东路16号

主办单位：中国图书进出口总公司

4.7.6　总括性话语的前边，也可以用冒号，以总结上文。例如：

张华考上了北京大学，在化学系学习；李萍进了中等技术学校，读机械制造专业；我在百货公司当售货员：我们都有光明的前途。

4.8　引号

4.8.1　引号的形式为双引号""""和单引号''。

4.8.2　行文中直接引用的话,用引号标示。例如:

a) 爱因斯坦说:"想象力比知识更重要,因为知识是有限的,而想象力概括着世界上的一切,推动着进步,并且是知识进化的源泉。"

b) "满招损,谦受益"这句格言,流传到今天至少有两千年了。

c) 现代画家徐悲鸿笔下的马,正如有的评论家所说的那样,"神形兼备,充满生机"。

4.8.3　需要着重论述的对象,用引号标示。例如:

古人对于写文章有个基本要求,叫做"有物有序"。"有物"就是要有内容,"有序"就是要有条理。

4.8.4　具有特殊含义的词语,也用引号标示。例如:

a) 从山脚向上望,只见火把排成许多"之"字形,一直连到天上,跟星光接起来,分不出是火把还是星星。

b) 这样的"聪明人"还是少一点好。

4.8.5　引号里面还要用引号时,外面一层用双引号,里面一层用单引号。例如:

他站起来问:"老师,'有条不紊'的'紊'是什么意思?"

4.9　括号

4.9.1　括号常用的形式是圆括号"( )"。此外还有方括号"[ ]"、六角括号"〔〕"和方头括号"【】"。

4.9.2　行文中注释性的文字,用括号标明。注释句子里某些词语的,括注紧贴在被注释词语之后;注释整个句子的,括注放在句末标点之后。例如:

a) 中国猿人(全名为"中国猿人北京种",或简称"北京人")在我国的发现,是对古人类学的一个重大贡献。

b) 写研究性文章跟文学创作不同,不能摊开稿纸搞"即兴"。

(其实文学创作也要有素养才能有"即兴"。)

4.10 破折号

4.10.1 破折号的形式为"——"。

4.10.2 行文中解释说明的语句,用破折号标明。例如:

a) 迈进金黄色的大门,穿过宽阔的风门厅和衣帽厅,就到了大会堂建筑的枢纽部分——中央大厅。

b) 为了全国人民——当然也包括自己在内——的幸福,我们每一个人都要兢兢业业,努力工作。

4.10.3 话题突然转变,用破折号标明。例如:

"今天好热啊!——你什么时候去上海?"张强对刚刚进门的小王说。

4.10.4 声音延长,象声词后用破折号。例如:

"呜——"火车开动了。

4.10.5 事项列举分承,各项之前用破折号。例如:

根据研究对象的不同,环境物理学分为以下五个分支学科:

——环境声学;

——环境光学;

——环境热学;

——环境电磁学;

——环境空气动力学。

4.11 省略号

4.11.1 省略号的形式为"……",六个小圆点,占两个字的位置。如果是整段文章或诗行的省略,可以使用十二个小圆点来表示。

4.11.2 引文的省略,用省略号标明。例如:

她轻轻地哼起了《摇篮曲》:"月儿明,风儿静,树叶儿遮窗棂啊……"

4.11.3 列举的省略,用省略号标明。例如:

在广州的花市上,牡丹、吊钟、水仙、梅花、菊花、山茶、墨兰……春秋冬三季的鲜花都挤在一起啦!

4.11.4 说话断断续续,可以用省略号标示。例如:

"我……对不起……大家,我……没有……完成……任务。"

4.12 着重号

4.12.1 着重号的形式为".。"。

4.12.2 要求读者特别注意的字、词、句,用着重号标明。例如:

事业是干出来的,不是吹出来的。

4.13 连接号

4.13.1 连接号的形式为"—",占一个字的位置。连接号还有另外三种形式,即长横"——"(占两个字的位置)、半字线"-"(占半个字的位置)和浪纹"~"(占一个字的位置)。

4.13.2 两个相关的名词构成一个意义单位,中间用连接号。例如:

a) 我国秦岭—淮河以北地区属于温带季风气候区,夏季高温多雨,冬季寒冷干燥。

b) 复方氯化钠注射液,也称任—洛二氏溶液(Ringer-Locke solution),用于医疗和哺乳动物生理学实验。

4.13.3 相关的时间、地点或数目之间用连接号,表示起止。例如:

a) 鲁迅(1881—1936)中国现代伟大的文学家、思想家和革命家。原名周树人,字豫才,浙江绍兴人。

b) "北京——广州"直达快车

c) 梨园乡种植的巨峰葡萄今年已经进入了丰产期,亩产1 000公斤~1 500公斤。

4.13.4 相关的字母、阿拉伯数字等之间,用连接号,表示产品型号。例如:

在太平洋地区,除了已建成投入使用的 HAW—4 和 TPC—3 海底光缆之外,又有 TPC—4 海底光缆投入运营。

4.13.5　几个相关的项目表示递进式发展,中间用连接号。例如:

人类的发展可以分为古猿—猿人—古人—新人这四个阶段。

4.14　间隔号

4.14.1　间隔号的形式为"·"。

4.14.2　外国人和某些少数民族人名内各部分的分界,用间隔号标示。例如:

列奥纳多·达·芬奇

爱新觉罗·努尔哈赤

4.14.3　书名与篇(章、卷)名之间的分界,用间隔号标示。例如:

《中国大百科全书·物理学》

《三国志·蜀志·诸葛亮传》

4.15　书名号

4.15.1　书名号的形式为双书名号"《》"和单书名号"〈 〉"。

4.15.2　书名、篇名、报纸名、刊物名等,用书名号标示。例如:

a)《红楼梦》的作者是曹雪芹。

b) 你读过鲁迅的《孔乙己》吗?

c) 他的文章在《人民日报》上发表了。

d) 桌上放着一本《中国语文》。

4.15.3　书名号里边还要用书名号时,外面一层用双书名号,里边一层用单书名号。例如:

《〈中国工人〉发刊词》发表于 1940 年 2 月 7 日。

4.16　专名号

4.16.1　专名号的形式为"＿＿"。

4.16.2　人名、地名、朝代名等专名下面,用专名号标示。

例如：

司马相如者,汉蜀郡成都人也,字长卿。

4.16.3 专名号只用在古籍或某些文史著作里面。为了跟专名号配合,这类著作里的书名号可以用浪线"﹏﹏"。例如:

屈原放逐,乃赋离骚;左丘失明,厥有国语。

# 5 标点符号的位置

5.1 句号、问号、叹号、逗号、顿号、分号和冒号一般占一个字的位置,居左偏下,不出现在一行之首。

5.2 引号、括号、书名号的前一半不出现在一行之末,后一半不出现在一行之首。

5.3 破折号和省略号都占两个字的位置,中间不能断开。连接号和间隔号一般占一个字的位置。这四种符号上下居中。

5.4 着重号、专名号和浪线式书名号标在字的下边,可以随字移行。

# 6 直行文稿与横行文稿使用标点符号的不同

6.1 句号、问号、叹号、逗号、顿号、分号和冒号放在字下偏右。

6.2 破折号、省略号、连接号和间隔号放在字下居中。

6.3 引号改用双引号"﹃﹄"和单引号"﹁﹂"。

6.4 着重号标在字的右侧,专名号和浪线式书名号标在字的左侧。

# 出版物上数字用法的规定

(1995年12月13日国家技术监督局
发布1996年6月1日施行)

## 1 范　　围

本标准规定了出版物在涉及数字(表示时间、长度、质量、面积、容积等量值和数字代码)时使用汉字和阿拉伯数字的体例。

本标准适用于各级新闻报刊、普及性读物和专业性社会人文科学出版物。

自然科学和工程技术出版物亦应使用本标准,并可制定专业性细则。

本标准不适用于文学书刊和重排古籍。

## 2 引用标准

下列标准所包含的条文,通过在本标准中引用而构成为本标准的条文。本标准出版时,所示版本均为有效。所有标准都会被修订,使用本标准的各方应探讨使用下列标准最新版本的可能性。

GB/T 7408—94　数据元和交换格式　信息交换　日期和时间表示法

GB 3100—93　国际单位制及其应用

GB 3101—93 有关量、单位和符号的一般原则

GB 7713—87 科学技术报告、学位论文和学术论文的编写格式

GB 8170—87 数值修约规则

## 3 定 义

本标准采用下列定义。

物理量 physical quantity

用于定量地描述物理现象的量,即科学技术领域里使用的表示长度、质量、时间、电流、热力学温度、物质的量和发光强度的量。使用的单位应是法定计量单位。

非物理量 non-physical quantity

日常生活中使用的量,使用的是一般量词。如 30 元、45 天、67 根等。

## 4 一般原则

4.1 使用阿拉伯数字或是汉字数字,有的情形选择是唯一而确定的。

4.1.1 统计表中的数值,如正负整数、小数、百分比、分数、比例等,必须使用阿拉伯数字。

示例:48  302  －125.03  34.05%  63%~68%  1/4  2/5  1:500

4.1.2 定型的词、词组、成语、惯用语、缩略语或具有修辞色彩的词语中作为语素的数字,必须使用汉字。

示例:一律  一方面  十滴水  二倍体  三叶虫  星期五  四氧化三铁  一〇五九(农药内吸磷)  八国联军  二〇九师

二万五千里长征　四书五经　五四运动　九三学社　十月十七日同盟　路易十六　十月革命　"八五"计划　五省一市　五局三胜制　二八年华　二十挂零　零点方案　零岁教育　白发三千丈　七上八下　不管三七二十一　相差十万八千里　第一书记　第二轻工业局　一机部三所　第三季度　第四方面军　十三届四中全会

4.2　使用阿拉伯数字或是汉字数字,有的情形,如年月日、物理量、非物理量、代码、代号中的数字,目前体例尚不统一。对这种情形,要求凡是可以使用阿拉伯数字而且又很得体的地方,特别是当所表示的数目比较精确时,均应使用阿拉伯数字。遇特殊情形,或者为避免歧解,可以灵活变通,但全篇体例应相对统一。

## 5　时间(世纪、年代、年、月、日、时刻)

5.1　要求使用阿拉伯数字的情况

5.1.1　公历世纪、年代、年、月、日

示例:公元前 8 世纪　20 世纪 80 年代　公元前 440 年　公元 7 年　1994 年 10 月 1 日

5.1.1.1　年份一般不用简写。如:1990 年不应简作"九〇年"或"90 年"。

5.1.1.2　引文著录、行文注释、表格、索引、年表等,年月日的标记可按 GB/T 7408—94 的 5.2.1.1 中的扩展格式。如:1994 年 9 月 30 日和 1994 年 10 月 1 日可分别写作 1994-09-30 和 1994-10-01,仍读作 1994 年 9 月 30 日、1994 年 10 月 1 日。年月日之间使用半字线"-"。当月和日是个位数时,在十位上加"0"。

5.1.2　时、分、秒

示例:4 时　15 时 40 分(下午 3 点 40 分)　14 时 12 分 36 秒

注:必要时,可按 GB/T 7408—94 的 5.3.1.1 中的扩展格式。

该格式采用每日 24 小时计时制,时、分、秒的分隔符为冒号":"。

示例:04:00(4 时)　15:40(15 时 40 分)　14:12:36(14 时 12 分 36 秒)

5.2　要求使用汉字的情况

5.2.1　中国干支纪年和夏历月日

示例:丙寅年十月十五日　腊月二十三日　正月初五　八月十五中秋节

5.2.2　中国清代和清代以前的历史纪年、各民族的非公历纪年。

这类纪年不应与公历月日混用,并应采用阿拉伯数字括注公历。

示例:秦文公四十四年(公元前 722 年)　太平天国庚申十年九月二十四日(清咸丰十年九月二十,公元 1860 年 11 月 2 日)　藏历阳木龙年八月二十六日(1964 年 10 月 1 日)　日本庆应三年(1867 年)

5.2.3　含有月日简称表示事件、节日和其他意义的词组

如果涉及一月、十一月、十二月,应用间隔号"·"将表示月和日的数字隔开,并外加引号,避免歧义。涉及其他月份时,不用间隔号,是否使用引号,视事件的知名度而定。

示例1:"一·二八"事变(1 月 28 日)　"一二·九"运动(12 月 9 日)　"一·一七"批示(1 月 17 日)　"一一·一〇"案件(11 月 10 日)

示例2:五四运动　五卅运动　七七事变　五一国际劳动节　"五二〇"声明　"九一三"事件

# 6　物　理　量

物理量量值必须用阿拉伯数字,并正确使用法定计量单位。

小学和初中教科书、非专业科技书刊的计量单位可使且中文符号。

示例:8 736.80 km(8 736.80 千米)　600 g(600 克)　100 kg~150 kg(100 千克~150 千克)　12.5 m²(12.5 平方米)　外形尺寸是 400 mm×200 mm×300 mm(400 毫米×200 毫米×300 毫米)　34℃~39℃(34 摄氏度~39 摄氏度)　0.59 A(0.59 安〔培〕)

## 7　非物理量

7.1　一般情况下应使用阿拉伯数字。

示例:21.35 元　45.6 万元　270 美元　290 亿英镑　48 岁　11 个月　1 480 人　4.6 万册　600 幅　550 名

7.2　整数一至十,如果不是出现在具有统计意义的一组数字中,可以用汉字,但要照顾到上下文,求得局部体例上的一致。

示例1:一个人　三本书　四种产品　六条意见　读了十遍　五个百分点

示例2:截至 1984 年 9 月,我国高等学校有新闻系 6 个,新闻专业 7 个,新闻班 1 个,新闻教育专职教员 274 人,在校学生 1 561 人。

## 8　多位整数与小数

8.1　阿拉伯数字书写的多位整数和小数的分节

8.1.1　专业性科技出版物的分节法:从小数点起,向左和向右每三位数字一组,组间空四分之一个汉字(二分之一个阿拉伯数字)的位置。

示例:2 748 456　3.141 592 65

8.1.2　非专业性科技出版物如排版留四分空有困难,可仍采用传统的以千分撇","分节的办法。小数部分不分节。四位以内的整数也可以不分节。

示例:2,748,456　3,14159265　8703

8.2　阿拉伯数字书写的纯小数必须写出小数点前定位的"0"。小数点是齐底线的黑圆点"."。

示例:0.46 不得写成 .46 和 0·46

8.3　尾数有多个"0"的整数数值的写法

8.3.1　专业性科技出版物根据 GB 8170—87 关于数值修约的规则处理。

8.3.2　非科技出版物中的数值一般可以"万"、"亿"作单位。

示例:三亿四千五百万可写成 345,000,000,也可写成 34,500 万或 3.45 亿,但一般不得写作 3 亿 4 千 5 百万。

8.4　数值巨大的精确数字,为了便于定位读数或移行,作为特例可以同时使用"亿、万"作单位。

示例:我国 1982 年人口普查人数为 10 亿 817 万 5288 人;1990 年人口普查人数为 11 亿 3368 万 2501 人。

8.5　一个用阿拉伯数字书写的数值应避免断开移行。

8.6　阿拉伯数字书写的数值在表示数值的范围时,使用浪纹式连接号"~"。

示例:150 千米 ~ 200 千米　　-36℃ ~ -8℃　　2 500 元 ~ 3 000 元

## 9　概数和约数

9.1　相邻的两个数字并列连用表示概数,必须使用汉字,连用的两个数字之间不得用顿号"、"隔开。

示例:二三米　一两个小时　三五天　三四个月　十三四吨　一二十个　四十五六岁　七八十种　二三百架次　一千七八百元

五六万套

9.2 带有"几"字的数字表示约数,必须使用汉字。

示例:几千年  十几天  一百几十次  几十万分之一

9.3 用"多""余""左右""上下""约"等表示的约数一般用汉字。如果文中出现一组具有统计和比较意义的数字,其中既有精确数字,也有用"多"、"余"等表示的约数时,为保持局部体例上的一致,其约数也可以使用阿拉伯数字。

示例1:这个协会举行全国性评奖十余次,获奖作品有一千多件。协会吸收了约三千名会员,其中三分之二是有成就的中青年。另外,在三十个省、自治区、直辖市还设有分会。

示例2:该省从机动财力中拿出1 900万元,调拨钢材3 000多吨、水泥2万多吨、柴油1 400吨,用于农田水利建设。

## 10　代号、代码和序号

部队番号、文件编号、证件号码和其他序号,用阿拉伯数字。序数词即使是多位数也不能分节。

示例:84062部队　国家标准GB 2312—80　国办发〔1987〕9号文件　总3147号　国内统一刊号CN 11—1399　21/22次特别快车　HP—3000型电子计算机　85号汽油　维生素$B_{12}$

## 11　引　文　标　注

引文标注中版次、卷次、页码,除古籍应与所据版本一致外,一般均使用阿拉伯数字。

示例1:列宁:《新生的中国》,见《列宁全集》,中文2版,第22卷,208页,北京,人民出版社,1990。

示例2:刘少奇:《论共产党员的修养》,修订2版,76页,北京,人民出版社,1962。

示例3:李四光:《地壳构造与地壳运动》,载《中国科学》,1937(4),400~429页。

示例4:许慎:《说文解字》,影印陈昌治本,126页,北京,中华书局,1963。

示例5:许慎:《说文解字》,四部丛刊本,卷六上,九页。

## 12　横排标题中的数字

横排标题涉及数字时,可以根据版面的实际需要和可能作恰当的处理。

## 13　竖排文章中的数字

提倡横排。如文中多处涉及处理量,更应横排。竖排文字中涉及的数字除必须保留的阿拉伯数字外,应一律用汉字。必须保留的阿拉伯数字、外文字母和符号均按顺时针方向转90度。

示例一:雪花牌BCD188型家用电冰箱容量是一百八十八升,功率为一百二十五瓦,市场售价两千零五十元,返修率仅为百分之零点一五。

示例二:海军J12号打捞救生船在太平洋上航行了十三天,于一九九〇年八月六日零时三十分返回基地。

## 14 字　　体

　　出版物中的阿拉伯数字,一般应使用正体二分字身,即占半个汉字位置。

# 校对符号及其用法

(1993年11月16日国家技术监督局
批准1994年7月1日施行)

## 1　主题内容与适用范围

本标准规定了校对各种排版校样的专用符号及其用法。

本标准适用于中文(包括少数民族文字)各类校样的校对工作。

## 2　引用标准

GB 9851　印刷技术术语

## 3　术　语

校对符号　proofreader's mark

以特定图形为主要特征的、表达校对要求的符号。

# 4 校对符号及用法示例

| 编号 | 符号形态 | 符号作用 | 符号在文中和页边用法示例 | 说　　明 |
|---|---|---|---|---|
| 一、字符的改动 ||||||
| 1 |  | 改正 | 增高出版物质量。　㊷<br>改革开攵　㊩ | 改正的字符较多，圈起来有困难时，可用线在页边画清改正的范围<br>　必须更换的损坏、污字也用改正符号画出 |
| 2 |  | 删除 | 提高出版物物质质量。 | |
| 3 |  | 增补 | 要搞好校工作。　㊗ | 增补的字符较多，圈起来有困难时，可用线在页边画清增补的范围 |
| 4 |  | 改正上下角 | $16=4^2$<br>$H_2SO_4$<br>尼古拉·费欣<br>$0.25+0.25=0.5$<br>举例 $2×3=6$<br>$X:Y=1:2$ | |

续表

| 编号 | 符号形态 | 符号作用 | 符号在文中和页边用法示例 | 说　明 |
|---|---|---|---|---|
| 二、字符方向位置的移动 ||||||
| 5 |  | 转正 | 字符颠 要转正。 | |
| 6 |  | 对调 | 认真经验总结。<br>认真验结经总。 | 用于相邻的字词<br>用于隔开的字词 |
| 7 |  | 接排 | 要重视校对工作，<br>提高出版物质量。 | |
| 8 |  | 另起段 | 完成了任务。明年…… | |
| 9 |  | 转移 | 校对工作，提高出<br>版物质量要重视。<br><br>"。以上引文均见中文新版<br>列宁全集》。<br><br>　　编者　年　月<br>……<br>各位编委： | 用于行间附近的转移<br><br>用于相邻行首末衔接字符的推移<br><br>用于相邻页首末衔接行段的推移 |

432

续表

| 编号 | 符号形态 | 符号作用 | 符号在文中和页边用法示例 | 说明 |
|---|---|---|---|---|
| 10 | ⊓⊔ 或 ↑↓ | 上下移 | 序号 名称 数量<br>01 显微镜 2 | 字符上移到缺口左右水平线处<br><br>字符下移到箭头所指的短线处 |
| 11 | ⊢⊣ 或 ⟶⟵ 或 ⌐⌐ | 左右移 | ⊢— 要重视校对工作，提高出版物质量。<br><br>3 4　5 6　5<br>欢呼　歌　唱 | 字符左移到箭头所指的短线处<br><br>字符左移到缺口上下垂直线处<br><br>符号画得太小时，要在页边重标 |
| 12 | ═　∥ | 排齐 | 校对工作非常重要<br>必须提高印刷质量，缩短印刷周期。　国家标准 | |
| 13 | ⌐⌐ | 排阶梯形 | $RH_2$ | |

续表

| 编号 | 符号形态 | 符号作用 | 符号在文中和页边用法示例 | 说　明 |
|---|---|---|---|---|
| 14 | ↑ | 正图 | | 符号横线表示水平位置,竖线表示垂直位置,箭头表示上方 |
| | | **三、字符间空距的改动** | | |
| 15 | ∨　∧ | 加大空距 | ⊢——一、校对程序——⊣ ∨<br>校对胶印读物、影印书刊的注意事项： ＞ | 表示在一定范围内适当加大空距<br><br>横式文字画在字头和行头之间 |
| 16 | ∧　∨ | 减小空距 | 二、校对程 ∧ 序<br>校对胶印读物、影印书刊的注意事项： ＜ | 表示不空或在一定范围内适当减少空距<br><br>横式文字画在字头和行头之间 |
| 17 | ╫　╪　╤　╤ | 空1字距<br>字1/2字距<br>空1/3字距<br>空1/4字距 | 第一章校对职责和方法<br>1.责任校对 | 多个空距相同的,可用引线连出,只标示一个符号 |

续表

| 编号 | 符号形态 | 符号作用 | 符号在文中和页边用法示例 | 说明 |
|---|---|---|---|---|
| 18 | Y | 分开 | Good morning! Y | 用于外文 |
| 四、其他 ||||||
| 19 | △ | 保留 | 认真搞好校对工作。 | 除在原删除的字符下面画△外,并在原删除符号上画两竖线 |
| 20 | ○= | 代替 | ○色的程度不同,从淡○色到深○色具有多种层次,如天○色、湖○色、海○色、宝○色…… ○=蓝 | 同页内有两个或多个相同的字符需要改正的,可用符号代替,并在页边注明 |
| 21 | ∘∘∘ | 说明 | 改黑体 第一章 校对 的职责 | 说明或指令性文字不要圈起来,在其字下画圈,表示不作为改正的文字。如说明文字较多时,可在首末各三字下画圈。 |

## 5 使 用 要 求

5.1 校对校样,必须用色笔(墨水笔、圆珠笔等)书写校对符号和示意改正的字符,但是不能用灰色铅笔书写。

5.2 校样上改正的字符要书写清楚。校改外文,要用印刷体。

5.3 校样中的校对引线要从行间画出。墨色相同的校对引线不可交叉。

# 第 四 版 说 明

本书出版10年来,深受广大读者的赏识,前后三版已印行12万册,在近些年出版的几百种公文和应用文写作图书中遥遥领先,这是我们深感欣慰的。

为了报答读者的厚爱,我们对本书又做了修改,主要是更换一些陈旧、失效的例文,使之跟上时代的发展。如有不当之处,盼予指正。

刘春生<br>2010年3月于北京育新花园

# 再 版 说 明

本书自 1998 年出版以来,被一些兄弟院校用作教材,许多文秘工作者也把它作为自学用书,印行已近三万册,这使编撰者深感欣慰。

第九届全国人民代表大会第二次会议于 1999 年 3 月 15 日通过的《中华人民共和国合同法》和国家质量技术监督局于 1999 年 12 月 27 日发布的《国家行政机关公文格式》,对本书第一版有关章节遵照的法律和格式作了修改。为此,我们对本书相关章节作了修订。

本书的再版,得到国际关系学院教授郭惠民和复旦大学出版社责任编辑孙晶、特邀编辑夏德元的支持和帮助,再次致以深切谢意。

刘春生

2001 年 6 月于北京育新花园

## 编 撰 说 明

公务文书写作越来越受到社会各界的重视,各类学校纷纷开设此课或作为写作课的重点内容,公务文书写作教材和参考书也应运而生。但是这门学问和技能需要随着时代的发展而前进。特别是新修订的《国家行政机关公文处理办法》、《中国共产党机关公文处理条例》、《中华人民共和国经济合同法》等发布后,使在此之前编撰的公务文书写作教材和参考书的部分内容不再适用。为此,我们编写了这本《公务文书写作教程》。

本书的主要特点是:

一、体式规范。公务文书有规范的体式,本书对各种公务文书的讲解和例文的选择力求规范,特别注意贯彻近年发布的关系到公务文书写作的法规和规章的新规定,使之跟上时代的发展。

二、内容精到。首先对公务文书种类的选择不求繁多,力求精要;第二,对每种公务文书的讲解力求周到,能提供切实可行的写作要求和写作方法。

三、例文丰富。多读、熟读范文是学习文章写作的必经途径。为此本书在讲解公务文书写作方法时,尽量举出实例,以供读者阅读参考。

四、重视思考和练习。每章之后,都有思考和练习题,以适应教学和自学的需要。

本书由刘春生主编和统稿,并撰写第一章、第二章、第三章、第四章和第九章。禹和平撰写第五章、第六章和第十章,刘俊阳撰写第七章、第八章,高红玲撰写第十一章、第十二章。

本书在编撰中参考了大量已经出版的公务文书写作论著,选用了这些著作中的一些例文。其中"行政公文"部分的有些例文则选自国务院办公厅编辑出版的《中华人民共和国国务院公报》。国际关系学院行政管理系领导和复旦大学出版社编辑同志对本书的编写和出版给予了大力支持和悉心指导。在此一并深致谢意。

刘春生  
1997 年 9 月

图书在版编目(CIP)数据

公务文书写作教程/刘春生主编.—4版.—上海:复旦大学出版社,2010.4(2020.1重印)
ISBN 978-7-309-07130-6

Ⅰ.公… Ⅱ.刘… Ⅲ.公文-写作-教材 Ⅳ.H152.3

中国版本图书馆 CIP 数据核字(2010)第 034899 号

公务文书写作教程(第四版)
刘春生 主编
责任编辑/陈 军 孙 晶
复旦大学出版社有限公司出版发行
上海市国权路 579 号 邮编:200433
网址:fupnet@fudanpress.com http://www.fudanpress.com
门市零售:86-21-65642857 团体订购:86-21-65118853
外埠邮购:86-21-65109143 出版部电话:86-21-65642845
浙江临安曙光印务有限公司

开本 890×1240 1/32 印张 14 字数 333 千
2020 年 1 月第 4 版第 9 次印刷
印数 72 101—78 200

ISBN 978-7-309-07130-6/H·1421
定价:35.00 元

如有印装质量问题,请向复旦大学出版社有限公司出版部调换。
版权所有 侵权必究